모든 부모는 이 책의 저자 시시 고프를 곁에 두어야 한다. 그녀의 은혜로 가득 찬 조언은 항상 내 고민의 핵심, 즉 가장 좋은 엄마가 되고자 하는 열망을 상기시킨다. 이 책은 바로 그런 엄마가 되기 위한 도구를 제공한다.

에밀리 레이(Emily Ley),
베스트셀러 『완벽이 아닌 은혜』(Grace, Not Perfection)의 저자

철저한 연구 끝에 탄생한 매우 실천적인 이 책에서 시시 고프는 걱정으로 짓눌리는 무게를 극복하고, 부모로서 더 자유롭고 평화롭게 나아가도록 도와주는 신뢰할 수 있는 안내자이자 상담자 역할을 하고 있다. 사소한 일로 스트레스를 받든, 현재와 미래에 대한 두려움으로 숨이 막히고 답답함을 느끼든, 저자가 전하는 격려의 말은 지친 마음에 희망의 치료제이자 실질적인 도움이 될 것이다!

크리스털 페인(Crystal Paine),
〈뉴욕 타임즈〉(New York Times) 베스트셀러 작가, 팟캐스터,
MoneySavingMom.com 설립자, 여섯 자녀의 엄마

우리 가족은 저자의 말과 지혜, 조언에 큰 영향을 받았다. 이 책은 아내와 내가 불완전한 존재로서 부모의 여정을 헤쳐 나가는 데 강력한 도움을 주었다. 우리는 모두 부모로 세워지는 데 도움이 필요하며, 저자와 같은 조력자는 하나님이 주신 큰 선물이다.

크리스천 레코딩 아티스트 **매슈 웨스트(Matthew West)**와
그의 아내 **에밀리 웨스트(Emily West)**

내 친구 시시가 또 해냈다! 수년간의 임상 실습과 광범위한 연구를 바탕으로 시시는 부모를 지원하기 위한 책을 썼다. 부모의 삶은 점점 더 바빠지고 산만해지고 있다. 그래서 나는 자녀(또는 자신)에 대한 걱정을 표현하는 부모를 만날 때 먼저 격려한 다음, 부모가 더 차분하고 준비된 마음을 가지도록 도와주는 도구를 제공한다. 그런데 시시가 쓴 이 보석 같은 책은 이 두 가지 역할을 모두 한다. 불안은 우리를 속이고 거짓말을 늘어놓는다. 이에 시시는 진실을 드러내고, 부모가 스스로 '걱정을 다스리는 작업'을 하도록 알려줌으로써 불안을 극복하도록 도와준다.

친웨 윌리엄스(Chinwé Williams),
미닝풀 솔루션 카운슬링 앤 컨설팅(Meaningful Solutions Counseling & Consulting) 대표이자 수석 치료사, 『씬: 연결의 힘을 통한 어린이와 청소년의 절망과 불안 치유』(Seen: Healing Despair and Anxiety in Kids and Teens through the Power of Connection)의 공동 저자

불안을 이기는 부모,

자신감 있게 자라는 아이

시시 고프 지음
정성묵 옮김

The Worry-Free Parent
ⓒ 2023 by Helen S. Goff
Originally published in English under the title *The Worry-Free Parent* by Bethany House Publishers, a division of Baker Publishing Group, Grand Rapids, Michigan, 49516, USA.
All rights reserved.

This Korean edition ⓒ 2023 by Timothy Publishing House, Inc., Seoul, Republic of Korea
Used and translated by permission of Bethany House Publishers, USA.

이 한국어판의 저작권은 Baker Publishing Group과 독점 계약한 (주)도서출판 디모데에 있습니다.
신 저작권법에 따라 한국 내에서 보호받는 저작물이므로 무단 전재와 무단 복제를 금합니다.

불안을 이기는 부모, 자신감 있게 자라는 아이

1쇄 발행   2023년 9월 25일

지은이	시시 고프
옮긴이	정성묵
펴낸이	고종율
펴낸곳	(주)도서출판 디모데〈파이디온선교회 출판 사역 기관〉
등록	2005년 6월 16일 제 319-2005-24호
주소	서울특별시 서초구 서초대로 141-25(방배동, 세일빌딩)
전화	마케팅실 070) 4018-4141
팩스	마케팅실 02) 6919-2381
홈페이지	www.timothybook.com

ISBN   978-89-388-1700-6 03230
ⓒ 2023 도서출판 디모데 All rights reserved. 〈Printed in Korea〉

불안을 이기는 부모,

자신감 있게 자라는 아이

차례

서문 • 11

1부. 과거에 대한 이해

1장. 걱정과 불안 이해하기 • 19

2장. 당신 자신을 이해하기 • 45

3장. 불안은 부모에게 어떤 영향을 미치는가 • 71

4장. 불안은 자녀에게 어떤 영향을 미치는가 • 95

2부. 현재를 위한 도움

5장. 몸을 위한 도움 • 135

6장. 정신을 위한 도움 • 171

7장. 마음을 위한 도움 • 207

8장. 자녀를 위한 도움 • 241

3부. 미래를 위한 희망

9장. 실패를 인정하라, 은혜를 알라 · 271

10장. 조금 적당히 노력하라 · 305

11장. 당신의 직관을 믿으라 · 321

12장. 하나님을 믿으라 · 335

감사의 말 · 361

주 · 365

*

이 책을 사랑하는 여동생 캐슬린 웨버에게 바칩니다.

캐슬린. 네가 아는 것보다
나는 너를 더 존경해.
너의 아름다운 미소, 현재에 집중하는 태도,
다른 사람을 환대하는 모습,
그리고 삶의 방식까지.
너의 이런 모습에서 매일 배우고 있어.
너의 이런 모습을 닮고 싶어.

서문

 "저한테 두 가지만 말해주세요. 첫째, 제가 느끼는 감정이 정상이라고 말해주세요. 둘째, 제가 잘하고 있다고 말해주세요."

 이런 경우는 처음이었다. 그전에는 어떤 부모도 내 상담 사무실에 찾아와 필요한 것을 곧바로 말한 적이 없었다. 대개는 "안녕하세요"나 "사무실이 정말 멋지네요"라고 말하거나 자기 자녀에 관한 짧은 설명부터 한다. 하지만 이 용감하고 솔직한 엄마는 곧바로 본론으로 들어갔다. 왜일까? 빨리 진실을 듣고 싶었기 때문이다.

 우리는 모두 진실을 들어야 한다. 특히, 걱정이 많은 부모는 더더욱 그렇다.

 잠시 나 자신을 먼저 소개하려고 한다. 내 이름은 시시 고프(Sissy Goff)이고, 테네시주 내슈빌에 있는 데이스타 카운슬링(Daystar Counseling)이라는 매혹적인 곳에서 아동 및 청소년 상담 책임자로 있다. 나는 1993년부터 여기서 아이들과 부모들을 상담하는 특권을 누렸다. 자녀를 데리고 상담받아야 한다면, 이곳을 적극적으로 추천한다. 이곳은 울타리와 기둥은 하얗고, 전면이 밝은 노란색인 집이다. 오후 하교 시간 무렵에는 팝콘 튀기는 소리가 나면서 구수한 냄새가 진동한다. 이곳의 상담 사무실은 여느 가정의 거실처럼 생겼다. 그리고 여기서 가장 인기 많은 상담 치료사는 강아지다. 상담 사무실의 분위기는 더없이 포근하고 친근하다. 이 점에 관해서는 나중에 더 이야기하자.

나는 아이들을 상담하기 때문에 부모들과도 많은 시간을 보낸다. 지난 몇 년간 내가 자녀와 부모 모두와 가장 많은 이야기를 나눈 주제는 불안이다. 혹시 불안에 관한 통계를 본 적이 있는가? 내가 이 책을 쓰고 있는 지금, 아이 네 명 중 한 명꼴로 불안에 시달리고 있다. 점점 더 많은 아이가 이 문제로 시달리게 되는 것을 봐왔기에, 그들에게 도움을 주기 위해 무던히 노력했다. 지금까지 이 주제에 관한 수많은 책을 보며, 불안 문제를 다루는 전문 자격증 두 개를 취득했고, 불안에 관한 책을 세 권이나 썼다. 이 책들은 아이들에 관한 것이다. 한 권은 초등학생 여자아이들에 관한 것으로, 『더 용감하게, 더 강하게, 더 똑똑하게』(Braver, Stronger, Smarter)라는 책이다. 또 한 권은 중고등학교 여자아이를 위한 책으로, 제목은 『용감한』(Brave)이다. 나머지 한 권은 부모와 전 연령대 여자아이를 위한 책으로, 『걱정 없는 여자아이로 기르는 법』(Raising Worry-Free Girls)이다. 하지만 이번 책은 특별히 부모를 염두에 두고 쓴 첫 번째 책이다.

지금까지 불안에 관해서 많은 사실을 배웠지만 아마도 가장 중요한 사실은 이것일 것이다. 불안은 우리를 고립시키지만, 불안 자체는 고립되지 않는다는 것이다. 불안이 사방으로 퍼지는 능력은 실로 엄청나다. 불안해하는 아이나 십대를 상담해보면, 대부분 부모 중 한 명이 불안에 시달리고 있었다. 이것이 내가 오랫동안 상담하면서 관찰한 결과다. 연구가들은 부모가 불안해하면 자녀가 불안해할 가능성이 일곱 배나 높아진다고 한다.[1] 부모와 자녀 중 누가 원인인지에 관해서는 뒤에서 더 자세히 설명하겠다. 하지만 이것은 우리가 최근에 경험한 전염병과 비슷하다. 한 사람이 불안해하면 다른 사람도 불안해할 가능성이 크다. 나는 이 전염을 멈추기 위해 이 책을 썼다.

어쩌다 보니 너무 앞서갔다. 앞서 말했듯이, 나는 1993년부터 아이들을 상담해왔다. 그러다 보니 자녀 문제로 걱정하고 불안해하는 부모와 마주 앉아서 대화를 나누는 경우가 정말 많다. 사실 요즘은 우리가 부모 상담이라고 부르는 것에 내 시간의 절반 정도를 할애하고 있다. 이런 상담을 받는 부모 중에는 자녀도 상담받는 경우가 있고, 그렇지 않은 경우도 있다. 이 부모들의 방문은 아이들의 건강 검진을 위해 소아청소년과를 방문하는 것과 비슷하다. 단지 자녀의 상태를 확인하기 위해 매년, 심지어 분기마다 나를 찾아오는 부모들이 있다. 그들은 "우리 아이가 잘하고 있는 건가요?"(내가 공동 집필한 다른 책의 제목이기도 하다)라는 식으로 묻는다. "이것이 정상인가요?" "이 나이대 아이에게 특별히 어떻게 해야 하나요?" "이런 행동에 큰 문제가 있는 건 아닌가요?" "아이가 이 상황을 극복하도록 제가 어떻게 도와야 할까요?" 이는 자녀를 잘 키우려고 애쓰는 모든 부모가 공통으로 품고 있는 질문이다.

필시 당신도 이런 유형의 부모일 것이다. 그렇지 않다면 이 책을 집어 들지 않았을 테니까 말이다. 당신은 자녀를 깊이 사랑하고 잘 키우려고 무척 노력하고 있을 것이다. 당신은 사려 깊고 꽤 똑똑한 사람이다. 아마도 걱정이 많은 편일 것이다(제목에 "불안을 이기는 부모"라는 문구가 있는 책을 샀으니까 말이다). 그리고 당신은 이 책의 서두에 등장한 엄마, 즉 상담받으려고 나를 찾아왔던 엄마와 똑같은 두 가지 질문을 품고 있을 것이다.

그러니 이 책을 실제 데이스타 카운슬링의 상담소에서 진행하는 부모 상담이라고 생각하기를 바란다. 실제로 이 책은 몇 달 분량의 부모 상담이 될 것이다. 당신은 실제로 내 상담실에 앉아 있을 때 하는 일과 똑같은 일을 할 것이다. 당신 자녀에 관한 이야기, 더 나아가 당신 자신에 관한 이야기를 하게 될 것이다. 나는 이 책 내내 당신에게 몇 가지 질문을 던질 것이다. 이 책과 짝을 이루는 워크북도 구입하기를 추천한다(국내 미출간). 이 책을 친구들과 함께 읽고, 책에 나온 내용을 바탕으로 토론하면 더 좋다. 여기서 당신의 과거에 관해서도 이야기할 것이다. 사랑하는 아이들의 삶 속에서 지금 어떤 일이 벌어지고 있는지, 또한 부모로서 그리고 인간으로서 당신의 미래에 관해서도 이야기할 것이다. 아무쪼록 이 책을 통해 당신이 현재에 적용할 많은 실천적인 도움, 과거에 관한 통찰,

당신(과 당신 자녀)의 미래에 관한 소망을 얻기를 바란다. 이 세 가지 시점 모두를 다루는 이유는 걱정이 모든 순간에 영향을 미치기 때문이다. 걱정은 과거를 통해 자신을 정의하게 만든다. 걱정은 현재의 시간 속에서 우리가 집중하지 못하도록 방해한다. 걱정은 우리의 미래를 파멸한다. 아직 찾아오지도 않은 미래를 망가뜨린다. 그리고 가장 중요한 사실 중 하나는 걱정이 거짓말이라는 것이다. 걱정은 과거와 현재, 미래를 사용하여 우리가 누구이며 부모로서 무엇을 할 수 있는지에 관한 거짓말을 한다. 걱정은 어머니가 믿었던 거짓말을 당신도 믿게 만든다. 그런 의미에서 당신이 이 책에서 발견하게 될 가장 중요한 두 가지 진실을 소개한다.

① 당신이 느끼고 있는 감정은 정상적이다. 이 책에서 내가 당신만큼 힘들어하고 불안해하는 부모들과 나눈 대화를 보게 될 것이다. 그때마다 이 진실을 되새기게 될 것이다.

② 당신은 아주 잘하고 있다. 당신이 이 책을 읽고 있다는 사실 자체가 부모로서 노력하고 있다는 증거다. 당신은 자녀를 사랑하려고 최선을 다하고 있다. 또 자기 삶이 자녀의 삶에 어떤 영향을 미치고 있는지 솔직하게 들여다볼 만큼 용감하다. 오랫동안 상담을 해온 사람으로서 나는 부모가 자기 삶을 돌아보고 자기 문제를 다루는 것이야말로, 자녀에게 해줄 수 있는 가장 좋은 선물이라고 굳게 믿는다.

당신과 함께하는 이 여행에 나를 초대해줘서 더없이 영광이다. 나와 함께 여행하는 동안 많은 진실을 발견하고, 부모와 인간으로서 자유를 얻게 되리라 믿어 의심치 않는다.

지금 내가 데이스타 카운슬링의 문을 열고 나와, 당신을 맞이하고 첫 상담을 시작한다고 상상해보라. 당신의 손에는 커피 한 잔이 들려 있고, 우리는 함께 계단을 오르며 위층으로 가면서 첫 대화를 시작한다.

> **KEY POINT!** 불안을 이기는 부모를 위한 조언
>
> 1 우리 모든 사람은 진실을 들어야 한다. 특히, 걱정이 많은 부모는 더 그래야 한다.
>
> 2 불안은 우리를 고립시키지만, 불안 자체는 고립되지 않는다.
>
> 3 부모가 불안해하면 자녀가 불안해할 가능성이 일곱 배나 높아진다. 내 경험으로 볼 때 아이가 불안해하는 경우, 적어도 부모 중 한 명은 불안에 시달리고 있다.
>
> 4 이 책을 집었다는 사실은 당신이 자녀를 깊이 사랑하고, 자녀를 잘 기르기 위해 열심히 노력하며, 밝고 열정적인 좋은 부모라는 증거다. 하지만 동시에 자녀에 대해 불안해하는 부모라는 증거이기도 하다.
>
> 5 당신이 느끼고 있는 감정은 정상적이다.
>
> 6 당신은 아주 잘하고 있다.
>
> 7 부모가 자기 삶을 돌아보고 자기 문제를 다루는 것이야말로, 자녀에게 해줄 수 있는 가장 좋은 선물이다.

1부

과거에 대한 이해

1장.
걱정과 불안 이해하기

잠시 자신을 돌아보는 시간을 보내보자.

—이 글을 읽고 있는 지금, 무언가를 걱정하고 있는가?
—지금 당신이 느끼는 스트레스 지수가 10점 만점에 6점 이상인가?
—어깨가 구부정하고 목이 뻣뻣한가?
—이를 악물고 있는가?
—지난 24시간 이내에 자녀에게 화를 낸 적이 있는가?
—강한 감정으로 반응하는 자녀에게 똑같이 강한 감정으로 반응한 적이 있는가?
—잠을 잘 이루지 못하는가?
—문득 자녀가 상처를 입는 상상을 하는가?
—문득 근거 없이 부정적인 생각이 떠오르는가?

―그런 생각이 머릿속에서 떠나지 않고 계속해서 맴도는가?
―상황을 실제보다 더 심각하게 생각하며 걱정하는가?
―자녀에 관해 최악의 상황을 상상하는가?
―부모로서 실패했다고 느낀 적이 있는가?

아마도 이런 질문에 다는 아니더라도 최소 한 가지에는 "그렇다"라고 대답했을 것이다. 어떻게 아느냐고 묻고 싶은가? 다시 말하지만, 나는 당신과 비슷한 부모를 매일 상담한다. 부모들은 자녀의 불안에 관해 이야기하려고 내 상담소를 찾아오지만, 결국 우리는 부모 자신의 걱정과 불안에 관해 이야기하게 된다. 어떤 부모는 꽤 오랫동안 불안을 느껴왔기 때문에 문제를 스스로 인식하고 있다. 하지만 전혀 뜻밖이라며 놀라는 부모도 있다.

최근 한 팟캐스트에 게스트로 출연했는데 진행자가 흥미로운 말을 했다. "건강한 부모 세대는 우리가 처음입니다." 이 말이 당신에게는 어떻게 다가오는가? 30년 이상 경력의 상담자로서 말하면, 이 말은 '대체로' 맞는 말이다. 물론, 그리고 감사하게도, 우리 중에 시대를 앞서가서 자녀가 자신의 감정을 이해하고 다루도록 도와준 부모 밑에서 자란 이들이 드물게나마 있다. 하지만 우리 중에 저녁 식탁에서 부모와 자기감정이나 서로의 관계에 관해 허심탄회하게 이야기하며 자란 사람은 별로 없다. 좋은 소식은 이 진행자의 말처럼 오늘날에는 부모 대부분이 이전 세대와 달리 자녀의 정신적, 정서적 건강을 중시하고 있다는 것이다. 이전 세대는 그렇게 하기 위한 지식도 마음도 없었다. 하지만 나는 워낙 완벽주의자인지라 그 진행자의 말을 좀 바꾸고 싶다. "건강한 부모 세대는 우리가 처음입니다"라는 말은 약간 비약처럼 보인다. 당신은 어떤지 모르겠지만 나는 정신적, 정서적 건강을 중시하려고 노력하는 사람이다. 육체적 건강에 대해서도 마찬가지다. 가끔 멕시칸 치즈를 너무 많이 먹기는 하지만 몸 건강을 챙기려고 노력한다. 어쩔 수가 없다. 또 나는 원하는 정도보다 더 크게 좌절하는 사람이다. 반복되는 생각에 사로잡혀 실제 상황보다 더 호들갑을 떤다. 이것도 노력은 하지만 뜻대로 되지 않을 때가 많다. 그러니 위의 문장을 "정신적, 정서적 건강을 '추구하는' 세대는 우리가 처음이다"라고 고쳐보면 어떨까? '건강을 추구하는 것'은 '건강한 것'과 다르다. 과연 우리가 이생에서 완전히 건강해질 수 있을까? 나는 그렇지 않다고 생각한다. 하지만 우리 자신과 사랑하는 자녀를 위해서 노력할 수는 있다. 또한 '완성'보다 '추구'에 초점을 맞추면 부담감이 훨씬 덜해진다. 그런 의미에서 더 열심히 노력하는 것보다 자신을 좀 봐주는 게 더 중요하다는 말을 계속해서 할 참이다. 이 점에 관해서는 나중에 더 살펴보자.

우리가 정신적, 정서적 건강을 추구하는 첫 세대라는 말은 우리가 새로운 길을 개척하고 있다는 뜻이다. 어린 시절에 우리는 가지지 못했던 도구를 자녀는 가지기를 바란다. 그리고 처음으로 그것을 시도할 만큼 우리는 깨어 있다. 요즘 정신적, 정서적 건강을 위해 스스로 상담받거나 최소한 그것에 관심을 쏟는 부모가 많아졌다. 우리는 어린 시절 부모와의 관계에서 겪지 않았으면 하는 일들을 인식하고 있다. 그 일들이 우리 안에 자리를 잡아, 자녀가 폭발하면 덩달아 폭발한다. 자녀와 똑같이 강한 감정으로 반응하고서 후회할 때가 많을 것이다. 통제 욕구를 버리고 자녀를 있는 그대로 기뻐하기가 참 어렵다. 그런데 마음으로는 그렇게 하고 싶지 않지만, 방법을 모른다. 어디서부터 시작해야 하는가?

언제나 지금 있는 자리에서 시작해야 한다. 다시 말해, 현재 우리 안에서 어떤 일이 벌어지고 있는지를 이해하는 데서 출발해야 한다. 우리가 원치 않게 폭발하고 분노하는 데는 이유가 있다. 또 사랑하는 자녀에 관해서 자꾸만 최악의 시나리오를 떠올리는 데는 이유가 있다. 가끔 우리에게 뭔가 문제가 있어서 원하는 만큼 좋은 부모가 돼주지 못한다고 생각하는 데는 이유가 있다. 하지만 그것은 우리가 부모나 인간으로서 실패자이기 때문이 아니다. 이 책이 끝날 때까지 이 점을 수시로 상기시킬 것이다.

우리가 함께하는 여행의 나머지 부분에 관해서 잠시 하고 싶은 말이 있다. 당신이 바쁜 줄 잘 알고 있다. 당신은 자녀 양육을 잘해보려고 무던히 애쓰고 있다. 그 외에도 온갖 일로 정신없이 뛰어다니고 있을 것이다. 앞서 말했다시피, 나는 한 엄마와 상담을 했다. 그런데 필시 당신도 그 엄마와 매우 비슷한 상황에 처해 있을 것이다. 그 엄마는 아들이 깜박 잊고 가져가지 않은 축구화를 갖다 주고, 드라이클리닝을 마친 옷들을 가져오며, 세 번의 사업 회의에 참석하고, 카풀 동료를 태워다주느라 바쁜 와중에 겨우 시간을 내서 나를 찾아온 것이었다. (이런 상황을 생각만 해도 걱정이 밀려온다.) 당신도 할 일이 이에 못지않게 많을 것이다.

부모의 삶이 더 바빠지고 복잡해질수록 부모 상담을 위한 나의 메시지를 더 단순화했다. 상담 시간마다 나는 부모들에게 실용적일 뿐 아니라 기억하기 쉬운 몇 가지 요점을 제시하려고 노력한다. 이 책에서도 그렇게 하려고 한다. 이 장에서는 다섯 가지 요점을 제시할 것이다. 이 요점이 당신 안에서 벌어지는 일을 이해하는 데 도움이 되리라 믿는다. 이는 불안에 관해서 부모들이 꼭 알아야 할 다섯 가지 사실이다. 이것을 알고 나면 당신과 자녀가 하고 있는 이 여행에서 눈앞이 조금은 더 환해질 것이다.

불안에 관한
다섯 가지 사실

1. 걱정과 불안에 관해서 이해할수록 그것에 맞서
   싸우기기가 쉬워진다

손자는 BC 544-BC 496년 사이쯤 고대 중국에 살았던 장군이자 저자이며 군사 전략가이자 철학자였다. 그의 가장 중요하고 유명한 저작은 『손자병법』이라는 작은 책이다. 이 책은 지금도 전 세계의 군사 전략에 가장 큰 영향을 미치는 전략서다. 그런데 이 책의 전략은 우리가 매일 싸우는 정서적(더 나아가 사회적) 전쟁에도 적용할 수 있다. 예를 들어, 손자는 이렇게 말했다. "적을 알고 나를 알면 백전백승이다. 나를 알되 적을 모르면 한 번 이기고 한 번 진다. 적도 모르고 나도 모르면 백전백패다."[1)]

양육이라는 우리의 목적에서는 걱정과 불안을 우리 적으로 볼 수 있다. 이 적을 이해하는 것이 이번 장의 목표다. 우리 자신을 아는 것에 관해서는 다음 장에서 더 자세히 다루겠다. 철학자 프랜시스 베이컨(Francis Bacon)은 "지식은 곧 힘이다"라고 했다. 걱정과 불안이라는 적을 이해하는 것이 우리의 싸움에서 중요한 열쇠 중 하나다. 많이 알수록 이 전쟁이 더 쉬워진다. 따라서 부모들이 자주 묻는 몇 가지 기본적인 질문부터 시작하려고 한다.

불안은 무엇이며 걱정과 어떻게 다른가?

『걱정 없는 여자아이로 기르는 법』(*Raising Worry-Free Girls*)라는 책에서 나는 '걱정의 연속체'(worry continuum)에 관한 이야기를 했다. 이 연속체는 두려움에서 시작하여 걱정을 거쳐 불안을 지나 불안장애로 이어진다. 두려움을 느끼는 것은 완전히 정상일 뿐만 아니라 때로 도움이 된다. 두려움은 생명을 위협하는 상황에서 우리의 생명을 구해준다. 그리고 이것은 구체적인 물체나 상황과 연관되어 있다. 예컨대 나는 거미를 두려워하지만, 그 두려움은 실제로 거미가 내 몸 위를 기어다니거나 내게 가까이 다가올 때 생겨난다. 우리는 구체적인 대상을 두려워한다. 부모로서 당신은 자녀에게 일어나는 다양한 일을 두려워할 것이다. 고통이나 상실, 상처 같은 것들 말이다. 하지만 두려움이 진짜 두려움이라면, 두려움의 대상을 대면하기 전에는(최소한 그것이 가까이 다가오기 전에는) 우리의 정서에 영향을 미치지 못한다.

걱정은 다르다. 걱정은 두려움보다 더 만연하며 더 추상적이다. 즉, 우리는 무언가에 '관해서' 걱정한다. 꼭 대상에 관해 걱정하는 것이 아니라 상황을 두고서도 걱정한다. 그리고 그런 상황 중 대부분은 과거나 미래의 일이다. 우리는 차에 타면서 심하게 했던 말이 자녀의 자신감에 돌이킬 수 없는 상처를 주었을까 걱정한다. 다른 부모들이 이런저런 이유로 우리 아이를 비난하지 않을까 걱정한다. 또 우리 아이가 친구를 잘 사귀지 못할까 걱정한다. 사랑하는 자녀에게 일어날 수 있는 온갖 나쁜 일을 상상하며 걱정한다. 자신이 나중에 자녀가 상담받아야 할 이유를 만들어내고 있지는 않은지, 지금부터 상담 비용을 준비해야 하는 것은 아닌지 걱정한다. 걱정은 온갖 형태와 크기로 찾아오며, 대부분 부모가 자주 걱정한다. 걱정은 도움이 되지는 않지만 정상적이다. 어떤 부모는 부모라면 마땅히 걱정해야 하지 않겠느냐고 진심으로 믿는다.

앞서 말했듯이, 두려움은 우리의 생존을 돕는 적응 학습 기제다. 두려움은 하나님이 주신 몸의 에너지 관리 시스템인 교감 신경계를 작동시켜 임박한 위험을 피하게 해준다. 이 내용은 나중에 다시 살펴보도록 하자. 반면, 불안은 부적응적인 감정이다. 불안은 위협을 잘못 해석하고 우리의 사고를 왜곡하며 우리의 교감 신경계가 충분한 증거 없이 반응하게 만든다.

또한 불안은 걱정하는 생각이나 이미지에 몰두하게 만든다. 나는 우리 상담소에 오는 아이들에게 불안이 마치 단선의 루프를 빙빙 도는 롤러코스터와도 같다고 말한다. 머릿속에서 최악의 시나리오가 떠오른 뒤 아무리 합리적으로 생각하려고 해도 그 생각에서 벗어나지 못한다. 그러다 보면 최악의 시나리오에 관한 생각이 실제로 삶을 바라보는 시각이 된다. 십대 자녀가 약속한 귀가 시간이 15분이 지나도 집에 돌아오지 않으면, 그때부터 머릿속에서 아이에게 무슨 일이 일어났을지도 모른다는 생각이 떠나질 않는다. 여름 캠프에서 딸이 침대에 홀로 앉아 있는 사진을 보고서 딸이 혼자만의 시간을 즐기고 있다고 생각하지 않고, 친구들에게 외면당해 홀로 우울해하고 있다고 생각한다. 하원 시에, 선생님이 세 살 된 아들이 놀이터에서 다른 아이를 밀었다고 말한다. 그러면 당신은 아들이 친구를 잘 사귀지 못할 뿐 아니라 앞으로도 영원히 그럴 것이며, 학교 폭력 가해자가 될 가능성이 있다고까지 생각한다. 무슨 말인지 이해했으리라고 생각한다. 필시 당신은 양육이라는 여행을 시작한 뒤로 이런 생각을 수천 번은 족히 했을 것이다.

불안장애는 (1) 더 심하고 (2) 더 오래 지속되며 (3) 일상의 삶을 방해한다는 점에서 불안과 다르다.[2] 불안을 장애로 진단하려면, 그 상태가 최소한 6개월 이상 지속되어야 한다. 수만 가지 유형의 불안장애가 있는데, 가장 흔한 다섯 가지 불안장애는 범불안장애(generalized anxiety disorder, GAD), 강박장애(obsessive-compulsive disorder, OCD), 공황장애(panic disorder), 외상 후 스트레스 장애(post-traumatic stress disorder), 사회공포증(social phobia) 혹은 사회불안장애(social anxiety disorder)다.

범불안장애(GAD)의 특징은 이유가 거의 혹은 전혀 없는데도 걱정과 긴장을 동반한 만성 불안을 느끼는 것이다.

강박장애(OCD)의 특징은 원치 않는 반복적인 생각(강박 사고, obsessions)이나 반복적인 행동(강박 행동, compulsions)이 나타나는 것이다. 강박장애 행동에는 손 씻기, (문이 닫혔는지 등에 관한) 점검, 청소, 숫자 세기 등이 있다. 이런 강박적인 행동은 강박적인 생각을 예방하거나 몰아내기 위해서 하는 것이다. 하지만 이런 소위 '의식'은 일시적인 위안만 제공할 뿐이며, 이런 의식을 하지 않으면 불안이 눈에 띄게 증가한다.

공황장애의 특징은 흔히 말하는 공황 발작이다. 이것은 극심한 두려움과 함께 흉통, 두근거림, 가쁜 숨, 어지러움, 복부 불편 같은 육체적 증상이 예기치 않게, 그리고 반복적으로 발생하는 것이다.

외상 후 스트레스 장애(PTSD)는 충격적인 사건, 즉 심각한 육체적 해를 입거나 위협을 받은 사건이나 시련을 겪은 후에 발생할 수 있다. 충격적인 사건에는 사고, 전쟁, 자연재해나 인재(人災), 폭행을 직접 당하거나 목격한 일 등이 포함될 수 있다.

사회공포증 혹은 **사회불안장애**는 일상적인 사회적 상황에서 과도한 걱정과 자의식을 보이는 것이다. 사회공포증은 남들과 함께 있을 때면 언제든지 발생할 수 있다. 남들 앞

에서 말하거나 식사하는 것과 같은 상황에서는 특히 더 발생하기 쉽다.[3]

분명히 말하지만, 이 책의 목적은 불안장애를 진단하는 것이 아니다. 이 책을 다 읽고서 자신에게 불안장애가 있다고 의심된다면, 불안에 관한 믿을 만한 전문 치료사를 찾아가기를 권한다. 하지만 이 책은 물론이고 아이들과 관련된 불안을 다룬 책이라면 뭐든지 상담 센터에 가지 않도록 증상을 완화하는 데 도움이 된다. 당신과 가족이 효과를 볼 수 있고 가정에서 활용 가능한 도구들을 이 책에서 발견할 수 있을 것이다. 하지만 이 책의 도구로 전혀 혹은 충분한 효과를 보지 못한다면, 꼭 전문 상담가를 찾아가기를 권한다. 혼자서는 자신이 왜 걱정하는지를 이해하기 어려울 수 있다. 그럴 때는 전문가의 도움이 필요하다. 나도 다른 전문가의 도움을 수없이 받았다. 내 주변에 정신적, 정서적 건강을 '추구하는' 사람도 대부분 전문가의 도움을 받는다. 그러니 도움 요청하기를 두려워하지 마라. 세상에 친절과 전문성으로 무장한 상담가가 정말 많다. 좋은 상담가도 정말 많으며, 그런 상담가를 만나면 만족스러운 결과를 얻을 수 있을 것이다.

이 책에서는 '걱정'과 '불안', 이 두 단어를 번갈아 사용할 것이다. 걱정이 많은 사람이라면 어느 정도의 불안을 안고 있다. 그리고 이 책을 선택한 것으로 보아, 당신은 걱정이 많은 사람이 분명하다.

오늘날 세상에 불안이 얼마나 만연한가? 어른들 사이에서는? 아이들 사이에서는?

먼저 아이들에 관해서 이야기해보자.

― 아동과 청소년의 30퍼센트는 성장 중에 불안을 경험하고, 그중 80퍼센트는 도움을 받지 않는다.[4]
― 십대 세 명 중 한 명은 불안에 시달리고 있다.[5]
― 여자아이는 남자아이보다 불안에 시달릴 가능성이 두 배나 높다.[6] 하지만 오히려 남자아이가 치료받는 경우가 더 많다.[7]
― 다시 말하지만, 부모가 불안에 시달리면 자녀도 불안에 시달릴 확률이 일곱 배나 높다.[8]

이제 부모에 관해서 이야기해보자.

― 성인의 31.1퍼센트는 인생에서 한 번쯤은 불안장애에 시달린다.[9]
― 여성은 불안장애에 걸릴 가능성이 남성보다 두 배나 높다.[10]
― 불안에 시달리는 성인의 36.9퍼센트만 치료를 받는다.[11]
― 우울증 진단을 받는 성인 중 절반은 불안장애 진단도 받는다.[12]

다시 말해, 불안은 남녀노소를 불문하고 가장 만연한 질병이다. 하지만 치료 가능성이 가장 큰 질병 가운데 하나이기도 하다.

불안은 왜 그토록 만연한가?

미국 불안 우울증 협회(Anxiety and Depression Association of America)에 따르면 "불안장애는 유전자, 뇌의 화학적 작용, 성격, 인생의 사건들을 포함한 위험 인자들의 복합적인 조합에서 비롯한다."[13] 그런데 우리는 모두 위험 인자들의 복합적인 조합을 경험해본 적이 있다. 불안에 관한 가족력이 있는 사람도 많은데, 이에 관해서는 다음 장에서 더 이야기를 나눠보자. 잠재적으로 우리는 긴장과 스트레스에 빠지기 쉬운 성격을 갖고 있다. 또한 우리는 모두 팬데믹을 겪었다. 팬데믹은 아이나 어른에게 이 세기에 가장 충격적인 사건으로 기억될 것이다. 치료사로서 오랜 세월을 보낸 나는 오늘날 모든 성인이 알든 모르든 어느 정도의 불안을 안고 살아간다고 확신한다.

불안에 관한 한 가지 정의를 읽었던 기억이 난다. 그 정의에 따르면 불안은 "생각하고 계획하는 뇌가 충분한 정보를 얻지 못해 통제 불능 상태에 빠질 때 나타난다."[14] 그런데 우리는 대부분 자기 미래, 과거, 자기 자신, 특히 사랑하는 자녀의 삶과 미래에 관한 정보가 충분하지 않다고 느낀다. 사실 우리 모두 불안의 산실에 갇혀 있는 셈이다. 이는 일반적인 상황이다. 이것의 구체적인 내용은 다음 장에서 자세히 설명하겠다.

2. 불안을 치료하지 않고 방치하면 상황은 더 악화된다

통계적으로 볼 때 많은 독자가 치료를 받지 않는 63.1퍼센트의 성인에 들어갈 것이다. 혹시 이 책이 어떤 식으로든 도움을 받기 위한 첫 번째 시도인가? 당신에게 이 책이 걱정과 불안과 싸우기 위한 출발점이라면 실로 영광이다. 불안이 시작되는 평균적인 나이는 7세다.[15] 그러니 당신의 나이에서 7을 빼라. 그것이 이 불안의 폭풍이 당신 안에서 피어오른 기간일 가능성이 크다. 그리고 부모가 되면 그 폭풍이 훨씬 더 거세진다.

우리 뇌는 사용에 따라 신경 경로를 구축하고 강화한다. 이것을 전문 용어로 '신경 가소성'(neuroplasticity)이라고 한다. 이는 "경험의 결과로 변화하고 적응하는 뇌의 능력"[16]으로 정의된다. 일부 학자는 이것을 '용불용설(쓰지 않으면 잃는다) 현상'으로 부른다. 의사이자 저자인 대니얼 시겔(Daniel Siegel)과 티나 브라이슨(Tina Bryson)은 "뉴런이 활성화되면 서로 연결된다"[17]라고 말한다. 그런 식으로 뇌에서 경로들이 자리를 잡는다. 가장 자주 사용되는 경로는 사용하기가 더 쉬워진다. 그리고 이런 회로가 더 강화된다. 이것이 우리가 매번 바지를 입을 때 어느 쪽 다리부터 넣을지 생각하지 않는데도 늘 똑같은 다리부터 넣는 이유다. 이를 닦고 커피를 탈 때도 마찬가지다. 그런데 많은 사람의 뇌 안에서 걱정의 경로도 깊이 자리를 잡고 있다.

많은 사람에게 걱정은 자리를 잡은 신경 경로일 뿐 아니라 효과적이다. 정확히 말하면, 그들은 걱정이 효과적이라고 믿는다. 걱정은 도움이 되는 것처럼 느껴질 때가 많다. 그래서 많은 사람이 걱정을 대응 기술로 사용하려고 한다. 그들은 생각을 많이 하면 더 좋은 결론에 이르리라고 생각하고서 지나치게 많은 생각을 한다. 혹은 걱정이 의욕을 키워준다고 생각하기도 한다. 걱정하면 눈앞의 일을 할 의욕이 불타오른다고 생각한다. 갑자기 나쁜 소식을 듣고 충격을 받지 않기 위해서 미리 걱정하기도 한다. 걱정은 우리가 상황을 통제한다는 느낌을 준다. 또한 걱정은 가족 안에서 서로 관심이 있다는 표현으로 사용되기도 한다.[18]

어릴 적에 나는 어머니에게 걱정하지 말라는 말을 자주 했다. 어머니는 어떤 상황에서도 걱정부터 하시는 분이었다. 목적지에 도착하면 꼭 전화하라고 하고, 늘 내가 아픈지 확인하며, 심지어 내가 옆방에서 기침만 해도 당장 달려와서 괜찮은지 물으셨다. 여섯 살과 열여섯 살 때 나는 최대한 의젓한 얼굴로 어머니에게 괜찮으니까 걱정하지 마시라고 말씀드렸다. 하지만 어머니는 항상 같은 답변을 하셨다. 어머니는 "걱정하는 게 엄마의 일이란다"라고 말씀하셨다.

당신도 이렇지 않은가? 무의식적으로 '걱정이 없다면 내가 어떻게 되었을까?'라고 생각하지는 않는가? 걱정은 결국 삶의 방식이 돼버릴 수 있다. 하지만 진실을 말하자면, 걱정은 우리의 삶을 돕기보다는 방해하는 측면이 훨씬 더 많다. 과거에 걱정이 당신에게 어떤 식으로 도움이 되었는지 세 가지를 말해보라. 이번에는 현재 걱정이 부모와 인간으로서 원하는 모습이 되지 못하도록 어떤 식으로 방해하는지 세 가지를 말해보라.

불안은 치료하지 않고 방치하면 상황을 더 악화한다. 걱정도 마찬가지다. 걱정하는 신경 경로가 더 강해져서, 실제로 경험하기보다는 걱정하는 데 더 많은 시간을 허비하게 된다. 자신감을 느끼고 용기를 낼 때보다 불안을 느낄 때가 더 많아진다. 걱정과 불안을 몰아내기 위한 방법은 간단하다. 싸워야 한다. 모든 영역에서 싸움을 벌여야 한다. 이것이 이 책이 몸과 정신과 마음, 이렇게 세 가지 영역에 관한 실질적인 도구를 제시하는 이유다. 걱정은 이 세 가지의 모든 영역에서 우리를 무너뜨리려고 한다. 따라서 우리는 이 모든 영역에서 싸움을 해야 한다.

이 책은 변화하기를 원하는 부모들을 위한 책이다. 그 결과로 아이들도 변하겠지만, 이 책의 초점은 아이들이 아니다. 이 책은 걱정과 불안으로 잠 못 이루고, 감정의 롤러코스터를 타며, 패배감에 지친 부모를 위한 책이다. 당신은 해낼 수 있다. 그리고 당신은 이미 꽤 많은 것을 배웠다. 하지만 과거를 더 깊이 이해하고, 현재를 위한 도움을 받으며, 미래에 대한 소망을 품어야 한다.

3. 걱정은 우리를 속인다

불안 증세로 상담소에 찾아오는 아이들에게 가장 먼저 하는 일은 자신의 걱정에 이름을 붙이게 하는 것이다. 이것은 내가 좋아하는 도구 중 하나며, 6장 '정신을 위한 도움'에서 더 자세히 살펴볼 것이다. 내가 상담했던 한 여자아이는 자신의 걱정에 '걱정 공주'라는 이름을 붙였다. 그 아이는 자신이 공주의 위인 왕비라서 그렇게 이름을 지었다고 말했다. 나는 이해는 안 가지만 몇몇 여자아이는 걱정에 '걱정 밥(Bob)'이라는 이름을 붙이기도 했다. 더 어린 여자아이에게는 내가 주로 '걱정 괴물'이나 '걱정 벌레'라는 이름을 붙여준다. 그 아이들이 괴물과 벌레를 두려워하기 때문이다. 동료이자 친구인 데이비드 토머스(David Thomas)의 어린 아들들은 자기 걱정을 '헐크'라고 부른다. 그것은 아이들이 걱정되면 화가 나기 때문이다. 하지만 십대를 위한 책에서 나는 걱정을 두고 '속삭이는 놈'이라는 표현을 썼다. 실제로 걱정은 우리 마음속 한구석에서 진실처럼 느껴지는 말을 속삭인다. 심지어 어른들에게도 걱정의 속삭임은 진실처럼 느껴진다. 하지만 결론부터 말하자면, 그 속삭임은 진실이 아니다. 걱정은 그런 속삭임으로 우리를 속인다. 나는 십대 여자아이를 위한 책에서 걱정이 주로 두 가지 거짓말을 한다는 점을 지적했다. 걱정은 다음과 같은 거짓말을 한다.

① 너에게 뭔가 문제가 있다.
② 불안을 느끼는 사람은 너뿐이다.[19]

부모의 경우에는 세 번째 거짓말을 추가해야 한다. 그 거짓말은 다음과 같다

③ 너는 부모로서 실패자다.

지금까지 얼마나 많은 부모가 내 상담실을 다녀갔는지 모른다. 온갖 연령대의 자녀를 둔, 갖가지 상황에 놓인 부모들이 도움을 받으러 찾아왔다. 그런데 그 모든 부모에게 한 가지 공통점이 있었다. 내면 깊은 곳에서 자신이 부모로서 실패한 것은 아닌지 불안해한다는 점이다. 이것은 거미나 뱀에게 느끼는 것처럼 실패를 두려워한다는 차원이 아니다. 심지어 실패에 '관한' 걱정이 정상보다 조금 더 심한 경우도 아니다. 이것은 자녀를 데리러 가는 시간에 늦을 때마다, 학교 공지 사항의 내용을 잊어버릴 때마다, 자녀에게 화를 낼 때마다, 즉 거의 온종일 마음 한구석에 흐르는 불안을 말한다. 필시 당신도 마찬가지일 것이다. 불안이 의식적인 생각으로 나타나지 않더라도 표면 바로 밑에서 흐르다가 너무도 쉽게 툭툭 튀어나올 것이다.

앞서 말했듯이, 불안은 우리를 속인다. 그리고 그 속임수는 교활하다. 그 속임수의 목표는 우리를 패배적인 생각에 몰두하게 하는 것이다. 그래서 현재의 삶과 사랑하는 자녀에게 집중하지 못하게 만드는 것이다. 걱정은 그런 목표로, 우리가 가장 두려워하는 일들을 생각나게 한다. 걱정의 내용은 태어날 때부터 성인기까지 계속 달라진다. 어린아이들은 주로 부모에게 나쁜 일이 일어날까 봐 두려워한다. 그것이 그 아이들에게 가장 두려운 일이다. 나이를 조금 더 먹으면, 곤란한 상황이 닥치거나 질병에 걸리는 것을 두려워한다. 거기서 조금 더 나이를 먹으면, 성적이 떨어지거나 비행기 타는 것을 두려워한다. 좀 더 나이를 먹으면, 육상 경기에서 꼴찌를 하는 것이나 남들 앞에서 창피당하는 것을 두려워한다. 더 나이를 먹어 성인이 되면, 부모로서 실패하는 것을 두려워한다. 걱정은 우리가 어디에 사는지 혹은 어떤 생각을 하는지를 고려하여, 가장 취약한 부분을 공략할 만큼 똑똑하다. 그리고 우리가 그것에 관한 생각에 몰두하여 자신을 실제로 실패자로 보게 할 만한 강한 힘을 지니고 있다.

여기서 그 거짓말을 쫓아내자. 당신은 부모로서 실패하지 않았다! 당신이 자녀의 불안이 아닌 자기 불안에 관한 책을 읽고 있다고 해도, 그것은 자녀 양육에 관해 그만큼 관심이 많다는 뜻이다. 당신이 걱정과 불안을 다루려고 노력한다는 것은 그만큼 자녀 양육에 진심이라는 뜻이다. 그렇기에 잘못하고 있는 부분보다 잘하고 있는 부분이 훨씬 더 많을 것이다. 이 문제는 나중에 다시 살펴보자. 하지만 일단 내 말을 믿기를 바란다. 당신은 실패자가 아니다. 당신은 전혀 비정상이 아니다. 이런 불안을 느끼는 사람은 당신만이 아니다. 이 진실이 당신의 마음속에 자리 잡기 시작했기를 바란다. 하지만 걱정의 신경 경로는 단단히 자리를 잡았고, 걱정과 함께 찾아오는 수치심은 매우 깊을 수 있다.

4. 걱정의 문제를 해결하려면, 진실과 그 외 많은 도구가 필요하다

불안에 관해 연구하면서 읽은 모든 책에서 공통으로 말하는 한 가지 사실이 있다. 나는 그 사실을 계속해서 되새기는데, 그것은 불안이 우리의 시각을 왜곡한다는 것이다. 불안은 작은 문제가 작지 않은 문제로, 작지 않은 문제가 큰 문제로,

큰 문제는 도저히 극복할 수 없는 문제로 보이게 한다. 사실 그것은 문제도 아니다. 그것은 우리가 문제에 관해서 우리 자신에게 하는 이야기일 뿐이다. 다시 말해, 그것은 특정한 상황에 관한 우리의 생각이다. 그 생각이 그 상황을 문제처럼 보이게 한다.

실질적 예를 들어보겠다. 나는 오래전에 만난 한 엄마를 생생히 기억한다. 그녀의 딸은 내가 중학생을 대상으로 수년간 상담해온 그룹에 속해 있었다. 내가 볼 때 그 아이는 그 그룹의 다른 학생들과 잘 어울리고 있었다. 하지만 이 엄마는 상담소에 와서 화를 냈다. 약간 화를 낸 것이 아니라 '크게' 화를 냈다. (분노는 이차적인 감정이라는 점을 기억하라. 이는 분노의 표면 아래에 언제나 다른 감정이 도사리고 있다는 뜻이다.)

"선생님, 우리 딸 소피가 그룹 안에서 지내는 모습을 보면 분통이 터져요. 다른 아이들과 잘 어울리지 못하는 것 같아요. 아이들은 매주 우리 딸을 만나면서도 그 애에게 말을 걸지 않아요. 딸이 말을 걸면 아무도 대꾸를 하지 않죠. 딸은 정말 노력하는데 다른 아이들이 우리 아이를 받아들여 주지 않는 것 같아요."

나는 이전에도 수년 동안 이와 거의 똑같은 대화를 열 번 가까이 나누었다. 그때마다 상황은 비슷하게 흘러갔다. 이후 몇 주간 나는 그룹에서 아이들이 지내는 모습을 좀 더 유심히 지켜보았다. 참고로 내가 모임 장소에 들어가도 그룹 내 아이들은 내게 말을 걸지 않는다. 그 이유는 그 아이들이 십대이기 때문이다. 나는 아이들이 주변에서 벌어지는 일을 의식하지 못한다는 점을 보여주려고 일부러 요란을 떨며 들어간다. 그렇다. 그들은 정말로 주변을 잘 의식하지 못한다. 이 엄마가 볼 때 그룹 내에서 일부 아이끼리만 친하게 지내고 있었다. 하지만 아이들은 일부러 소피나 다른 아이들을 따돌리는 게 아니다. 가끔 소피의 말에 대꾸하지 않기도 하지만, 다음 주에는 다른 아이의 말에 대꾸하지 않았다. 여기에는 특별한 이유가 없다. 단지 그 아이들이 십대이기 때문에 벌어지는 현상이다. 하지만 나를 찾아온 이 엄마의 딸은 어색함을 느꼈다. 자신이 내부적으로 느낀 불편함을 바깥에서는 극도로 불편하게 느낄 것으로 믿었다. 그래서 그런 확신에서 결과적으로 딸이 한 말은, 다른 여자아이들이 자신을 좋아하지 않는다는 것이었다. 그 아이는 다른 아이들이 자신과 어울리기를 싫어한다고 생각했다. 그로 인해 아이의 눈에는 자기 생각과 맞는 장면만 보이기 시작했다. 우리는 모두 이런 오류에 자주 빠진다. 이는 '확증 편향'(confirmation bias)이라는 현상이다.[20] 확증 편향은 자기가 보고 싶은 것 혹은 찾고 있는 것만 보는 것이다. 아이는 자기 생각을 확증해주는 사건이나 자기 예상과 일치하는 사건을 무의식적으로 찾고 있었다. 그리하여 그런 사건만을 보았다. 그 아이는 아이들이 중간에 그룹에 들어간 내게 말을 걸지 않았다는 사실은 보지 못했다. 단지 자기 이론을 확증해주는 것들만 보았을 뿐이다. 그리고 그것은 어디까지나 이론이고, 아이가 자기 자신에게 하는 이야기일 뿐이었다. 그런데 그 이야기가 주된 문제였다.

여기서 잠시 인지 삼각형(cognitive triangle)이라는 인지 행동

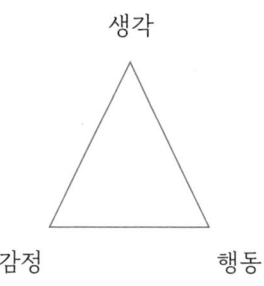

치료(cognitive behavioral therapy, CBT) 도구를 살펴보자. 이 삼각형은 가장 많은 연구가 이루어져서 가장 많은 실질적(증거가 있는) 효과를 낸 치료법인 CBT의 기본 원칙 중 하나다.[21] 삼각형의 맨 위는 생각이며 하단 양쪽은 감정과 행동이다.

이 삼각형의 전제는 우리의 생각과 감정, 행동이 모두 서로 연결되어 있다는 것이다. 우리 생각(우리가 자신에게 하는 이야기)은 우리 감정에 영향을 미치고, 이어서 이 감정은 우리의 행동에 영향을 미치거나 우리의 행동을 결정한다. 이 삼각형의 어느 한 부분이 변하면 다른 부분에서도 변화가 일어난다. 대부분의 CBT 치료는 그런 왜곡된 불안의 생각을 멈추고 변화시키는 데 주안점이 있다.

이 여자아이가 자신에게 한 이야기(생각)는 외로움과 상처(감정)를 느끼게 했다. 그리고 그런 감정은 엄마에게 그 사실을 알리고, 그룹에서 나오기로 결심하게 했다(행동).

이 아이의 엄마에게서도 같은 CBT 삼각형을 볼 수 있다. 둘 다 확증 편향에 빠져 있었기 때문이다. 이 엄마는 딸이 친구들에게 따돌림을 당하고 있을까 봐 두려웠다. 이 엄마의 행동(나를 보러 온 것)은 감정(불안과 분노)의 결과였으며, 그 감정은 그녀가 딸의 이야기를 듣고 자신에게 한 이야기의 결과였다. 무슨 말인지 이해했는가? 이 엄마는 딸의 불안에 관해서 걱정하고 있었다. 그녀는 딸이 우울증에 빠지기라도 했을까 봐 걱정했다. 그녀는 딸을 보호하는 좋은 엄마가 되려고 최선을 다하고 있었다. 하지만 불안이 시각을 왜곡한다는 중요한 사실을 놓치고 있었다. 실제로 불안은 우리의 시각을 자주 왜곡한다. 사실, 이 엄마가 나를 찾아왔을 때 나도 이 점을 놓치고 있었다. 상담을 시작한 지 얼마 되지 않았을 때는 나도 불안에 관해서 많이 알지 못했다. 하지만 지금은 훨씬 더 많이 알고 있다. 그래서 당신과 당신의 자녀가 진실을 보고서 자유로워지도록 있는 힘껏 돕고 싶다.

걱정의 문제를 해결하려면 진실이 필요하다. 이 엄마와 딸은 진실을 들어야 했다. 나와 함께 확증 편향과 왜곡된 시각에 관한 이야기를 나누고, 불안한 생각을 어떻게 다루어야 할지 배웠다면, 이 아이의 상태가 훨씬 좋아졌을 것이다. 안타깝게도 이 아이는 그 뒤로 내 상담소에 다시 찾아오지 않았다. 이 아이는 다른 곳에서처럼 이 그룹에서도 자신이 따돌림당하고 있다고 생각했다. 나는 이 그룹에서 본 것에 관한 진실을 이 엄마에게 보여주려고 했다. 하지만 그녀는 내 말보다 자기 딸의 말과 시각을 더 믿었고, 거기에는 그럴 만한 이유가 있었다. 당시 그녀는 딸을 돕기 위해 최선을 다하고 있었다. 단지 내가 도움이 될 만한 도구와 진실을 제공할 만큼 많은 것을 알지 못했던 것이 문제였다. 이 아이가 중학교를 졸업한 뒤로도 도움이 될 만한 도구와 진실을 제공할 만큼 나는 충분히 알지 못했다.

이런 상황은 거의 매번 같은 방향으로 일이 진행된다. 그러나 아무쪼록 이번에는 우리 자신과 사랑하는 아이들을 위해 다른 결과를 얻을 수 있기를 바란다. 2부 '현재를 위한 도움'에서 인식과 현실 사이의 차이를 분별하는 법을 다룰 것이다. 왜곡된 불안한 생각이 떠오르는 즉시 몰아내는 법과 진실로 가는 길을 찾는 법을 배울 것이다. 아울러 다른 많은 도구에 관해서도 살펴볼 것이다.

5. 모든 부모가 걱정하며, 좋은 부모일수록 특히 더 그렇다

내가 초등학교 여자아이를 위해서 쓴 책의 제목은 『더 용감하게, 더 강하게, 더 똑똑하게』이다. 제목을 이렇게 정한 데는 두 가지 이유가 있다. 첫째, 나는 곰돌이 푸에 나오는 "너는 네가 믿는 것보다 더 용감하고, 보이는 것보다 더 강하고, 네가 생각하는 것보다 더 똑똑해"[22]라는 말을 정말 좋아한다. 둘째, 불안한 수준이 기하급수적으로 높아지고, 불안과 싸우는 아이들을 상담소에서 더 많이 만나게 되면서, 중요한 사실 하나를 발견했다. 그것은 그 아이들 모두 정말로 똑똑하다는 사실이다. 나이나 성별에 상관없이 모든 아이가 열정적이고 똑똑했다. 아이들은 맡은 일에 집중하고 잘 해내려고 열심히 노력했다. 자신이 맡은 일을 제대로 해내기를 원했다. 불안 증세로 찾아온 아이들은 모두 멋진 친구들이었고, 나는 실제로 아이들에게 매번 그렇게 말해주었다.

당신도 마찬가지다. 당신은 자녀에 관심이 많기 때문에 걱정한다. 당신은 열정적인 부모다. 최대한 좋은 부모가 되기를 원한다. 하지만 때로는 그런 관심이 역효과를 일으킨다. 때로는 관심이 지나쳐 걱정으로 발전하고, 그 걱정의 목소리가 잠재우기 힘들 정도로 커진다. 함께 그 목소리를 잠재워보자.

앞으로 이 책에 나올 도구에 관해 살짝 언급하자면, '더 용감하게, 더 강하게, 더 똑똑하게'라는 개념은 사실 다른 CBT 도구에서 가져온 것이다. 그것은 '생각 대체하기'(thought replacing) 혹은 '재구성'(reframing) 혹은 '생각 뒤집기'(flipping the thought)라고 부르는 도구다. 걱정하는 생각을 뒤집어야 한다. 우리가 함께하는 동안 이 모든 도구를 꽤 많이 연습할 것이다. 사실, 연습이야말로 우리의 중요한 도구 중 하나다. 우리가 불안을 극복하지 못하는 가장 큰 이유는 도움이 되는 도구들을 배워놓고서도 연습하지 않기 때문이다. 그러니 여기서 바로 연습해보자.

부정적인 생각: 나는 불안에 시달리는 부모다. 그래서 나 자신도 실패하고 자녀도 실패하게 만들고 있다.

긍정적인 생각: 나는 자녀를 무척 아낀다. 내 평생 뭔가를 잘해보려는 마음이 이만큼 강하기는 처음이다. 그리고 나는 생각보다 훨씬 더 잘하고 있다. (이 마지막 문장은 내가 추가한 것이다.)

심리학자이자 저자인 댄 알렌더(Dan Allender)는 내가 수년 전 참석한 콘퍼런스에서 잘할 때가 50퍼센트 정도면, 좋은 부모라고 했다.[23] 어떤가? 50퍼센트. 똑똑하고 열정적이고 자녀를 아끼는 부모로서 당신이 잘할 때가 50퍼센트를 훌쩍 넘기리라 믿는다. 그리고 당신은 이번 장을 읽는 동안에도 새로운 신경 경로를 형성하고 있다. 어떤 부모가 되고 싶은가? 그리고 어떤 사람이 되기를 간절히 바라는가? 이 책이 그렇게 되는 데 큰 도움이 될 것이며, 당신은 이미 충분히 잘 해내고 있다.

> **KEY POINT!** **불안을 이기는 부모를 위한 조언**
>
> 1 오늘날 대부분 부모가 이전 세대와 달리 자녀의 정신적, 정서적 건강을 중시하고 있다. 이전 세대는 그렇게 하기 위한 지식도, 마음도 없었다.
> 2 현재 우리 안에서 어떤 일이 벌어지고 있는지를 이해하는 데서 출발해야 한다.
> 3 걱정과 불안에 관해서 이해할수록 그것에 맞서 싸우기가 쉬워진다.
> 4 불안을 치료하지 않고 방치하면 상황은 더 악화된다.
> 5 걱정은 우리를 속인다.
> 6 걱정의 문제를 해결하려면 진실과 그 외 많은 도구가 필요하다.
> 7 모든 부모가 걱정한다. 좋은 부모일수록 특히 더 그렇다.

2장.
당신 자신을 이해하기

치료의 세계에는 "고치지 않은 것은 반복하게 되어 있다"라는 유명한 말이 있다. 리처드 로어(Richard Rohr)의 말을 빌자면, "자신의 고통을 바꾸지 않으면, 그것을 반드시 옮기게 되어 있다."[1] 저런. 당신은 어떤지 모르겠지만 나는 여전히 내 고통을 자녀에게 옮길 때가 많다. 하지만 이번 장을 본격적으로 시작하기 전에 분명히 말하고 싶다. '정말 많은' 은혜가 있다. 물론 이생에서 우리는 계속해서 반복할 것이다. 엄마에게 들었던 비판적인 말이 우리 입에서 나와 우리 아이들에게로 향할 것이다. 우리가 통제력을 잃을 때마다 우리 안에 있던 아버지의 분노가 터져 나올 것이다.

과거의 고통은 현재의 압박에 더해져 미래에 관한 두려움을 일으킨다.

이 조합이야말로 좋은 의도와 사랑을 품고 있는 부모들의 발목을 강하게 잡고 있다. 과거의 고통과 현재의 압박은 부모로서 당신 안에서 두려움을 낳을 뿐 아니라 인간으로서 발전하는 것을 방해한다. 이에 관해서는 다음 장에서 더 자세히 살펴보자. 여기서는 은혜가 있다는 사실을 기억하기를 바란다. 그리고 정말 큰 소망이 있다. 우리는 과거에 발목이 잡힐 필요가 없다. 과거를 이해하는 만큼 그 과거에서 벗어날 수 있다. 현재 우리를 짓누르는 압박을 이해할수록 그 압박의 힘은 약해진다. 그리고 과거와 현재의 힘이 약해질수록 자녀에 관한 미래의 두려움이 줄어든다.

이번 장이 이 책에서 가장 중요한 장이라고 감히 말하고 싶다. 물론 안다. 당신도 내 상담소에 앉았던 수많은 부모처럼 말할지도 모른다. "내 아들이 좋은 도구만 얻었다면 이렇지 않았을 텐데." "내 딸을 돕기 위한 좋은 도구가 필요해." 현재 데이스타 센터에서 가장 자주 사용되는 단어는 단연 '도구'다. 실제로 도구는 중요하다. 걱정과 불안을 몰아내기 위한 싸움에서는 특히 더 중요하다. 그래서 이 책의 2부에서 '많은' 도구에 관한 이야기를 할 것이다. 하지만 우리 자신을 이해하고 우리가 불안해하는 근본 원인을 이해하지 못하면, 우리는 계속해서 불안을 반복하고, 사랑하는 자녀에게 그 불안을 전해주게 될 것이다.

자, 이번에도 다섯 가지 사실을 살펴보자. 불안에 관한 다음과 같은 다섯 가지 사실은 말 그대로 사실일 뿐 아니라 변화를 일으킬 수 있는 사실이다. 이 다섯 가지는 당신의 과거 그리고 오늘날 모든 부모가 느끼는 압박에 관한 것이다. 이

다섯 가지를 이해하면 은혜를 경험할 뿐 아니라 당신 자신과 자녀에게 더 많은 은혜를 베풀게 된다.

우리가 불안에 이르는
다섯 가지 방식

1. 불안은 우리의 과거에 뿌리를 두고 있다

나는 『걱정 없는 여자아이로 기르는 법』에서 다음과 같은 조사 결과를 소개했다.[2]

존스홉킨스대학의 학자들에 따르면, 불안해하는 부모를 둔 아이는 불안해하는 부모를 두지 않은 아이에 비해 불안장애에 빠질 가능성이 일곱 배나 높다.[3] 심리학자 리드 윌슨(Reid Wilson)과 심리 치료사 린 라이언스(Lynn Lyons)는 『불안해하는 아이, 불안해하는 부모』(Anxious Kids, Anxious Parents)이라는 책에서 "불안해하는 부모와 함께 사는 아이들의 무려 65퍼센트가 불안장애 기준에 부합한다"[4]라고 말한다. 이 외에도 비슷한 수많은 연구를 토대로 학자들은 불안이 실제로 유전될 수 있다는 사실을 발견했다. 하지만 타마르 챈스키(Tamar Chansky)에 따르면, 오늘날 불안을 낳는 요인 중 유전적 요인은 30-40퍼센트밖에 되지 않는다. 나머지는 환경 같은 (다른) 요인과 관련이 있다.[5]

불안은 유전될 수 있다. 나는 강사로 참여하는 모든 양육 세미나에서 부모가 불안해하면 자녀가 불안해할 가능성이 일곱 배는 높다는 사실을 이야기하고 설명한다. 따라서 당신이 사랑하는 자녀에게 불안을 전해주고 있지는 않은지 돌아봐야 한다. 당신도 부모 밑에서 자란 자녀다. 당신이 지금 걱정과 불안에 시달리고 있다면, 부모에게서 그것을 물려받았을 가능성이 매우 크다.

당신 집안의 가족력을 알고 있는가? 당신의 어머니나 아버지의 정신적 건강은 어떠한가? 조부모는 어떠한가? 당신의 형제자매는? 명심하라. 불안은 불안처럼 보이지 않을 때가 많다. 불안은 완벽주의, 부정적인 태도, 분노 같은 모습으로 다양하게 나타날 수 있다. 부모의 알코올 중독 같은 중독의 뿌리에도 불안이 있을 수 있다. 그런데 우리 부모님 세대의 어린 시절에는 정신 건강을 위한 자원이 부족했을 뿐만 아니라 그런 도움을 받는 것이 사회적으로 용인되는 분위기도 아니었다. 그래서 오늘날 우리 중 많은 사람이 여전히 어린 시절의 상처를 안고 살아간다.

자라온 환경은 절대 무시할 수 없다. 앞서 말했듯이, 유전적 요인은 불안의 원인 중에서 30-40퍼센트만 차지한다. 다른 요인에는 기질, 인생 경험, 부모의 본보기, 양육 방식 등이 있다.[6] 기질에 관해서는 다음 장에서 더 이야기할 것이다. 여기서는 어린 시절의 인생 경험을 다루고자 한다. 당신의 부모는 어떤 본을 보였는가? 집에서 어떤 양육 방식을 사용했는가? 이 모든 요인이 당신이 자라온 시기의 환경을 형성했고, 지금도 계속해서 당신의 정서적 건강에 영향을 미치고 있다.

어린 시절을 돌아보면 가정 안에 긴장감이 감돌았는가? 감정적으로 격한 순간이 많았는가? 그 원인은 주로 엄마였는가? 아빠였는가? 아니면 둘 다였는가? 아버지와 어머니의 관계는 어떠했는가? 둘 다 가정에 충실했는가? 부모와 당신의 관계는 어떠했는가? 부모가 감정 표현을 얼마나 잘했는가? 부모가 주로 어떤 감정을 표출했는가? 당신은 어떤 감정을 주로 표출했는가? 어떤 감정이 허용되었는가? 부모가 어떤 감정을 권장하고 어떤 감정을 표출하지 못하게 했는가? 어린 시절과 십대 시절에 집에서 얼마나 정서적인 안정을 느꼈는가?

연구에 따르면, 불안을 안고 자란 아이들에게는 대개 다음과 같은 부모가 있다.

—세상에 대해 지나치게 경계하고 조심스러워한다.
—매우 비판적이며 기대치가 터무니없이 높다.
—정서적으로 불안정하거나 의존적이다.
—감정과 자기표현을 억제한다.[7]

위의 진술 중 어린 시절 당신의 가정에 해당하는 것이 있는가? 아마 "그렇다"라고 답할 사람이 적지 않을 것이다. 이번 장의 질문들에 솔직히 답해보기를 강권한다. 이 질문들과 씨름하고, 더 나아가 『불안을 이기는 부모 워크북』(The Worry-Free Parent Workbook)도 활용하기를 바란다. 아울러 내가 당신의 부모를 비난하려는 것이 아니라는 점을 짚고 넘어가고 싶다.

그들도 주어진 상황에서 나름대로 최선을 다했을 것이다. 그리고 아마 그들도 자기 부모보다 훨씬 더 잘했을 것이다. 따라서 그들을 좀 이해해줘야 한다. 상담 전문가에게 조금이라도 도움을 받았다면 그들의 양육이 훨씬 더 쉬웠을 것이다. 그런데도 경험은 분명 여전히 우리를 형성하는 요인으로 작용한다. 신경학적인 관점에서도 우리 뇌의 회로는 전적으로 유전으로만 결정되지 않는다. 이 회로는 우리의 경험과 사고 및 행동 방식에 따라서도 형성된다.[8] 우리가 생각하고 행동하는 방식은 미래에는 바뀔 수도 있지만, 과거의 상처에서 비롯한 방식은 현재의 걸림돌이 될 수 있다.

기본적으로, 우리가 생각하고 행동하는 방식은 어릴 적 부모에게 교육받은 방식과 정서적으로 생존하기 위해 스스로 터득한 방식과 큰 관련이 있다. 앞서 말했듯이, 신경 경로가 형성되면서 이 과정이 이루어진다. 한편, 부모가 아닌 다른 사람에게서도 생각하고 행동하는 방식을 배우고, 다른 사람 때문에도 정서적으로 생존할 필요성이 발생할 수 있다.

예를 들어, 혹시 어릴 적에 학교 폭력을 당했는가? 친척이나 이웃에게 학대당했는가? 고등학교 때 친하게 지내던 친구가 죽었는가? 미국 심리학 협회(American Psychological Association)에 따르면, 아이 중 3분의 2 이상이 16세까지 어떤 종류로든 트라우마를 경험한다고 한다. 트라우마 사건은 "자신이나 남들을 육체적 상처나 죽음의 위험에 빠뜨리고 그 순간, 공포나 두려움, 무기력을 낳는 사건이다. 트라우마 사건에는 성폭력, 육체적 학대, 가정 폭력, 동네와 학교에서의 폭력, 의료 사고, 자동차 사고, 테러 행위, 전쟁 경험, 자연재해 및 인재, 자살, 여타 충격적인 상실이 포함된다."[9] 다시 말해, 트라우마 사건에는 우리 뇌의 회로를 바꿔서 불안에 취약하게 하는 인생 경험이 포함된다. 불안에 관한 세계적인 권위자인 타마르 챈스키는 이렇게 말한다. "트라우마 사건을 겪은 아이는 불안이나 우울증, 행동 장애 같은 문제에 빠질 가능성이 '두 배'나 크다."[10]

다시 말하지만, 아이들의 3분의 2 이상은 16세 이전까지 어떤 식으로든 트라우마를 경험한다. 그리고 이번에도 이는 아이들만의 문제가 아니다. 이는 당신, 곧 부모의 문제다. 당신의 이야기가 중요하다. 당신의 고통이 중요하다. 당신이 그 고통에 대응한 방식은 현재 당신의 모습과 양육 방식에 지대한 영향을 미쳤다.

당신은 어떻게 대응했는가? 과도하게 불안해했는가? 감정을 느끼지 않으려고 노력했는가? 아니면 아무것도 필요 없다고 하거나 원하지 않으려고 했는가? 대개 우리가 보이는 자연스러운 반응은 상처 주는 대상을 기피하는 것이다. 그 대상을 무시함으로써 그 상황에서 벗어나려고 한다. 문제를 피하는 셈이다. 혹은 똑같은 고통에 다시 놀라지 않도록 주의 깊게 관찰함으로써, 더 깊은 활동에 몰두하거나 별로 좋지 않은 결정을 내려 주의를 분산시킨다. 다시 말해, 우리는 어떻게든 자신을 보호하는 법을 습득했다. 상처받은 경험 이후 이런 식으로 다짐한다.

"같은 실수를 절대 되풀이하지 않겠어."

"다시는 그런 감정을 느끼고 싶지 않아."

"다시는 누구도 믿지 않겠어."

당신은 어떤 다짐을 했는가? 기억하기 쉽지 않다면 상처받은 사건이나 기억을 찬찬히 되돌아보라. 어떤 기분을 느꼈는가? 그 일을 어떻게 극복했는가? 혹은 그 일을 잊기 위해 어떤 방법을 사용했는가?

내가 아는 실제 부모의 예를 들어보겠다.

그는 딸에게 딱 한 번밖에 회초리를 들지 않았다. 당시 딸은 일곱 살이었고, 딸에게는 친구는 아닌, 그냥 아는 이웃 소년이 한 명 있었다. 그 소년은 수시로 찾아와 딸에게 놀자고 했다. 딸은 왠지 그가 불편했지만, 자기 직감을 믿고 행동하기에는 너무 어렸다. 그래서 원치 않을 때도 그 소년과 놀아주었다. 그런데 딱 한 번, 소년에게 싫다고 말했다. 그날은 너무 피곤해서 놀 힘이 없다고 말했다. 그때가 딸이 평생 유일하게 아버지에게 회초리를 맞은 날이었다.

딸은 당시에 몹시 화가 났지만, 이 기억을 트라우마로 여기지는 않았다. 이야기는 당신이 상상하는 것과는 다른 방향으로 흘러간다. 소년은 이 아이에게 성폭력을 가하거나 상처를 주지 않았다. 하지만 나중에 그 여자아이의 삶을 보면, 그때의 직감이 맞았음을 알 수 있다.

그 여자아이에게 깊은 흔적을 남긴 것은 아버지의 분노였다. 일곱 살 때 아이는 자기감정이나 직감을 억누르고 하기 싫어도 해야 하는 법을 배웠다. 지금까지도 그녀는 거절하는 것에 대한 불안을 느끼고 있다. 그녀는 '다시는 그런 실수를 되풀이하지 않겠어'라고 다짐했다. 지금 그녀는 자기 아이들에게도 그렇게 하지 않도록 가르치고 있다. 그녀는 생일 파티나 다른 파티 때마다 다른 아이들이나 부모들에게 상처를 줄까 봐 전전긍긍하며 지나치게 조심한다.

배경 이야기를 해보자면, 이 소녀의 이웃인 소년은 친구를 사귀기가 어려운 문제를 안고 있었다. 그리고 소녀의 아버지도 어린 시절 경험 때문에 같은 문제를 안고 있었다. 사실, 아버지의 분노는 딸이 이웃 소년을 불편하게 여긴 상황과 전혀 관계가 없었다. 평소 소녀는 이 소년에게 친절하게 굴었고 심지어 연민까지 보였다. 아버지의 반응은 어디까지나 아버지 자신의 문제에서 비롯한 것이었다. 아버지는 어린 시절에 거부당한 일로 열등감을 품고 있었다. 그의 분노는 딸의 행동보다 자기 자신의 상처에서 비롯한 것이었다.

큰 상처든 작은 상처든, 우리는 어릴 적에 경험한 트라우마를 피하기로 다짐한다. 트라우마 경험과 그로 인한 상처가 우리를 형성한다. 그것은 우리의 뇌 회로를 형성하며, 주로 우리 자신과 세상에 관한 부정적인 시각을 낳는다.

그리고 불안은 후대로 전해진다. 그 통로는 부모의 유전자, 가정 환경, 성장기의 경험이다. 하지만 여기서 끝이 아니다. 불안은 전해질 뿐 아니라 유지된다.

에드먼드 본(Edmund Bourne)은 『불안 공황장애와 공포증 상담 워크북』(The Anxiety and Phobia Workbook)이라는 책에서 불안이 유전, 어릴 적 환경, 생물학적 원인, 단기적인 원인, 소위 유지 원인(maintaining causes)이라고 부르는 것을 포함한 수

만 가지 요인에서 발생한다고 말한다.[11]

2. 불안은 현재도 그 자체로 지속된다

에드먼드 본에 따르면, 불안이 유지되는 원인에는 두려운 상황을 피하려는 마음, 안전 행위(safety behaviors)에 의존하기, 불안한 생각, 잘못된 믿음, 감정을 억누르는 것, 자기 의견을 주장하지 않는 것, 자신을 돌보는 기술 부족, 근육 긴장, 각성제와 식단, 스트레스가 심한 생활 방식, 낮은 자존감, 의미나 목적의식의 부재 등이 있다.[12] 다시 말해, 삶 자체가 유지 원인이다. 현대의 삶이 그렇고, 특히 부모의 삶이 더욱 그렇다.

당신의 삶에서는 어떤 요인이 특히 강하게 작용하고 있는 것 같은가? 여기서 각성제와 식단은 다루지 않을 것이다. 이것도 중요한 요인이지만, 이에 관한 이야기는 의사와 영양사에게 넘기도록 하겠다. 근육 긴장에 관해서는, 사실 요즘 모든 사람이 약간의 긴장 이상은 느낀다. 예를 들어, 이 질문을 읽는 동안 어깨가 긴장되어 있다고 느끼는가? 모든 사람이 "그렇다"라고 답할 것이다. 2부 '현재를 위한 도움'에서 긴장 완화에 도움이 되는 도구를 다룰 것이다. 하지만 여기서는 다른 유지 요인들에 관해서 조금 더 깊이 파헤쳐보자. 우리에게 불안의 원인에 관한 선택권은 없지만 불안이 지속되는 것은 또 다른 문제며, 이런 불안이 퍼지는 것을 멈추려면 유지되는 요인을 이해하는 것이 매우 중요하다.

연구에 따르면, 불안에 대한 두 가지 주된 대응 전략은 도망과 피하기다.[13] 양육에서 이 두 전략을 사용해야 하는 것은 너무도 당연해 보인다. 당신은 자녀를 사랑하고, 자녀가 상처를 입거나 고통스러워하는 모습을 보고 싶지 않기 때문이다. 당신의 역할은 별로 안전해 보이지 않는 세상 속에서 자녀를 안전하게 지켜내는 것이다. 그래서 자녀가 괴로운 상황에 처하면, 가장 자연스러운(그리고 부모답게 느껴지는) 반응은 자녀가 도망치도록 돕는 것이다. 당신의 불안감 중 몇 퍼센트가 자녀의 잠재적인 고통에 관한 것일까? 필시 매우 높은 비중을 차지할 것이다. 그래서 사랑하는 자녀가 도망치고 피하도록 돕는 것은 자녀가 불안에 빠지지 않도록 보호하는 일일 뿐 아니라 우리 자신을 보호하는 일이다. 이것이 우리의 걱정 괴물이 속삭이는 메시지다. 하지만 도망과 피하기는 영원하지 않다. 눈앞의 상황에서 도망침으로써 잠시 불안을 달랠 수는 있겠지만, 그러면 불안을 계속 묶어두기 위해 끊임없이 도망쳐야 한다.

당신의 자녀가(더 나아가 당신 자신이) 불안에 빠지지 않도록 당신의 삶이나 자녀의 삶에서 무엇을 피하고 있는가?

'안전 행위'라는 단어를 읽으면 무엇이 떠오르는가? '강박적인 행위' 하면 흔히 떠올리는 것들이 안전 행위다. 우리 문화에서는 강박증을 농담조로 자주 사용한다. 이것은 이 장애를 우습게 여기는 말이 아니라 그냥 농담 삼아 스스로 깎아내리는 것이다. 하지만 사실 그런 농담 이면에는 자신에게 실제로 강박적인 증상이 있을지 모른다는 약간의 의심이나 가벼운 두려움이 흐르고 있다. 미국 정신 건강 연구소(National Institute of Mental Health)에 따르면, "강박장애(OCD)는 흔하고 만성

적이며 오래 지속되는 장애다. 이 장애에 빠진 사람은 통제할 수 없이 반복되는 생각(강박 사고)이나 행동(강박 행동)을 계속해서 하려는 충동을 느낀다."[14] 강박 행동은 안전 행동으로 분류된다. 이는 강박적으로 떠오르는 불안한 생각을 잠재우기 위한 행동이다. 자물쇠를 확인하거나 손을 씻거나 표면을 특정한 순서로 만지는 것이 그 예다. 이런 의식과 루틴이 안전 행동이다. 그리고 부모의 안전 행위는 흔히 자녀에게로 옮겨간다. 이제 부모는 자기 손을 씻는 것만이 아니라 자녀가 손을 씻는 것에까지 신경을 쓴다. 자녀가 물에 들어가기 전에 구명조끼를 착용했는지 확인하고 또 확인한다. 한 번 확인하는 것은 문제가 아니다. 계속해서 확인하고 또 확인하니 문제다. 그것은 그저 '안전해지기 위해' 특정 행동을 하고 또 하는 강박증이다. 자녀에게나 우리에게나 안전 행위의 문제점은 자기 자신보다도 안전 행위(혹은 강박 행동)를 더 믿게 된다는 것이다. 도망과 피하기처럼 쥐에게 쿠키를 계속해서 주게 된다. 그렇게 되면 안전 행위가 지속된다.

불안한 상태를 유지하는 특정 안전 행위를 스스로 하거나 사랑하는 자녀에게 하게 하는가?

부정적인 자기 대화는 얼마나 하는가? 자신에게 부정적이거나 비판적이거나 지나치게 우려 섞인 말을 하루에 얼마나 자주 하는가? 한번 알아보라. 오늘 자신이 이런 말을 할 때마다 기록해보라. "정말 어리석군"이나 "너는 할 수 없어"라는 말을 얼마나 자주 하는가? 또한 "우리 아이는 할 수 없어. 그러니까 내가 개입해야 해"라는 말을 얼마나 자주 하는가? 연구에 따르면, 불안해하는 부모는 자신도 모르게 "끔찍해" 혹은 "그건 불가능해"처럼 더 극단적인 언어를 사용한다.[15] 우리가 2부 '현재를 위한 도움'에서 이야기할 중요한 도구 중 하나는 부정적인 자기 대화를 대체하는 것이다. 하지만 여기서는 부정적인 자기 대화가 불안을 지속시킨다는 점을 알고 넘어가는 것이 중요하다. 부정적인 말은 도움이 되지 않는다. 부정적인 말은 깊은 신경 경로를 형성하여, 자신에 대한 불신을 강화한다.

자신에게 불안의 말이나 부정적인 말을 얼마나 자주 하는가? 어떤 종류의 언어를 사용하는가? 그 언어가 친구에게 사용한 언어보다 더 가혹하거나 부정적인가?

그릇된 믿음은 비슷한 효과를 낸다. 앞서 말했듯이, 불안은 시각을 왜곡한다. 그릇되고 왜곡된 믿음을 확증할 부정적인 것을 찾게 된다(확증 편향). 자신에게 부정적인 말을 하고(부정적인 자기 대화), 그 말은 그릇된 믿음을 뒷받침해줄 뿐이다. 그릇된 믿음은 자신이나 자기 자녀, 세상에 관한 믿음일 수 있다. "너는 할 수 없어." "우리 아이는 할 수 없어." "너무 어려워." "너는 그럴 만한 능력이 없어." "너는 부모로서 이것을 할 준비가 되어 있지 않아."

예를 들어, '다른 부모도 자기 자식에 관한 말을 해'라고 생각할 수 있다. 그러고서 다른 엄마들이 복도에서 조용히 수군거리는 모습을 보면 이렇게 생각하게 된다. '무슨 말을 하는지 뻔하지. 자기 자식이 운동장에서 다른 아이에게 못되게 굴었던 이야기를 하고 있을 거야. 자기 자식이 형편없고, 그래서 자신도 형편없는 부모라고 생각하고 있겠지.' 모든 사람은 매일 수만 가지 그릇된 믿음에 따라 행동한다. 이 이야기는 각종 '도움'에 관해 말하는 2부에서 다시 살펴볼 것이다. 여기서는 그릇된 믿음이 우리를 부정적인 생각의 굴레 속에 가둔다는 점을 기억하고 넘어가자.

당신이 최근 품어온 그릇된 믿음은 무엇인가?

감정을 억제하고 있는가? 자기 의견을 주장하지 못하고 있는가? 본 박사의 리스트를 보고서 당신에 관한 이야기라고 생각했는가? 감정을 억제하고 자기 의견을 주장하지 못하는 것은 함께 나타나는 경우가 많다. 부모의 경우는 특히 더 그렇다. 에니어그램(Enneagram) 성격 유형에 관해서 아는가? 이것은 우리가 데이스타에서 상담할 때 자주 사용하는 도구다. 이것이 당신 자신과 자녀를 이해하는 데 매우 유용한 도구라는 점을 말하고 싶다. 나는 가족 상담에서 이 도구를 자주 사용한다. 상담소에 가족이 함께 찾아오면 각 사람에게 이 도구로 자기 유형을 파악하게 한다. 단, 그 전에 먼저 이 도구와 관련된 몇 가지 가이드라인을 제시한다. 그중 하나는 레니 바론(Renee Baron)과 엘리자베스 와겔리(Elizabeth Wagele)의 『에니어그램 Made Easy』(*The Enneagram Made Easy*)다. 이 책에서는 자신이 25세 이전이었을 때를 떠올리며 질문에 대한 답을 하라고 한다.[16)] 그러면 대부분 부모가 피식 웃으며 이렇게 말한다. "그 시절을 어떻게 기억해요. 오래전 일인데." 에니어그램

이론가인 저자들이 이 나이를 기준점으로 삼은 이유는 나도 잘 모르겠다. 25세를 기준으로 삼은 데는 이견이 있을 수 있지만, 부모가 되면 정체성의 많은 부분이 변하는 것만큼은 사실이다. 부모로서의 삶만 판단하면, 대부분 부모, 특히 엄마들은 2번 조력자나 9번 평화주의자라는 결과가 많이 나온다. 자지러지듯 우는 갓난아이나 예민한 사춘기 자녀를 둔 엄마가 오후에 이리저리 여러 일을 처리하다 보면, 감정 표출이나 의견 주장은 아예 꿈도 못 꾼다. 특히 중요하다고 느껴지는 주장이 아니라면, 의견을 펼치기는커녕 감정이나 생각을 드러낼 시간적, 공간적 여유도 얻지 못한다. 이렇게 감정을 억누르고 자기 의견을 주장하지 않는 것은 분명 불안이 계속되는 요인이다. 물론 부모들이 자기감정을 표현하고 자기 의견을 주장하기 힘들다는 점은 이해가 간다. 그리고 그렇게 감정을 억누르고 목소리를 내지 않는 기간이 길어질수록 자신의 감정과 의견을 의식하기조차 힘들어진다는 점도 이해한다. 그렇더라도 그것은 분명히 불안이라는 쥐에게 쿠키를 주어 문제를 지속시키는 일이다.

유지 요인은 문제를 지속시키기 때문에 쥐와 쿠키의 비유가 매우 잘 어울린다. [로라 누머로프(Laura Numeroff)가 쓴 탁월한 어린이 책 『만일 쥐에게 쿠키를 준다면』(*If You Give a Mouse a Cookie*)을 읽었다면 이해하기 쉬울 것이다. 하지만 그렇지 않다고 해도 쥐에게 쿠키를 주면 어떤 일이 벌어질지 충분히 짐작할 수 있다. 쿠키 한 개가 두 개가 되는 식으로 문제가 지속될 것이다. 불안도 마찬가지다.]

그다음으로 본 박사는 자신을 돌보지 않는 것을 언급한다. 최근 내가 읽은 『기도의 리듬』(A Rhythm of Prayer)이라는 신앙 서적에서 저자 사라 베시(Sarah Bessey)는 이렇게 말한다. "때로는 삶을 계속 살아가기 위한 최선의 방법이 자기 영혼을 위해서 불가능해 보일 만큼 친절한 뭔가를 해주는 것이다."[17] 당신의 영혼을 위해 불가능해 보일 만큼 친절한 뭔가를 해준 적은 언제인가? 아마도 꽤 오래전일 것이다. 다시 말하지만, 그럴 시간이 없다. 일전에 전부 자녀가 있는 친구들을 만났다. 그중 한 명이 아이를 상담 센터에 데리고 다닌다고 하면서 "사실 나야말로 상담이 필요한 사람이야"라고 말했다. 그 즉시 다른 엄마가 "맞아. 하지만 시간이 어디 있어?"라고 말했다. 그 말에 모두 한바탕 웃었다. 치료든 산책이든 독서든 좋아하는 드라마 시청이든, 자신을 위해 시간을 내야 한다. 자신을 돌보지 않으면 스트레스가 쌓여서 심신이 망가진다. 혹시 이렇게 살고 있지 않은가? 어깨를 으쓱하며 "지금은 바쁜 시기라서 어쩔 수 없어"라고 말하고 있는가? 하지만 당신이 어느 시기에 우리 상담소에 찾아오더라도, 축구 연습이며 음악 레슨, 연극 연습까지 듣다 지칠 정도로 온갖 활동을 끝없이 나열할 것이다. 이것은 단순한 추측이 아니라 확신이다. 당신과 같은 부모를 수없이 상담해봐서 잘 안다.

오늘날 우리는 대부분 스트레스로 가득한 삶을 살고 있다. 이런 삶은 우리 자신에게 해로울 뿐 아니라 우리 아이들에게도 해롭다. 사실, 우리 사회 자체가 스트레스로 가득하다. 지난 30년간 가정의 혼란을 지켜본 상담 치료사로서 나는 스트레스야말로 부모들과 아이들에게서 불안의 유행병을 일으키는 가장 중요한 요인이라고 생각한다. 높은 스트레스는 다음번 유지 요인인 낮은 자존감에도 일조한다. 해도 해도 충분하지 않다. 해야 할 것이 언제나 더 있다. 아이가 한 가지 활동에 더 참여하기를 원한다. 아이의 학교에서 학부모 대표를 한 번 더 해야 할 것 같다. 다른 부모들도 다 그렇게 하는 듯하다. 그리고 다른 부모들은 그 모든 일을 허둥대지 않고 야무지게 해내는 것처럼 보인다. 다른 부모들은 아이들의 간식도 항상 유기농 재료로 집에서 직접 요리해서 먹인다. 다른 부모들은 아이의 등교 준비를 할 때 신발이 사라져서 당황하는 일이 없는 것 같다. 당신만 형편없는 부모처럼 보인다. 온갖 해야 할 일의 목록은 불안을 지속시키며, 결국에는 삶의 의미를 잃어버리게 한다.

무엇이 당신을 굴레에 가두고 있는가? 모든 유지 요인 중 당신은 무엇에 특히 취약한가?

이번에도 우리가 마주 앉아 있다고 상상해보라. 이 글을 쓰는 내내 당신의 지친 모습이 떠올라 마음이 안 좋다. 낙심하고 삶에 버거워하는 모습이 떠오른다. 너무도 많은 쥐와 쿠키가 당신을 불안을 넘어 패배감으로 몰아가고 있다. 하지만 계속해서 그럴 필요는 없다. 당신에게는 큰 목적이 있다. 당신의 삶에는 의미가 있다. 당신은 자녀에게 유기농 간식을 해주지 않더라도 부모로서 아주 잘하고 있다. 단지 부모의 길에 몇 가지 난관이 있을 뿐이다.

3. 불안은 언제나 맥락을 찾는다

앤 라모트(Anne Lamott)는 『운영 지침』(Operating Instructions)이라는 책에서 아들 샘과 함께 병원에서 집까지 차를 타고 올 때 있었던 일을 이야기한다. "내 친구 페그와 처음으로 아들을 병원에서 집으로 데려오던 날이었다. 샌프란시스코를 통과할 때쯤 가장 끔찍한 경험을 했다. 아마 내 생각에 차가 도로 위 움푹 팬 웅덩이를 지나갔을 때였던 것 같다. 아이의 목이 홱 꺾였다. 우리는 아이 목이 부러졌다고 생각했다."[18]

언제 처음 불안이 찾아왔는지 기억나는가? 당신도 병원에서 집으로 차를 몰고 오던 중에 그랬는가? 집으로 오기 전 아기를 처음 포대기에 쌀 때부터 이런 생각을 했는가? '너무 어려워. 나는 부모 역할을 제대로 해낼 수 없어.' 양육의 여행을 시작한 뒤로 그런 생각을 수만 번도 더 했는가?

"부모가 되기 전에는 불안이라는 걸 모르고 살았어요." 내게 이렇게 말한 부모가 얼마나 많은지 모른다. 내가 불안에 관한 연구를 하는 내내, 눈에 들어온 개념 중 하나는 불안이 맥락(콘텍스트)을 찾는다는 것이다. 내가 상담해보니 실제로 그러했다. 실제로 아이부터 성인까지 발달 단계마다 가장 두려워하는 것이 다르다.

초등학교 저학년 아이들은 주로 부모와 떨어지거나 부모에게 나쁜 일이 일어나는 것을 가장 두려워한다. 초등학교 고학년 아이들이 가장 두려워하는 것은 아픈 것, 비행기를 타는 것, 집이 아닌 다른 곳에서 밤을 보내는 것이다. 중학생이 가장 두려워하는 것에는 사회적인 속성이 있다. 즉, 중학생은 남들이 자신을 좋아하지 않거나 더는 자신과 친구가 되기를 원치 않는 것을 가장 두려워한다. 고등학생이 가장 두려워하는 것은 사회적인 삶이나 성과에 관한 것이다. 그들은 학업이나 운동을 비롯해, 자신이 참여하는 활동에서 실패하거나 큰 창피를 당할까 봐 두려워한다. 모든 연령대 아이들의 걱정은 자신이 상상할 수 있는 최악의 일에 관한 것이다. 8세 아이는 엄마를 잃는 것을 두려워한다. 13세 아이는 달리기 시합에서 넘어지는 것을 두려워한다. 15세 아이에게 친구가 자신을 싫어하는 것만큼 두려운 일도 없다. 불안은 언제나 맥락을 찾으며, 그 맥락은 대개 현재의 나이에서 가장 중요한 것이다. 이는 우리가 부모가 된 뒤에도 마찬가지다.

2부에서 우리는 불안에 이름을 붙이는 것의 중요성에 관해 이야기할 것이다. 아이들이 불안을 '걱정 괴물'로 부르고, 십대가 불안을 '걱정을 속삭이는 놈'으로 부르는 것처럼 불안을 의인화해야 한다. 불안의 목소리를 우리 목소리와 분리해서 이름을 부여하는 데는 몇 가지 이유가 있다. 하지만 일단 한 가지 이유는 불안이 얼마나 똑똑한지를 이해하기 위해서다. 불안은 창의적인 접근법을 사용하고 매우 끈덕지다. 불안은 우리에게 가장 중요한 맥락을 찾고, 그것을 찾으면 최대한 오래, 끈질기게 우리에게 들러붙는다.

4. 불안은 오랫동안 쌓인 스트레스에 대한 반응이다

작은 실험 하나를 해보라. 당신의 현재 스트레스 수준에 1에서 10까지 점수를 매겨보라. 5년 전을 돌아보라. 예를 들어, 당신의 아들이 열일곱 살이라면 그가 열 살 때를 생각해보라. 당시의 스트레스 수준에 몇 점을 매기겠는가? 그보다 5년 전에는? 스트레스 수준이 5 이하였던 적은 언제인가? 내 생각에 적어도 10년도 더 전일 것 같다. 육아와 성인의 책임을 지기 전으로 돌아가지 않는다면 말이다.

불안은 오랫동안 쌓인 스트레스에 대한 반응이다.[19] 필시 당신 안에는 스트레스가 꽤 쌓여 있을 것이다. 사실, 우리 모든 사람이 그렇다. 오늘날 성공과 스트레스는 거의 동의어라고 할 수 있다. 세상은 바쁜 사람을 높이 친다. 하지만 바빠도 너무 바쁘다. 당신과 자녀에게 해가 될 만큼 바쁘다.

상담 일을 오래 할수록 불안이라는 유행병이 무엇보다도 현대인의 바쁨과 그로 인한 스트레스에서 비롯했다는 확신이 더 강해졌다. 내 어릴 적을 돌아보면, 자전거를 타고 동네를 돌며 어둑해질 때까지 친구들과 밖에서 놀았던 기억이 난다. 숙제하는 시간은 아주 조금밖에 되지 않았다. 하지만 요즘 아이들은 등교 전에 수영 강습을 받고, 방과 후에도 다른 스포츠 강습을 받는다. 저녁 식사 시간에 맞춰 집에 돌아와서 집에서 네 시간 동안 숙제해야 한다. 아이들에게서 학업, 운동, 예능에 관한 부담을 덜어줄 수 있다면 얼마나 좋을까. 좋은 유치원을 나와 좋은 초등학교에 가고, 좋은 고등학교와 대학을 나와 좋은 직장에 들어가야 한다는 압박감을 없애주면 얼마나 좋을까. 모든 아이가 하루에 한 시간 숙제, 일주일에 활동 하나만 하고 나머지 시간은 종일 밖에서 노는 삶으로 돌아가면 얼마나 좋을까. 그러면 아이들도 훨씬 더 건강해질 것이다. 그리고 물론 부모들도 더 건강해질 것이다. 자녀만 그런 스트레스 속에서 사는 것이 아니다. 자녀를 활동 장소까지 데려다줘야 하는 부모도 힘들다. 자녀의 수학 숙제를 도와줘야 하는데, 그 수학 문제는 우리가 대학교 시절에도 풀지 못했던 문제다. 우리는 주말에 네 개 이상의 활동에 쫓아다녀야 한다. 이렇게 불안감이 가중될 수밖에 없는 삶의 방향으로 사랑하는 자녀를 끌고 갈 수밖에 없다. 여기서 끝이 아니다. 우리 자신이 해야 할 일(내가 좋아하는 표현을 사용하자면, "우리 자신의 양동이에 있는 것들")까지 생각하면 정말로 머리가 아프다.

나는 아이들에게 그들의 양동이에 관해서 묻곤 한다. 당신 앞에 현재의 모든 스트레스를 담은 양동이가 있다면 어떻게 하겠는가? 거기에 스트레스를 더 넣고 싶은가? 아니면 빼내고 싶은가?

우리는 우리 삶 속에 쌓인 스트레스만 품고 있지 않다. 사랑하는 자녀의 삶에 쌓인 스트레스도 짊어지고 있다. 그래서 너무 버겁다. 짊어지기에는 너무 무겁다.

5. 불안은 압박 속에서 자란다

얼마 전에 내슈빌의 한 동네를 지나다가 한 교회의 옥외 게시판을 보았다. 교회의 옥외 게시판을 보면 보통은 기분이 좋아진다. 하지만 이 게시판을 보고 나서는 전혀 기분이 좋지 않았다. 게시판에는 곧 시작될 부모 세미나의 광고가 붙여져 있었다. 그런데 세미나의 제목은 "완벽한 양육"이었다. 농담이 아니다. 나는 그 게시판으로 곧장 돌진하고 싶었다.

알다시피 나는 완벽해야 한다는 압박감 때문에 불안감에 시달리는 부모를 너무 많이 만난다. 압박감은 사방에서 온다. 다른 부모들, 소셜미디어, 자기 부모, 심지어 아이들까지. 사방에서 압박을 준다. 더 나아가, 자기 내면에서 오는 압박은 더욱 거세다.

당신이 이미 알고 있는 것을 상기시켜주고 싶다. 세상에 완벽한 부모는 없다. 나는 부모들이 SNS에 올리는 모습에 관심이 없다. "엄마가 아무개 엄마와 같으면 얼마나 좋을까?"라는 자식들의 말에도 신경을 쓰지 않는다. 온갖 좋은 곳으로 여행을 다니는 아무개 엄마도 항상 마음이 평안한 것은 아니다. 그녀도 자신이 실패자처럼 느껴지는 때가 있을 것이다. 단지 우리는 솔직함보다 겉치장을 더 중시하는 세상 속에서 살고 있을 뿐이다.

내가 가장 좋아하는 인용문 중 하나는 저명한 신학자 C. S. 루이스의 글이다. 그는 『말과 소년』(The Horse and His Boy)이라는 책에서 이렇게 말한다. "정의는 자비와 섞여 있어. 네가 항상 바보(ass)인 것은 아니야."[20] 나는 이 글을 읽고서 큰 소리로 웃었다. 물론 이 인물은 실제로 당나귀(ass)에게 말한 것이다. 하지만 루이스는 일부러 다른 단어(donkey)가 아닌 이 단어를 고른 것이 분명하다. 나는 그가 우리 모두의 안에 있는 바보를 향해 말한 것 같아서 웃음이 났다. 나에 대한 루이스의 솔직한 평가와 그 안에 담긴 희망에 대해 확실히 감사하게 생각했다.

나는 이 인용문을 SNS에 올렸다. 지금까지 수천 개 글을 올렸는데 이 글만큼 폭발적인 반응을 얻은 적은 없었다. 물론

이 글의 맥락을 명확히 설명했다. 왜냐하면 바로… 압박감 때문에. 그리고 딱 한 사람만 그 설명에 고맙다는 댓글을 남겼다. 하지만 '좋아요'나 '공유'를 누른 모든 사람이 나와 같은 안도감과 안전함을 느꼈으리라고 믿는다.

양육은 세상에서 가장 힘든 일 중 하나다. 양육은 그 어떤 일보다도 우리의 바보스러움을 적나라하게 드러낸다. 이 일은 우리에게 더없는 기쁨을 안겨주는 동시에 더없는 슬픔을 안겨준다. 물론 기쁨과 슬픔은 인간의 삶과 뗄 수 없는 것이다. 하지만 우리의 과거, 우리의 불안한 맥락, 현대 삶의 압박에서 많은 슬픔이 비롯한다. 그래도 나는 정의가 자비와 섞여 있다는 사실을 루이스만큼이나 강하게 믿는다. 내가 항상 바보인 것은 아니다. 당신도 마찬가지다.

내가 가장 좋아하는 저자이자 심리학자 중 한 명인 댄 알렌더는 우리의 이야기가 망가짐과 아름다움을 모두 보여준다고 말한다. 또한 그는 우리의 이야기가 어두운 동시에 밝다고 말한다. 그리고 그는 근본적인 인간 경험이 한계라는 점을 지적한다.[21] 가장 보편적인 인간 경험도 한계다. 우리는 망가진 동시에 아름답다. 그런데 우리가 망가짐에서 도망치려고 애쓸수록 더 많은 압박감을 느끼고 더 많은 불안이 솟아난다.

상담소에는 방문하는 모든 부모와 아이가 봤으면 하는 작은 글귀가 하나 걸려 있다. 나 자신도 매일 이 글귀를 되새기려고 한다. 이것은 내가 아끼는 친구이자 데이스타의 대표인 멜리사(Melissa)가 우리의 여름 수련회 프로그램인 '호프타운'(Hopetown)에서 아이들에게 하는 말이다. "그분은 우리에게 더 열심히 하라고 요구하지 않으신다. 그분은 단지 우리를 새롭게 하신다."

우리는 과거에서 시작해야 한다. 과거를 곱씹지는 않되 돌아봐야 한다. 현재의 우리를 이해하기 위해 과거를 살펴봐야 한다. 브래드 몬터규(Brad Montague)는 『더 나은 어른 되기』(Becoming Better Grownups)라는 유쾌한 책에서 이렇게 말한다. "가끔 과거를 방문하면 큰 유익이 있다. 우리의 불안감이 어디에서 왔는지를 파악할 수 있다. 우리의 화가 어디에서 시작되었는지, 우리의 기쁨이 어디에서 사라졌는지를 이해할 수 있다. 과거를 이해하고 현재를 보면 모든 것을 받아들이는 법을 배울 수 있다."[22]

과거를 보면 우리 자신과 우리 불안의 근원을 이해하는 데 도움이 된다. 귀한 아이들이 우리의 삶 속으로 들어왔을 때 이루어진 맥락을 이해하는 데 도움이 된다. 또 오늘날 우리가 경험하고 있는 스트레스와 압박을 이해하는 데도 도움이 된다. 과거의 상처는 현재의 압박에 영향을 미치고, 이 압박은 사랑하는 자녀의 미래에 대한 두려움에 영향을 미친다. 그 미래에 관해서 우리는 패배감을 느낄 수도 있고, 소망을 발견할 수도 있다. 그리고 소망이야말로 우리가 추구하는 바다. 우리가 항상 바보는 아니다. 그분은 우리를 새롭게 하고 계신다. 그분은 그분의 영과 이 책을 보는 당신의 노력을 사용하여 당신을 새롭게 하고 계신다. 당신은 꽤 잘하고 있다. 계속해서 노력하라. "여러분 안에 이 위대한 일을 시작하신 하나님께서 그 일을 지속하셔서, 그리스도 예수께서 오시는 그날에 멋지게 완성하실 것을 나는 조금도 의심치 않습니다"(빌 1:6, 메시지성경).

> **KEY POINT!** 불안을 이기는 부모를 위한 조언

1 과거의 고통은 현재의 압박과 합쳐져 미래에 관한 두려움을 자주 일으킨다.
2 우리 자신을 모르고 우리가 불안해하는 근본 원인을 이해하지 못하면, 계속해서 불안을 반복하고, 사랑하는 자녀에게 그 불안을 전해주게 될 것이다.
3 불안은 우리의 과거에 뿌리를 두고 있다.
4 불안은 현재도 그 자체로 지속된다.
5 불안은 언제나 맥락을 찾는다.
6 불안은 오랫동안 쌓인 스트레스에 대한 반응이다.
7 불안은 압박 속에서 자란다.

3장.
불안은 부모에게 어떤 영향을 미치는가

최근 한 엄마는 내게 이런 말을 했다. "제가 아이에게 제대로 하고 있는지 너무 걱정돼요. 제가 과연 부모 자격이 있나 하는 생각마저 들 정도예요." 이 말을 한 엄마는 사실 훌륭한 부모다. 하지만 이 엄마는 자녀를 제대로 양육하지 못할까 너무 두려워한 나머지 그 과정을 즐기지 못하고 있었다. 혹시 당신도 그런가? 아마 당신도 가끔은 이런 두려움에 휩싸일 것이다. 요즘 부모들은 이런 경향이 더 강하다. 30년 넘게 상담을 해오면서 부모들이 지금처럼 큰 압박과 걱정에 시달리는 모습을 보기는 처음이다. 지금처럼 많은 부모가 자신을 실패자로 여기는 것을 못 봤다. 상담소에서 부모들의 눈물을 이토록 많이 본 것도 처음이다. 이토록 많은 부모가 지속적인 불안 속에서 사는 모습도 좀처럼 보지 못했다.

부모로서 걱정이 당신에게 어떤 영향을 미치고 있다고 생각하는가? 매일 부모들을 상담하면서 한 가지 사실을 발견했다. 부모가 되면 전보다 더 많이 걱정할 뿐 아니라 걱정이 부모에게 미치는 영향은 부모가 아닌 사람에게 미치는 영향과 다르다는 것이다.

이번에도 다섯 가지를 이야기할 것이다. 하지만 먼저 가장 중요한 사실 하나를 강조하고 싶다. 앞서 말했듯이 불안은 맥락을 찾는다. 그런데 당신에게 자녀가 생기면 불안으로서는 대박을 터뜨린 셈이다. 삶에서 불안을 유발하는 다른 상황은 잠시 내려놓고 거기서 떠날 수 있다. 심지어 불안을 낳는 특정한 상황(이나 사람)을 필요하다면 우리 삶에서 '제거할' 수도 있다. 하지만 우리가 몹시 사랑하는 이 작은 사람에게서는 도망칠 수 없다. 그는 그냥 우리 삶 속에 있는 사람이 아니라 우리가 깊이 사랑하는 존재이기 때문이다. 이번 장과 다음 장에서 불안이 부모와 자녀에게 어떤 영향을 미치는지 살피면서 힘든 현실을 다룰 텐데, 이 기본적인 진실을 늘 기억하기를 바란다. 우리가 자녀를 걱정하는 것은 그들을 깊이 아끼고 사랑하기 때문이다.

나는 불안해하는 아이들을 상담하면서 몇 가지 공통점을 발견했다. 내가 여자아이들에 관해 쓴 모든 책에 그 공통점을 언급했다. 불안해하는 아이들의 공통점은 모두 똑똑하고, 열정적이며, 열심히 노력하고, 매사에 관심이 많다는 것이다. 그들은 뛰어난 친구들이다. 다만 관심과 노력의 강도를 줄이지 못할 뿐이다. 사실 이것은 나이를 불문하고 모든 사람에게서 나타나는 현상이다. 즉, 단점을 뒤집으면 장점이 되는 경우가 많다. 부모도 마찬가지다. 내 경험으로 볼 때 불안해하는 부모들은 하나같이 똑똑하고 열정적이다. 그들은 누구보다도 노력한다. 자녀에게 세심한 관심을 기울인다. 자녀를 끔찍이 사랑한다. 이 세 가지 특징은 자녀에게 말할 수 없이 귀한 선물이다. 하지만 동시에 단점으로도 작용한다. 이번 장과 다음 장에서 단점을 장점으로 만들기 위한 실용적인 방법을 많이 나누려 하니 너무 걱정하지 않아도 좋다. 하지만 일단 여기서는 우리가 걱정하는 이유가 자녀를 향한 깊은 관심과 사랑, 열정 때문이라는 사실을 꼭 기억하고 넘어가기를 바란다. 아니, 3장과 4장을 읽는 내내 이 사실을 꼭 기억하라.

불안이 우리에게 미치는 다섯 가지 영향

1. 불안은 우리를 집중하지 못하게 한다

내가 여러 부모에게서 가장 자주 듣는 말 중 하나는 불안감 때문에 집중하기 어렵다는 것이다. 실제로 자녀와 부모를 연구한 결과, 불안과 ADHD, 특히 주의력 결핍 장애 증세가 거의 동일하다는 사실을 발견했다. 둘 다 안절부절못하고, 집중하지 못하며, 감정을 잘 조절하지 못하고, 심지어 양질의 수면을 취하지 못한다. 남의 이야기 같지 않은가? 특히 당신이 이런 증상에 시달리고 있는가?

―다음 일정에 관해서 걱정하느라 자녀의 말에 귀 기울이지 못하는가?
―생일 파티에 가면 딸이 어떻게 행동할까 걱정하느라 파티 전에 자녀와 나눈 대화를 기억하지 못하는가?
―온갖 시급한 일 때문에 자녀와 웃고 떠들지 못하는가?

걱정은 매일 수만 가지 방식으로 우리의 집중을 방해한다. 하지만 가장 슬픈 일 중 하나는 사랑하는 자녀와의 연결을 앗아간다는 것이다. 자녀의 말에 귀 기울이고 자녀의 눈을 지그시 쳐다보는 진정한 연결이 사라진다. 이런 연결이 있어야 자녀와 장기적인 관계를 쌓고 그 관계를 유지할 수 있다. 하지만 그러려면 너무 먼 미래를 생각하지 말아야 한다. 현재에 집중해야 한다. 현실적인 눈이 아닌 걱정이 유발한 왜곡된 시각으로 미래를 상상하지 말고 현재에 집중할 수 있도록 걱정을 벗어던져야 한다.

2. 불안은 현재의 문제에 미래의 의미를 부여하게 한다

나는 상담소에서 매일 부모들에게 다음과 같은 말을 듣는다.

"제가 아이의 미래를 잘 준비시키고 있지 않은 것 같아요."

"아이에게 스포츠 과외 활동을 시키지 않아서 고등학교에 가면 다른 아이들을 따라가지 못할 게 분명해요."

"아이를 학원에 보내거나 과외를 충분히 시키지 않아서

대학교 진학에 유리한 명문 고등학교에 보내기는 힘들 것 같아요."

"네 살 때 치어리더 활동을 시키지 않아서 유아 스포츠 팀에 들어가기는 불가능해졌어요."

자녀에게 해주지 않은 것들에 관한 걱정이 생길 수 있다. 아이에게 공부나 예체능 과외를 시키지 않아서 아이의 미래를 망쳤다고 생각할 수 있다. 혹은 아이에게 좋은 특성들을 가르쳐주지 않아서 장래가 암담하다고 생각할 수 있다. 우리가 해주지 않은 것을 '다른 모든 부모'는 해주는 것처럼 보일 수 있다. 일찍부터 집안일을 거들게 하지 못한 것을 두고두고 후회할 수 있다. 저녁 식탁에서 감사 기도를 하지 않은 것이 아이에게 회복 불능의 악영향을 끼쳤다고 생각할 수 있다.

우리가 제대로 하지 않아 우리 아이들이 다른 아이들을 따라갈 수 없고, 결국 성공하지 못할 것이라고 불안은 우리에게 속삭인다. 하지만 그것은 사실이 아니다.

현재 아이에게 부족한 기술이나 특성을 두고 걱정이 생길 수도 있다.

"유치원에서 가만히 앉아 있지 못하는 것을 보니 초등학교에서 가서도 그럴 게 뻔해. 나중에 커서 자기 밥벌이나 하겠어?"

"자기 방 하나 깨끗하게 정리하지 못하는데 나중에 커서 어른 노릇을 제대로 하겠어?"

"열세 살인데 쓰레기를 버리는 것 하나 기억 못 한다니. 나중에 책임감 있는 어른이 되기는 글렀어."
"중학생인데도 자기만 아는 애야. 나중에 다른 사람들과 건강한 관계를 맺고 살 수 있으려나 몰라."

나열하자면 끝이 없다. 걱정에 빠지면 아이에 관해서 불길한 미래를 예측하게 된다. 지금 아이의 모습이 5년, 10년, 20년 뒤에도 똑같이 이어질 것으로 생각한다. 혹은 지금 우리나 아이에게 없는 특성이 아이 안에서 끝까지 형성되지 않아 평생 아이의 발목을 잡을 것으로 생각한다.

하지만 아이는 발달하고 있다. 아이의 일은 우리와 한 지붕 아래에 있는 동안 계속해서 배우는 것이고, 우리는 그 배움을 도와줄 수 있다. 우리가 할 일은 결국 아이를 건강하고 번듯한 어른으로 길러내는 것이다. 여기서 키워드는 '결국'이다. 아이는 아직 어른이 아니다.

뇌 발달의 측면에서 보면 우리 뇌에서 마지막으로 발달하는 부분은 집행 기능을 담당하는 전두엽이다. 전두엽은 작업 기억을 형성하고, 충동 통제를 명령하며, 논리적으로 생각하고, 감정을 통제하며, 미래를 위한 계획을 세운다. 지난 20년 간 이루어진 뇌 영상 분야의 연구 결과, 전두엽은 약 25세까지도 완전히 발달하지 않을 수 있다는 사실이 밝혀졌다.[1] 8세 아이는 18세만큼 자신의 감정을 통제할 수 없다. 12세 아이는 20세에 감당할 수 있는 책임을 감당할 만한 기술이 아직 없다. 14세 아이는 자기애가 다소 강하다. 자기애는 모든 아이가 발달하고 개성을 형성하기 위한 정상적이고 중요한 과정이다. 자기애는 결국 사라진다. 아이는 결국 성숙할 것이다.

안타깝게도, 우리는 사랑하는 아이들에 대한 걱정이 지나쳐서 조급해진다. 우리는 아이가 현재 발달적으로 미성숙한 것만 보면서 뭔가 잘못되었다고 생각한다. 이런저런 것을 이미 할 수 있어야 한다고 생각한다. 부족함을 발달의 정상적인 과정으로 보지 않고 인격의 결함으로 여긴다. 더 나아가, 아이가 개인적으로나 직업적으로 평생 그렇게 살 것이라고 속단한다.

어떤 면에서 아이의 미래를 부정적으로 예측했는가? 아이가 아직 자라고 있는 영역에 대해 부정적인 미래를 속단하고 있지는 않은가?

당신의 아이는 하나님이 창조하신 모습으로 자라가고 있다. 이것은 도중에 예기치 못한 굴곡이 가득한 긴 여행이다. 당신이 자라온 과정을 돌아보라. 어떤 실수를 했는가? 그 실수가 당신이 성인으로 자라는 데 어떤 영향을 미쳤는가? 성숙하지 못한 행동이 당신의 현재 모습이 형성되는 데 어떤 영향을 미쳤는가? 필시 그 모든 일이 어우러져서 강점과 인격과 지혜로 승화되었을 것이다. 그리고 그 강점과 인격과 지혜가 지금 아이들을 키우는 데도 큰 도움이 되고 있을 것이다. 당신의 자녀도 마찬가지다. 아이를 믿고 기다리라. 당신과 나보다 미래를 훨씬 더 정확히 예측하시는 분이 아이의 삶을 다스리고 계신다는 사실을 믿으라.

3. 불안은 지나치게 간섭하게 한다

어린아이의 부모를 상담할 때면 자기 아이에 대해 '통제적', '심하게 조르는', '고집이 센' 같은 표현을 사용하는 경우를 자주 본다. 상담 치료사로서 나의 역할은 부모가 아이의 행동 이면에 있는 이유를 보도록 도와주는 것이다. 계속해서 이야기를 나눠보면 자기가 통제하려 하고 고집이 센 이 아이들은 대개 불안해하는 아이들이다. 그 아이들이 가장 자주 폭발하는 때는 변화가 일어나거나 예측 불가능한 일이 발생했을 때다. 나는 이런 상황을 '폭발 상황'이라고 부른다. 예를 들어, 방과 후에 아이를 데리러 가서 어젯밤에 몇 번이나 말했던 일정이 다 바뀌었다고 말한다. 집에 가기 전에 세 군데에 들러서 일을 봐야 한다고 전한다. 그런 상황에서 아이는 쉽게 폭발한다. 당신은 어떤지 모르지만, 누군가가 오후 세 시에 나를 찾아와 내 하루가 예상했던 것과 전혀 다를 것이라고 말하는데 나로서는 어찌할 도리가 없다면 나도 폭발할 것이다. 뇌가 다 발달한 나에게도 그렇다.

아이들의 주된 대응 전략은 통제인 경우가 많다. 그리고 자신이 통제할 수 없다고 느끼는 순간, 폭발한다. 그런데 받아들이기 힘든 진실이 있다. 그것은 우리 어른들도 별반 다르지 않다는 것이다. 많은 어른(특히 나 같은 완벽주의자)에게도 통제가 주된 대응 전략이다. 이제 삶이 정돈되기 시작했다. 우리가 원하는 대로 삶을 통제하고 관리할 수 있을 것만 같다. 그로 인해 마음이 편안해졌다. 그런데 아이가 생기면서 갑자기 모든 것이 달라졌다.

양육의 세계에는 우리가 통제할 수 없는 것이 너무도 많다. 아이의 행동을 통제할 수 없다. 아이의 말을 통제할 수 없다. 할아버지나 할머니에 대한 아이의 반응(혹은 무반응)도 통제할 수 없다. 아이의 선택을 통제할 수 없다. 무엇보다도 가장 답답한 것은 아이가 상처받지 않도록 통제할 수 없다는 것이다. 삶에 필연적으로 따라오는 고통에서 아이를 보호할 수 없다. 하지만 우리는 어떻게든 아이의 삶을 통제해보려고 애쓴다.

큰 것을 통제할 수 없으면 통제할 수 있는 작은 것들을 찾는다. 다른 아이가 우리 아이를 좋아하도록 통제할 수는 없지만, 우리 아이를 어떤 아이와 놀게 할지, 어떤 아이와 학교에 다니게 할지는 통제할 수 있다. 심지어 아이가 누구의 생일 파티에 갈지도 통제하려고 한다. 아이의 성적은 통제할 수 없지만, 학교 밖에서라도 공부를 더 시키는 방식으로 아이의 학업을 통제할 수 있다. 스포츠 활동에서 아이의 성과는 통제할 수 없지만, 우리가 성공이라고 생각하는 것을 위해 아이에게 매일 강습받게 하고 '좋은' 팀 감독에게 여러 번 전화하는 방식으로 통제를 시도할 수 있다. 고등학교에서 아이가 어떤 친구를 선택할지는 통제할 수 없지만, 우려되는 아이들에 관한 작은 단서들을 제공할 수는 있다. 그러면서 이번만큼은 아이가 말을 들을 것으로 생각한다.

우리는 부모이기 때문에 불안을 느낀다. 그리고 불안하기 때문에 통제할 수 없는 것을 통제하려고 시도한다. 그러나 통제는 통하지 않는다. 통제하려고 더 노력할수록 불안은 커진다. 더 긴장하게 된다. 더 강하게 통제하게 된다. 더 심하게 간섭하게 된다.

불안 + 격렬함 = 지나친 간섭

지나친 간섭이 실제로 어떻게 이루어지며 아이에게 어떤 영향을 미치는지는 다음 장에서 더 자세히 다룰 것이다. 일단 여기서는 당신이 지나친 간섭을 한다는 점을 알고 넘어가는 것으로 충분하다.

불안과 격렬함, 지나친 간섭을 보이는 부모의 이야기를 소개하자면 끝이 없을 정도다. 내 상담소에서 이런 부모를 수없이 봤다. 성적에 대해 지나치게 간섭할 수 있다. 친구 관계에 대해 지나치게 간섭할 수 있다. 스포츠 활동에 대해 지나치게 간섭할 수 있다. 아이의 몸무게에 대해 지나치게 간섭할 수 있다. 아이의 믿음에 대해 지나치게 간섭할 수 있다. 아이의 결정에 대해 지나치게 간섭할 수 있다. 아이의 책임감에 대해 지나치게 간섭할 수 있다. 나는 이 외에도 수많은 문제로 불안해하는 수많은 부모와 (주로 한 부모와 여러 번) 대화를 나누었다.

위의 문단을 읽고 이렇게 생각할지 모르겠다. '물론 나는 이런 것을 걱정한다. 하지만 자녀를 잘 키우려는 부모라면 걱정하는 것은 당연하지 않은가?' 물론 그렇다. 걱정하는 것은 정상이다. 하지만 집요한 걱정은 정상이 아니다. 집요한 걱정은 상담 시간에 선생님이 "아이가 학교생활을 정말 잘하고 있어요"라고 말하는데도, 계속해서 '선생님이 잘 몰라서 그래'라고 생각하는 것이다. 집요한 걱정은 상담 치료사가 꽤 좋아져서 상담을 그만해도 된다고 말하는데도 계속해서 아이에게 상담이 필요하다고 생각하는 것이다.

이번 주에 14세 딸을 둔 한 아빠를 만났다. 만난 지 2분 만에 나는 그의 격렬함을 눈치챘다. 격렬함이 분명하게 보였다. 그는 딸이 가족과 잘 지내지 못하는 것을 걱정했다. 최근 들어 딸이 말수가 적어지고 잘 반응하지 않으며 이기적으로 변했다고 했다. 나는 그것이 그 또래 아이들의 전형적인 모습이라고 말해주고, 우리가 『여자아이 기르기』(Raising Girls)라는 책에서 이 시기를 '자기애의 시기'로 부르는 이유를 설명해주었다.[2] 나는 그에게 한 16세 소녀의 이야기를 해주었다. 그 아이는 이 시기에 자신이 '사라진 것' 같았다고 말했다. 그 아이는 늘 자신에 관한 생각에만 몰두해서, 그 생각에서 빠져나와 다른 사람과 상호 작용하기 어려웠다고 말했다. 아이는 억지로 가끔만 부모와 상호 작용을 했다. 그리고 자기애의 시기를 보내는 여느 여자아이들처럼 그 아이는 긍정적으로 반응하기보다 엇갈린 애증과 분노가 뒤섞인 반응을 보였다. 내가 본 사춘기 소녀 대다수가 그러했다. 그들은 모두 말수가 적고 잘 반응하지 않으며 이기적이었다. 내가 이렇게까지 설명했는데도 이 집요한 아빠는 계속해서 고집을 부렸다. "우리 아이는 자신감을 잃었어요. 완전히 다른 사람이 되었어요." 나는 "사춘기 아이들은 어느 정도 다 그래요"라며 다시 그를 설득하려고 했다. 그의 딸과 가족이 겪는 모든 일이 정상이라고 50분 가까이 설명했는데도, 그는 여전히 딸이 상담을 받아야 한다고 주장했다. 집요하기 짝이 없었다. 증거가 없는데도, 심지어 반대 증거가 분명히 보이는데도 걱정을 내려놓지 않는다.

위의 이야기에서 당신 자신의 모습을 봤다면, 내가 이 책을 쓴 중요한 이유 중 하나가 바로 당신이라는 사실을 알아주기를 바란다. 나는 페이지마다 당신을 생각하며 글을 썼다. 그래서 지금 내가 눈앞에서 당신에게 직접 그리고 더없이 상냥하게 말하는 것처럼 느끼기를 바란다.

나는 지나치게 간섭하는 부모들이 좋은 의도로 그러는 것이라고 믿는다. 당신이 자녀에게 가장 좋은 삶을 안겨주기 위해 젖 먹던 힘까지 쏟아내고 있다고 믿는다. 당신이 원하는 것은 아이가 상처받지 않고, 실패하지 않으며, 당신이 경험했고 지금도 때로 느끼는 아픔을 느끼지 않는 것이다. 하지만 당신의 행동은 자녀에게 전혀 도움이 되지 않는다. 당신이 자녀에게 도움이 되기는커녕 관계만 망치고 있지 않을까 심히 걱정된다.

잠시 나에 관해서 말하고 싶다. 나는 지나치게 간섭하고 통제하는 사람이다. 나는 완벽주의자이며, 에니어그램 1번 유형이다. 그래서 개인적인 삶에서나 일에서 지나치게 통제하려고 한다. 이 병을 고쳤다고 말하고 싶지만, 아직 그러지 못했다. 그래도 배워가는 중이다. 지난 몇 년간 나 자신에 관해 배운 점 중 가장 중요한 두 가지는 다음과 같다.

① 나는 잘된 것을 보기 전에 잘못된 것부터 본다.
② 나는 경중을 분간하지 못한다.

지난 장에서 언급했듯이 우리는 데이스타에서 상담받는 아이들을 위해 호프타운이라는 여름 수련회를 운영한다. 나는 그 프로그램의 책임자다. 그런데 그 역할을 맡으면서 지나치게 통제하려는 모습을 보였다. 몇 년 전 한 직원이 내가 직원들을 비판적으로 대할 때가 있다고 말했다. 그 말을 듣고 발끈하지 않고 조용히 나를 돌아보는 시간을 보내기로 했다. 어느 날 아침, 아이들이 깨기 전에 밖으로 나왔다. 호프타운 곳곳을 다니다 보니 치워져 있지 않은 농구공들과 테이블에 놓여 있는 컵들이 눈에 들어왔다. 그때 내가 잘못된 점부터 먼저 본다는 것을 깨달았다. 항상 그렇다. 나는 잘된 점을 보지 못할 정도로 잘못된 점만 보곤 한다. 농구공과 컵에 대해서만 그러면 그나마 다행이겠지만, 그렇지 않다. 나는 관계에서도 그렇다. 이것은 내가 가장 간절히 기도하고 치열하게 싸우는 문제 중 하나다.

내가 경중을 분간하지 못한다는 사실도 발견했다. 그러지 않기 위해서 의식적으로 애쓰지 않으면, 컵이 테이블에 그냥 놓여 있는 것을 직원이 부모에게 반드시 받아야 하는 법적 서류를 깜빡 잊고 받지 않은 것만큼 큰 상황으로 여긴다. 내게 사소한 잘못이란 없다. 나는 이 두 상황에서 모두 똑같이 격렬하게 반응한다. 겉으로 표현하지 않더라도 속에서는 똑같은 분노를 느낀다.

나는 개인적인 삶에서나 일과 관련한 삶에서나 사소한 문제를 분간하지 못한다. 그리고 잘된 점보다 잘못된 점만 본다. 주변 사람들이 잘되기를 바라기 때문에 지나치게 통제하려고 한다. 호프타운에 참여하는 아이들이 멋진 경험을 하기를 바란다. 또 직원들이 힘내기를(그리고 일을 제대로 하기를) 원한다. 가족과 친구들이 사랑을 느끼고 자신감을 얻기를 바란다. 정말 좋은 의도로 그러는 것이다. 하지만 지나치게 통제하려고 하면 모든 것이 무의미해진다. 격렬함은 관계를 방해한다. 지나치게 통제하려고 하면 다른 사람들에게 믿어준다는 느낌을 주지 못하고, 그들이 시행착오를 통해 책임감을 발휘하거나 회복할 기회를 주지 못한다. 그 대신 관계를 망쳐버린다. 다른 사람들을 품어주고 그들과 연결되는 대신 내 뜻대로 되지 않는 일과 내 생각대로 일이 진행되지 않는 것에 대해 비판하고 격렬히 화를 낸다. 필시 당신도 그럴 때가 있을 것이다.

다음 2부에서 도움이 되는 몇 가지 도구를 제시할 것이다. 통제 욕구에서 해방되어 마음이 편해지고 덜 격렬해질 길을 제시할 것이다. 하지만 먼저 요즘 내가 간섭이 심한 부모들에게 가장 많이 하는 말을 해주고 싶다.

하위 20퍼센트를 버리라.

책임감이나 숙제, 관계를 비롯한 어떤 영역에서든 지금 당신이 자녀에 관해서 가장 걱정하는 것 열 가지를 떠올려보라. 지금 무엇을 걱정하고 있으며, 그중 하위 20퍼센트는 무엇인가? 먼저, 그 하위 20퍼센트를 의식적으로 버리기를 바란다. 사소한 문제를 분간해서 그것을 잊어버린다면 격렬함도 줄어들 것으로 확신한다. 간섭하려는 마음, 더 나아가 분노도 줄어들 것이다.

4. 걱정은 우리를 분노하게 한다

내가 부모들을 만나면서 가장 기분 좋은 순간은 그들이 자신에 관해서 편하게 이야기할 때다. 이것이 당신이 지금 이 책을 읽지 않고 내 상담실 소파에 앉아 있기를 바라는 이유 중 하나다. 양육하면서 느끼는 감정을 솔직히 인정해도 된다는 사실을 알기를 바란다. 당신만 그런 게 아니다. 지나치게 간섭하는 부모, 분노하는 부모는 당신만이 아니다. 여기서 말하는 분노란 창피하게, 어른답지 못하게 이성을 잃고 아이에게 마구 쏟아내는 분노를 말하는 것이다.

나는 오랫동안 한 가족을 상담해왔는데, 그 가족의 엄마는 내가 아는 가장 자상한 사람이었다. 그녀에게는 자녀를 잘 키우려는 누구보다도 강한 열정이 있었다. 자녀가 네 명 있었는데, 그중 막내는 최근 입양한 아이였다. 나는 입양 전에는 막내였던 여덟 살 난 딸을 상담하고 있었다. 아이는 언니가 된다고 한껏 들떠 있다. 그 아이의 이름을 조시(Josie)라고 부르겠다. 조시에 관해 내가 가장 좋아하는 이야기는 입양한 동생이 집에 오기 전에 조시가 엄마에게 이렇게 말했다는 것이다. "엄마, 새로 오는 동생이 우리 가족과 다르다고 느끼지 않았으면 좋겠어요. 아이에게 입양됐다고 말하지 않는 게 어떨까요?" 그러나 이 지혜로운 엄마는 조시를 보며 말했다. "얘야, 그 아이는 우리와 피부색이 달라. 말 안 해도 알걸."

조시는 정말 사랑스러운 아이였지만, 문제를 일으킬 때도 있었다. 아마 이 아이를 직접 키워본다면 바로 이해했을 것이다. 최근 조시와 상담이 있어서 그 아이를 맞으러 아래층으로 내려갔다. 마지막 계단을 밟자, 아이의 엄마가 내게 달려와 말했다. "선생님, 제게 먼저 몇 분만 시간을 내주세요." 그녀는 내 상담실로 들어와 말했다. "조시가 들어오기 전에 간밤에 있었던 일을 말씀드리고 싶어요. 제게 직접 들으셔야 해요." 그녀는 저녁 식사 후에 온 가족이 거실에 모여 오붓한 시간을 보내고 있을 때 일어난 일을 이야기했다. 조시는 책을 읽고 있었고 두 오빠는 거기서 멀리 떨어지지 않은 곳에서 게임을 하고 있었다. "20분쯤 지나니까 조시가 책을 덮었어요. 지루해진 거예요. 그건 아이에게나 우리에게 그다지 좋은 상황이 아니었죠. 조시는 오빠들을 귀찮게 하기 시작했어요. 오빠들을 놀리면서 찔렀어요. 오빠들이 그만하라고 좋게 말했는데도 멈추질 않았어요. 그래서 다시 말했는데도 소용없었어요. 결국 그 얘기가 제 귀에까지 들어왔고, 저는 조시를 보며 이렇게 말할 수밖에 없었죠. '오빠들이 그만하라고 좋게 말하잖아. 그러니까 당장 그만해.' 아이는 제 말을 듣고도 돌아서서 다시 오빠들을 괴롭혔어요. 저의 첫 번째 실수는 딸아이에게 다가가서 '왜 한 번 말하면 안 들어? 당장 그만해!'라고 고함을 지른 거예요. 그러자 아이가 몸을 돌려 제 쪽으로 한 걸음 다가와서 '해볼 테면 해봐요'라고 말하지 뭐예요." 자녀가 잘되기를 누구보다도 바라는(그리고 불안해하는) 이 엄마는 내게 이렇게 말했다. "선생님, 왜 그랬는지 모르겠어요. 딸애를 바닥에 눕히고 그 위에 올라타고 말았어요." 저런!

사랑하는 자녀에게 분노를 표출해야 한다고 말하려는 게 아니다. 단지 우리 모두 화를 낸다고 말하고 싶다. 우리는 불안할 때 특히 화를 낸다. 이 엄마는 가족의 평화로운 시간을 이어가고 싶었다. 아들들이 즐겁게 놀기를 원했다. 그런데 자신의 계획과 가정의 평화가 깨지자 불안해졌다. 그래서 화가 났다.

가장 최근에 불같이 화냈던 적은 언제인가? 어떤 일로 자녀에게 마구 화를 쏟아냈는가? 좋은 부모는 가정에서 일어난 그 어떤 일보다도 자녀에게 화를 쏟아낸 일을 가장 창피해한다. 그렇다. 좋은 부모도 화를 낸다.

친구이자 동료인 데이비드 토머스(David Thomas)와 함께 진행하는 부모 세미나에서 우리는 분노가 이차적인 감정이라는 말을 자주 한다. 다시 말해, 분노 아래는 언제나 다른 감정이 숨어 있다. 나는 그 감정이 대개 불안이라고 생각한다. 그래서 분노하는 아이를 자녀로 둔 부모들에게 항상 이 이야기를 해준다. 불안이 분노의 뿌리라는 점을 이해하면 어린 자녀에게 화를 내기보다는 자녀를 불쌍히 여길 수 있다. 십대 아이도 마찬가지다. 그 아이가 부모가 묻는 간단한 질문에 폭발하는 이유는 대개 학업, 관계, 운동을 비롯한 온갖 분야에서 두각을 드러내야 한다는 압박감이 불안을 자극하기 때문이다. 이처럼 부모의 분노 아래에도 불안이 숨어 있다고 믿는다.

최근 당신이 네 살배기 아들이나 열네 살 딸에게 분노를 느낀 것은 당신이 나쁜 부모여서가 아니다. 당신에게 성격 장애가 있기 때문도 아니다. 그것은 당신에게 불안해지기 쉬운 성향이 있기 때문이다.

등교 준비가 늦은 자녀를 데리고 집에서 학교까지 달려가면서 분노한다. 꾸물거리는 자녀 때문에 짜증이 난다. 하지만 그것은 무엇보다도 자녀가 학교에 지각해서 창피를 당하거나 방과 후에 남아서 벌을 받기를 원하지 않기 때문이다. 딸이 개에게 먹이를 주는 것을 또 까먹으면 화가 난다. 하지만 그것은 무엇보다도 자녀의 미래를 부정적으로 보기 때문이다. 개에게 먹이 주는 것을 까먹으면 나중에 대학에 가서도 수업 시간을 까먹고, 결국 사람 구실을 못 할까 봐 불안하기 때문이다.

나는 자신이 분노한 일로 창피해하는 부모들과 매일 이야기를 나눈다. 에베소서 4장 26-27절은 이렇게 말한다. "분을 내어도 죄를 짓지 말며 해가 지도록 분을 품지 말고 마귀에게 틈을 주지 말라." "분을 내어도"라는 말은 우리가 화를 낼 수밖에 없다는 뜻이다. "해가 지도록 분을 품지 말고"도 역시 우리가 분노를 느낄 것이라는 뜻이다. 이것은 우리 모두의 현실이다. 특히, 누군가를 깊이 아끼는 사람은 분노를 느낄 수밖에 없다. 중요한 것은 그 분노를 어떻게 하느냐는 것이다. 성경은 죄를 짓지 말고, 분노로 다른 사람에게 상처를 주지 말고, 분노를 계속해서 품고 있지 말라고 명령한다. 불안은 이 세 가지를 하게 한다. 하지만 분노한다고 해서 당신이 나쁜 부모는 아니라는 점을 이해하기를 바란다. 그것은 단지 당신이 불안해하기 쉬운 성향의 부모라는 뜻일 뿐이다. 하지만 이 책에는 불안에서 해방되도록 도와줄 도구가 가득하다. 불안에서 해방되면 분노에서도 해방될 것이다. 화내는 부모는 당신이 원하는 부모의 모습이 아니다. 아니, 당신의 진짜 모습이 아니다. 당신은 곧 도움을 받게 될 것이다.

5. 불안은 우리에게서 따스함과 기쁨을 앗아간다

이번 장을 쓰기 전에 SNS에서 부모를 상대로 설문 조사를 했다. "불안이 부모인 당신에게 어떤 영향을 미치는가?" 이 질문에 가장 많이 나온 답변은 "내 기쁨을 앗아간다"는 것이었다. 이런 경험을 해봤는가? 불안이 당신 안으로 조용히 들어와 가득해지는 기분을 아는가? 어떤 기분인가? 부모로서 불안에 조종당하는 당신의 모습은 당신의 진짜 모습과 무엇이 다른가? 두 칸으로 나누어 목록을 만들어보라. 한 칸에는 훌륭한 부모의 모습을 나열하라. 다른 칸에는 불안에 심하게 빠진 부모의 모습을 나열하라. 당신은 언제 어떤 모습을 보이는가?

나는 『걱정 없는 여자아이로 기르는 법』을 집필하기 위해 조사하면서 불안이 부모로서의 따스함이 없는 것과 관련 있다는 사실을 발견했다.[3] 이 현상을 상담소에서도 확인할 수 있었다. 당신이 따스하지 않다는 말이 아니다. 당신이 따스하다고 믿는다. 하지만 걱정이라는 괴물은 당신 안에 들어와 내적 기쁨을 앗아갈 때 외적 따스함도 앗아간다. 그 괴물은 내게도 그런 짓을 했다. 완벽주의가 극심하게 발동하면 나는 주로 생산성으로 불안의 감정을 억누르려고 한다. 그 결과, 따스함을 잃는다. 당시에는 인식하지 못하지만 그럴 때 나는 관계보다 생산성을 우선시한다. 그럴 때마다 나는 즉시 정신을 차리려고 노력한다. '쉿쉿, 저 사람이 말을 마칠 때까지, 아니면 웃음을 멈출 때까지 기다려야 다음 사안을 이야기할 수 있어.' 불안에 휩싸였을 때 나는 생산성은 높을지 몰라도 로봇과 다름없다. 전혀 따스하지 않다. 그리고 그것은 내가 원하는 모습과 정반대다.

불안해하는 부모들을 만나 보니 그들 중에도 이런 종류의 따스함이 부족한 사람이 많았다. 그들에게 가장 중요한 것은 생산성이나 인격의 성장일 수 있다. 혹은 자녀를 행복하고 자신감 넘치며 인정적인 사람으로 키우는 것일 수 있다. 하지만 그 아래에는 다른 것이 있다. 집중을 방해할 뿐 아니라 다른 사람들과 연결되지 못하게 방해하는 뭔가가 있다. 그들 앞에만 있어도 해야 할 일이 머릿속에서 맴도는 것을 느낄 수 있다. 그 일들을 빨리 처리하지 못해 불안해하는 게 전해진다. 나도 느낄 정도인데 그들의 자녀는 얼마나 더 느끼겠는가?

밥 고프(Bob Goff, 성은 같지만 내 친척은 아니다)는 이렇게 말한다. "우리를 계속해서 방해하는 것이 결국 우리의 정체성을 형성한다."[4] 불안은 우리를 방해하다. 불안은 현재의 문제에 미래의 의미를 부여하게 한다. 불안은 지나치게 간섭하게 한다. 불안은 분노하게 한다. 불안은 내적으로는 기쁨을, 외적으로는 따스함을 잃게 한다. 불안은 우리를 스스로 원치 않는 사람이자 바라지 않는 모습의 부모로 변해가게 한다. 하지만 소망이 있다. 큰 소망이 있다. 불안이 우리의 정체성을 형성하는 와중에도 불안해하는 부모는 우리의 진짜 모습이 아니라는 것이다. 그것은 우리가 추구해야 할 모습도 아니다. 무엇보다도 그것은 하나님이 원하시는 모습이 아니다.

원래 나는 대중 앞에서 말하는 데 큰 불안증이 있었다. 초등학교 5학년 때부터 그랬다. 펄래스키 아카데미(Pulaski Academy)의 사회과학 수업 시간에 반 아이들 앞에 섰던 기억이 난다. 그때 내 얼굴은 창피해서 새빨개졌다. 얼마나 빨갰던지 담임 선생님은 나를 양호실로 보내 체온을 재도록 했다. 실제로 나는 열이 나서 조퇴했다. 그런 두려움은 오랫동안 내 안에 남아 있었다. 때로는 수천 명이나 되는 군중 앞에서 강연하기 시작한 뒤에도 그 두려움은 한참 동안 사라지지 않았다. 오랫동안 나는 갑자기 얼굴이 빨개지고 침이 마르는 상황에 대한 불안감을 떨쳐내려고 노력했다. 다음 구절을 읽을 때마다 불안감을 떨쳐내고 나의 본모습으로 돌아갈 수 있었다.

> 하나님은 성경이 보여주는 하나님의 성품—한결같고 변치 않는 부르심과 따뜻하고 인격적인 권면—이 또한 우리의 성품이 되기를 원하십니다. 우리가 늘 그분이 하시는 일에 깨어 있는 사람이 되기를 바라십니다. 미더우시고 한결같으시며 따뜻하고 인격적이신 하나님께서 여러분 안에 성숙을 길러 주셔서, 예수께서 우리 모두와 그러하시듯, 여러분도 서로 사이좋게 지내기를 바랍니다(롬 15:5-6, 메시지성경).

이 구절을 읽기만 해도 조금이나마 숨통이 트인다. 당신과 내가 이런 사람이 되기를 바란다. 하나님은 그분의 한결같고 변치 않는 부르심과 따뜻하고 인격적인 권면이 우리의 성품이 되기를 원하신다. 하나님은 우리가 불안과 두려움에 빠진 부모가 되기를 원하지 않으신다. 부정적인 미래를 말하고 사사건건 간섭하는 완벽주의자가 되기를 원하지 않으신다. 하나님은 이런 것을 느끼거나 행하지 않으신다. 좋은 소식은 우리도 그럴 필요가 없다는 것이다. 하나님은 우리가 부모로서나 인간으로서나 '그분의' 따뜻하고 인격적이며 한결같고 변치 않는 부르심을 경험하기를 원하신다. 그리고 그분이 그것을 원하시니 분명 그렇게 해주실 수 있다. 그분은 우리가 원하는 모습을 회복해주실 수 있다. 그분은 우리가 아이들에게 더 가까이 다가가, 더 따스하고 더 기쁜 모습으로 그들을 양육할 수 있도록 불안에서 해방해주실 수 있다. 그분은 반드시 그렇게 해주실 것이다. 하지만 먼저, 불안이 우리가 사랑하는 아이들에게 어떤 영향을 미치는지 다음 장에서 조금 더 깊이 파헤쳐보자.

> **KEY POINT!** 불안을 이기는 부모를 위한 조언

1. 30년 넘게 상담을 해오면서 부모들이 지금처럼 큰 압박과 걱정에 시달리는 모습을 보기는 처음이다. 지금처럼 많은 부모가 자신을 실패자로 여긴 적은 없었다.
2. 우리가 걱정하는 이유는 어린 자녀와 십대 자녀를 향한 깊은 관심과 열정, 큰 사랑 때문이다.
3. 불안은 우리를 집중하지 못하게 한다.
4. 불안은 현재의 문제에 미래의 의미를 부여하게 한다.
5. 불안은 지나치게 간섭하게 한다.
6. 불안 + 격렬함 = 지나친 간섭
7. 걱정은 우리를 분노하게 한다.

8 불안은 우리에게서 따스함과 기쁨을 앗아간다.

9 하나님은 우리가 불안을 느끼기를 원하지 않으신다.

4장.
불안은 자녀에게 어떤 영향을 미치는가

앞서 말했듯이, 부모가 불안에 시달리면 자녀도 불안과 싸울 확률이 일곱 배는 높아진다.[1] 그리고 그런 원인 중 하나는 유전자다. 하지만 양육 방식이 훨씬 더 크게 작용한다. 앞서 우리는 걱정과 불안이 부모인 당신에게 미치는 영향을 살펴보았다. 이제 당신의 걱정과 불안이 자녀에게 어떤 영향을 미치는지를 논해보자.

당신의 걱정이 자녀에게 미치는 직접적인 영향을 본 적이 있는가? 당신이 두려워하는 것을 자녀도 피하는 모습을 본 적이 있는가? 당신이 세상이나 당신 자신을 불신하는 것처럼 자녀가 세상이나 자신에 대해서 불신의 말을 하는 것을 들어본 적이 있는가? 나는 코로나 팬데믹 기간에 상담소에서 이런 모습을 수없이 보고 이런 말을 질리도록 들었다. 두려움이 극심한 아이들은 언제나 두려움이 극심한 부모 밑에서 자란 아이들이었다.

걱정과 두려움은 학습되는 동시에 전염된다. 아이들은 우리의 말과 행동을 통해 걱정과 두려움을 직접적으로 학습한다. 또한 생물학적 시각에서 보면, 거울 신경(mirror neurons)을 통해 우리의 걱정과 두려움이 아이들에게로 옮아간다. 거울 신경은 "다른 사람들에게 공감하고 그들의 감정을 이해하게 해주는 뇌의 작은 부분이다."[2] 〈하버드 비즈니스 리뷰〉(Harvard Business Review)에 실린 한 논문에 따르면, 거울 신경은 다른 사람이 웃는 것을 보면 따라 웃고, 다른 사람이 하품하는 것을 보면 따라 하품하게 한다. 이 거울 신경으로 인해 우리는 다른 사람의 스트레스와 불안도 받아들인다. 캘리포니아대학교 리버사이드 캠퍼스에서 진행한 한 연구에서 "불안을 품고 있고 표현력이 매우 강한" 사람을 보면 자신도 그런 감정을 느낄 확률이 높다는 결과가 나왔다.[3] 아이들도 마찬가지다. 아이에게 뱀을 무서워하라고 말할 필요가 없다. 당신이 걷다가 비명을 지르면, 당신 딸의 거울 신경은 그 장면에 주목할 것이다. 그때 딸은 뱀이 두려운 것이라는 사실을 배운다. 딸은 상황을 이해할 뿐만 아니라 당신의 두려움을 함께 느낀다. 당신은 외향적인 사람들이 있는 사회적 상황을 피하는 편인가? 그렇다면 당신 아들의 거울 신경은 그런 사회적 상황이 불안을 자아내기에 피하는 것이 상책이라는 점을 배운다. 아이는 당신과 같은 사회적 불안을 느낀다. 가르치려는 의도가 전혀 없어도 자녀의 뇌는 우리에게서 배운다.

아이들은 '사회적 전염'이라는 현상을 통해서도 우리의 불안을 받아들인다. 이것도 감정이 한 사람에게서 다른 사람에게로 퍼지는 방식 중 하나다.[4] 〈하버드 비즈니스 리뷰〉의 한 논문에 따르면, 스트레스를 받은 사람을 보는 것만으로도 연구 참여자의 26퍼센트가 코르티솔 호르몬이 증가했다. 코르티솔은 주된 스트레스 호르몬이다. 스트레스를 경험하는 사람이 관찰자의 애인이었을 때는 코르티솔 수치가 40퍼센트나 증가했다.[5] 그렇다면 뇌가 아직 완전히 발달하지 않은 아이들, 즉 우리가 안정감을 주어야 할 아이들에게 우리의 스트레스가 어떤 영향을 미칠지 충분히 짐작할 수 있다.

당신도 살면서 거울 신경과 사회적 전염의 효과를 직접 경험해본 적이 분명히 있을 것이다. 나는 다른 감정들도 그렇지만 불안에 대해서 그런 경험을 가장 많이 한다. 부모와 상담할 때나 사회적 상황에서 '내가 왜 이렇게 불안해하지?'라고 생각할 때가 있다. 그러다가 대개 몇 분 뒤에야 내가 불안해하지 않았다는 사실, 최소한 스트레스가 가득하거나 불안해 보이는 사람과 대화를 나누기 전에는 분명히 불안하지 않았다는 사실을 깨닫는다. 그 사람의 불안이 뉴런을 활성화하고, 사회적 전염을 통해 내게로 옮겨온 것이다. 당신의 불안도 그런 식으로 자녀에게 옮겨갈 수 있다.

이번 장에서 살펴볼 다섯 가지 사실은 이전에 살펴본 다섯 가지와 약간은 다른 느낌일 것이다. 이번 장에서는 부모 자신의 불안에서 비롯한 양육 방식 중 주된 다섯 가지를 분석하고자 한다. 투사, 비판, 구조(rescuing), 확대, 축소가 그것이다. 여기서는 좀 더 이해하기 쉬운 명칭을 사용하려고 한다. 하지만 먼저 한 가지 사실을 기억해야 한다. 우리가 모두 이런 방향 중 하나로, 혹은 한 번에 여러 방향으로 흐를 수 있다는 것이다. 우리는 모두 이런 면에서 잘못한다. 우리가 어느 방향으로 흐르는지는 대개 어린 시절 자신에게 무엇이 부족했다고 생각하는지 혹은 현재 자기감정을 어떻게 다루고 있는지에 따라 달라질 수 있다. 이 주제에 관한 이야기를 해보자. 우리가 어느 방향으로 흐르고 있는지, 그리고 그 방향이 우리 아이들에게 어떤 영향을 미치는지를 이해할수록 불안의 확산을 멈출 가능성이 커진다.

부모의 불안이 자녀의 불안에 영향을 미치는 다섯 가지 방식

1. 사이드카 양육

"우리 아이는 저와 똑같아요. 저도 저 나이 때 똑같은 문제를 겪었거든요." 내 사무실에서 부모들에게 이런 말을 얼마나 많이 들었는지 셀 수 없을 정도다. 물론 이 말은 자녀가 불안감과 싸워 이기도록 돕고 싶은 마음에서 나온 것이지만, 그 이면에는 일종의 교만이 흐르고 있다. 이는 자식을 자신에게서 떨어져나온 조각 정도로만 여기는 것이다. 이런 부모를 생각하면 어린 시절 방과 후에 보았던 『배트맨』 만화책이 떠오른다. 배트맨은 오토바이를 타고 로빈은 항상 그 오토바이에 붙은 사이드카에 쪼그리고 앉아 있었다. 배트맨은 무지막지한

속도로 고담시의 거리를 질주하며 악당을 쫓았다. 그 순간, 로빈은 멀미로 얼마나 고생했을까?

전제: 아이가 나와 똑같은 경험을 할 것이다

많은 부모가 이렇게 생각한다. '우리 아이는 나와 똑 닮았으니 나처럼 불안을 느낄 거야.' 우리는 자녀의 불안을 감지할 뿐 아니라, 때로 불안과 상관없는 행동까지도 불안한 행동으로 지나치게 해석한다. 심리 치료의 세계에서는 이것을 '투사'라 부른다. 투사는 "자신의 감정을 다른 사람에게로 옮기는 과정이다."[6]

내가 몇 년 동안 가끔 상담했던 여자아이가 있다. 그 아이의 부모는 이혼했고, 아빠가 그 아이를 돌보고 있었다. 그 아이를 처음 만났을 때 아빠는 딸과 자신이 정말 비슷하다고 말했다. "정말 불안해하는 아이에요. 저도 저 나이에 그랬거든요. 자기가 좋아하고 잘할 수 있는 활동인데도 하려고 하지 않아요. 불안 때문이죠. 불안 때문에 자신감이 크게 떨어져 있어요. 자기가 충분히 잘할 수 있다고 믿지 못하는 것 같아요. 그런 소극적인 성격 때문에 다른 아이들이 우리 아이를 안 좋아할까 봐 걱정이에요."

이것이 어디에서 왔는가?: 불안에 시달렸던 자신의 과거

이 두 사람을 계속 만나면서 내가 느낀 딸의 성향은 아버지의 이야기와 전혀 달랐다. 내가 본 딸은 오히려 너무 자신만만했다. 그 아이는 엄마를 더 닮았다. 아이에게서 어느 정도 불안감도 보였지만, 강한 성격도 뚜렷했다. 내가 볼 때 그 아이는 아버지가 수년간 해온 말 때문에 그 성격을 불안으로 해석하고 있었다. 아이는 많은 활동에 참여하고 있었고, 스포트라이트 받는 것을 매우 편안하게 여기는 것 같았다. 아이가 활동이나 모임에서 쭈뼛거리는 모습을 본 기억이 없다. 수줍어하기는커녕 친구들에게 너무 자기 자랑을 해서 걱정스러울 정도였다. 상담 첫날 사무실에서 그 아빠가 딸에 관해 한 말은 사실 딸보다는 자신의 어릴 적 모습을 묘사한 말로 보였다.

실제로 어떤 식으로 나타나는가?: 투사

이 아빠는 딸이 자신과 비슷하다고 여겼기 때문에 딸이 자신과 같은 감정을 겪고 자신과 같은 경험을 할 것이라고 생각했다. 딸의 발달 단계마다 그의 마음속에서 오래 묵은 열등감이 되살아났다. 그는 자의식이 강하고 자신감이 부족해서 친구들과 잘 어울리지 못했다. 딸이 친구들에게 소외당하는 것이 자기와 같은 이유에서 비롯했다고 판단했다. 그리고 딸에 관한 모든 것을 그런 시각에서 보고 있었다(우리도 마찬가지다). 앞서 1장과 2장에서 다루었던 확증 편향을 기억하는가? 이 아이를 비롯해 많은 아이의 사례에서 볼 수 있는 안타까운 비극은, 우리가 이미 내린 결론이 현실을 보지 못하도록 눈을 가린다는 것이다. 이 아빠는 자신의 잘못된 시각에 갇혀 있었기에 딸이 실질적으로 문제를 해결하도록 도와줄 수 없다. 안타깝게도 그 시각이 이제 딸에게도 옮아갔다.

아이에게 어떤 영향을 미치는가?: 따라오거나 마음의 문을 닫거나
자신이 오히려 부모를 돌보려고 한다.

이 아이의 경우는 아버지의 시각으로 자신을 보았다. 자신이 친구들과의 관계에서 문제가 있다는 것은 알고 있었다. 하지만 그것이 눈치가 없어서가 아니라 불안 때문이라고 착각했다. 아이는 자신의 불안 때문에 친구들이 같이 놀아주지 않는다고 생각했다. 하지만 나는 지나친 자신감과 그것을 눈치채지 못하는 것이 문제라고 판단했다.

다른 경우를 보면, 정반대인 아이들도 있다. 자신과 자녀를 너무 동일시하고 자신을 자녀에게 투사하는 부모는 자녀보다 더 감정에 휩싸인다. 아빠는 자신의 고교 시절처럼 아들이 축구팀에서 두각을 나타내지 못할까 봐 불안해한다. 그래서 계속해서 아들을 밀어붙인다. 아들이 좋은 경기력을 보이지 못하면 화를 낸다. 딸이 친구들에게 따돌림당하자 엄마가 딸보다 더 감정에 휩싸인다. 두 경우 모두, 아이들은 그냥 입을 닫아버린다. 더는 자신의 걱정을 부모에게 털어놓지 않는다. 수많은 아이가 이렇게 말했다. "저보다 더 난리를 치니까 엄마 아빠한테 더 이야기할 수가 없어요." 더 심하면 아이가 자신의 감정을 느끼기보다는 부모의 감정을 돌봐야 한다고 생각한다.

요즘 내게 큰 위안이 되는 두 살짜리 조카 헨리(Henry)가 있다. 얼마 전에 조카를 데리고 밖에 나갔다. 조카는 차에 타려고 차 반대편으로 돌아갔다. 그 바람에 갑자기 그 아이가 내 시야에서 사라졌다. 조카는 멀리 가지는 않았고, 길 건너 이웃집의 차고로 갔다. 분명, 차가 오는지 살피지도 않고 길을

건넜을 것이다. 나는 새파랗게 질렸다. 그러고 나서 심하게 과잉으로 반응했다. 그 아이를 홱 잡아당겨 무섭게 몰아붙였다. "다음부터는 절대 혼자서 차도로 나가지 마!" 그 즉시 조카는 눈물을 흘리며 그 작은 손을 내 얼굴에 댔다. "이모, 괜찮으니까 걱정하지 마요." 그 순간, 나는 무너져내렸다. 내 불안이 조카의 불안보다 컸다. 물론 아이가 두 살이기 때문에 그런 것도 있었다. 하지만 그렇다 해도 나의 불안은 상황에 비해 너무 컸다. 두 살 된 조카는 나를 보호해야 할 필요성을 느꼈다. 그것은 아이가 해야 할 일이 아니다. 그리고 우리가 사이드카 양육(내 경우에는 사이드카 이모 노릇)을 하는 원인은 대개 우리의 자녀에게 있지 않다. 우리 자신이 그 원인이다.

2. 굴착기 양육

"왜 시간을 그렇게 보내는지 모르겠어요. 계속해서 멍하니 앉아만 있어요. 자기가 해야 할 일을 자꾸 잊어버려요. 늘 하는 일인데도 말이죠. 학교에서 오면 숙제에 집중하지 않아요. 집에 오자마자 숙제부터 했으면 좋겠는데 자꾸만 먼저 놀려고 해요. 도무지 집중을 못 해요."

이 엄마는 일곱 살짜리 아들이 생산성이 부족한 것이 걱정되어 나를 만나러 왔다. 그녀는 자신이 아들의 뒤치다꺼리나 하며 살고 있다고 생각했다. 그녀는 학교 공부에서부터 잠자리를 펴고 샤워할 때 비누를 사용하는 것까지 아들에게 해야 할 일을 계속해서 상기시켰다. 나는 이런 부모를 굴착기 부모라 부른다. 혹시 당신이 굴착기 기사일지 몰라서 고백하면,

굴착기에 관한 내 지식은 조카 헨리에게 배운 것이 전부다. 그래서 위키피디아에 실린 내용을 소개한다. "굴착기는 삽질처럼 흙을 앞쪽으로 떠 올리는 것이 아니라 뒤쪽으로 끌어당겨서 땅을 판다."7) 비전문가(혹은 두 살배기 소년)의 표현을 빌리자면, 굴착기는 앞쪽으로 파는 것이 아니라 뒤쪽으로 파는 버킷을 갖고 있다.

전제: 아이의 실패는 곧 나의 실패다

굴착기 부모는 자녀가 실패할지 모른다는 불안감을 품고 있다. 위의 아이처럼 책임감이 없을까 봐 불안해한다. 아이가 친절하게 행동하지 않을까 봐 불안해한다. 그래서 아이가 친구 집에 갈 때마다 행동 하나하나를 점검한다. 아이가 친구들에게 좋은 친구가 아닐까 봐 불안해한다. 그래서 아이가 친구와 대화를 나누고 나면 항상 어떤 식으로 말했어야 했는지를 설명하며 나무란다. 아이의 실패를 처리하기 위해서 뒤로 파는 것은 아이의 실패에서 내 실패를 보기 때문이다.

이것이 어디에서 왔는가?: 자기 비판적인 목소리

내가 볼 때 불안해하는 사람들은 대개 두 범주 중 하나에 속한다. 파국적 사고자와 비판자가 그 범주다. 이 파국적 사고자에 관해서는 6장에서 더 이야기하겠다. 여기서는 비판자에 관해 조금 더 살펴보기로 하자. 당신이 비판자라면 내가 당신에 관해서 아는 두 가지 중요한 사실이 있다. (1) 비판자는 당신이 원하는 모습이 아니다. 아니, 아이를 비판하는 당신 자신의 모습에 화가 날 때가 많을 것이다. 물론 그럴 마음은 없다. 단지 걱정될 뿐이다. 그래서 어떻게든 도와주고 싶을 뿐이다.
(2) 내가 직접 만나서 이야기를 나누어보니 불안으로 인해 자녀에게 비판적으로 말하는 부모들은 하나같이 자기 자신에게 더 비판적이었다.

부모는 자기 자신에게 말하는 방식대로 자녀에게 말한다.

당신 자신의 비판적인 목소리를 다루기 위해 마지막 3부에서 이 개념을 다시 살펴볼 것이다. 자녀를 위해서나 당신 자신을 위해서 당신이 하루라도 더 그런 식으로 살지 않기를 바란다. 이는 너무 좋지 않은 삶이다. 당신은 느끼지 못할지 모르지만, 이는 당신에게 상처를 주는 것이다. 그리고 당신이 끔찍이 사랑하는 자녀에게 상처를 주는 것이기도 하다.

실제로 어떤 식으로 나타나는가?: 통제와 비판

우리 상담소에서 "의도적인 양육"(Intentional Parenting) 세미나를 진행할 때 나의 동료 데이비드 토머스는 특별히 스포츠에 관해서 아빠들에게 몇 분간 강연한다. 스포츠 활동을 마치고 아빠와 함께 차를 타고 가는 것이 싫다고 말하는 남자아이가 많다고 한다. 아빠들이 아이가 경기 중에 잘못한 모든 점을 일일이 지적하면서 바로잡아주려고 하기 때문이다. 이것은 통제와 비판이다. 사실 아빠들은 좋은 의도에서 이렇게 한다. 그러나 그 의도를 표현하는 방식이 잘못되었다. 메시지를 보내는 사람의 의도가 받는 사람에게 제대로 전달되지 않는다. 아이들에게 아빠의 지도는 도움이 아니라 그냥 비판으로 느껴진다.

굴착기 부모들은 사실 좋은 의도를 품고 있다. 자녀가 실패하기를 원하지 않아서 다시는 실패하지 않도록 잘못된 점을 바로잡아주려는 것이다. 그래서 아이의 행동 하나하나를 점검한다. 아이에게 계속해서 책임을 기억나게 해주고, 아이가 그 책임을 다하지 못할 때마다 지적한다. 그리고 아이 곁을 맴돌며 지나치게 간섭한다. 그렇게 부모가 잘못을 지적하고 비판하면 결국 자녀는 자신을 실패자로 여기게 된다.

아이에게 어떤 영향을 미치는가?: 자신이 부모의 성에 차지 않아 비판받는다고 느낀다

아들이 비생산적이라고 생각하는 엄마를 만난 적이 있다. 그때 나는 아들의 생산성에 대한 엄마의 집착이 아들의 필요보다 엄마 자신의 욕심에서 비롯했다는 점을 지적했다. 이 아이는 엄마와 전혀 다르다. 이 아이는 생산적인 시간만큼이나 비생산적인 시간이 필요하다. 나는 이 엄마에게 아들이 누구보다 창의적이어서 머릿속에서 온갖 생각을 할 시간이 필요하다고 말해주었다. 이 아이에게는 아이답게 밖에서 놀 시간이 필요하다. 엄마가 일정표를 짜는 것은 좋지만, 그 일정표에는 배우는 시간과 무언가를 생산하는 시간뿐 아니라 노는 시간과 쉬는 시간도 포함되어야 한다. 또한 나는 이 엄마에게 매일 아들이 잘한 점을 세 가지씩 말해주라고 조언했다.

행동 양식이 A 유형인 친구들에게는 미안한 이야기지만, A 유형 사람들은 굴착기 부모가 되기 쉽다. 그리고 아이들은 아주 어릴 적에는 A 유형 부모에게 깊은 유대감을 느끼지만, 나이를 먹을수록 자신이 부모의 성에 차지 않는 것 같아 힘들어한다. 자신을 무엇 하나 제대로 하지 못하는 사람으로 느끼고, 부모가 자신을 기뻐하지 않는다고 느낀다. A 유형 부모를 둔 대부분 아이는 부모가 자신을 별로 좋아하지 않는다고 느낀다. 물론 부모는 자녀에게 상처를 줄 마음이 전혀 없다.

3. 제설차 양육

스키를 타본 적이 있는가? 겨울철 스키 리조트에서 내가 가장 좋아하는 광경 중 하나는 밤에 제설차의 불빛이 산을 오르내리는 모습을 구경하는 것이다. 제설차는 조금 우둘투둘한 부분을 깎아내면서 슬로프를 정리한다. 한마디로, 스키를 타기 편하게 해준다. 생각할수록 감사한 일이다.

제설차 부모의 자녀도 최소한 처음에는 그런 감사를 느낀다. 불안해하는 아이 중에는 심하게 의존적인 아이, 심지어 엄살을 부리는 아이가 많다. 이 아이들은 자신이 두려운 일은 뭐든 할 수 없다고 확신한다(그리고 다른 사람들도 그렇게 설득한다). 그래서 아침에 갑자기 학교에 가지 않겠다고 하고, 육상대회에 참석하지 않으려고 하고, 그날의 숙제에 포함된 수학 문제를 풀 수 없다고 징징거린다. 이 아이들은 스스로 능력을 기르기보다는 언제나 부모의 능력에 의존하려고 한다.

전제: 내 아이가 힘들어하는 꼴은 볼 수 없다

여기에는 두 가지 문제점이 있다. 정확히 말하면 이 두 가지는 그 자체로는 문제가 되지 않는다. 하지만 제설차가 지나가면서 이 두 가지가 섞이면 문제로 변한다. 하나는 모든 아이가 독립하기를 바란다는 것이다. 또 다른 하나는 앞서 말했듯이, 모든 부모가 자녀를 돕고, 심지어 위험에서 자녀를 보호하기를 갈망한다는 것이다. 부모는 자녀를 몹시 아끼기 때문에 자녀가 힘들어하거나 상처받는 것을 원치 않는다. 특히, 자녀가 실패하는 꼴은 절대 못 본다. 이 경우, 자녀의 실패로 자신의 체면이 깎일까 봐 걱정하는 게 아니라 자녀가 실패를 감당할 수 없을까 봐 진심으로 두려워하기 때문이다.

이것이 어디에서 왔는가?: 내 아이가 충분히 ~하지 못할까 봐 두렵다

'내 아이는 충분히 ~하지 못하다'라고 생각했던 때를 떠올려보라. 내 아이는 충분히 '강하지' 못하다. 내 아이는 충분히 '용감하지' 못하다. 내 아이는 충분히 '사교적이지' 못하다. 내 아이는 충분히 '준비되어 있지' 못하다. 학교에 들어가는 것이 걱정될 수 있다. 자전거를 타거나 차를 운전하는 것이 걱정될 수 있다. 학교 연극에 참여하지 못하거나 치어리더팀이나 축구팀에 선발되지 못해서 상처받을까 봐 걱정될 수 있다. 어떤 경우든 이런 부모는 늘 '우리 아이가 감당하기 벅찰 거야'라고 생각한다.

걱정스러운 상황 앞에서 부모에게는 두 가지 선택의 길이 있다. 아이가 어떤 단계나 상처든 경험하도록 놔둘 수도 있고, 제설 작업을 할 수도 있다. 울퉁불퉁한 부분을 다 깎아서 길을 평탄하게 해줄 수 있다. 고통스러운 경험을 해야 할 필요성에서 아이를 구해줄 수 있다.

실제로 어떤 식으로 나타나는가?: 구조

상담소에서 부모 세미나를 진행할 때 우리는 부모들이 힘을 너무 실어주는 바람에 아이들이 스스로 힘을 기르지 못한다는 말을 자주 한다. 부모가 자녀의 불안 앞에서 가장 흔히 보이는 두 가지 반응이 기억나는가? 그것은 바로 도망가기와 피하기다. 우리는 자녀가 불안을 유발하는 상황에서 도망치고 그 상황을 피하기를 원한다. 그래서 우리 힘으로 아이를 구해준다. 다시 말해, 제설 작업을 한다. 자녀가 고생하는 꼴을 보지 않도록 울퉁불퉁한 부분을 깎아 아예 실패할 가능성을 제거한다.

— 매일 자녀를 집에서 학교까지 데려다주고 데리고 온다.
— 치어리더팀 감독에게 전화를 걸어 아이를 팀원으로 받아줄 수 없냐고 부탁한다.
— 자녀가 청소년 수련회에 가지 않도록 허락한다.
— 대부분 학생이 똑똑하고 온순하다고 알려진 학교로 자녀를 전학시킨다.
— 자녀가 중간에 그만둬도 혼내지 않는다.
— 뭐든 힘든 일은 시키지 않는다. 준비가 되지 않았다고, 아이에게 너무 버겁다고 생각한다.

물론 위와 같은 반응이 옳을 때도 있다. 예를 들어, 아이가 만성 질환으로 몸이 불편해서 스스로 학교에 갈 수 없는 경우가 그렇다. 아이의 불안 증세가 너무 심해서 상담 치료사가 일주일간 부모를 떠나 있는 것은 좋지 않다고 처방한 경우도 그렇다. 하지만 아이의 진짜 능력을 고려하는 것이 아니라 상상 속의 상처에 대한 두려움 때문에 아이를 구해주면, 장기적으로는 그것이 아이에게 더 해롭다.

아이들에게 어떤 영향을 미치는가?: 결국 아이는 무기력해지고 잘 성장하지 못한다

심리학자 매들린 러바인(Madeline Levine)은 이렇게 말한다. "처음에는 약간의 스트레스를 받는 일부터 시작해서 스트레스 받는 일을 해내는 법을 일찍부터 배운 아이들은 자라서 모든 종류의 스트레스를 잘 다룰 수 있게 된다."[8] 반대로, 스트레스 받는 일을 해내는 법을 배우지 못한 아이들은 자라서 스트레스를 잘 다룰 수 없게 된다. 그 대신 두 가지 결과가 나타난다. 첫째, 자신의 능력을 믿지 못한다. 내가 불안에 관해 오래 연구하면서 내린 정의는 이것이다. 불안은 문제를 과대평가하고 자신을 과소평가하는 것이다. 부모가 아이를 구해주면 이 정의대로 문제는 크고 아이의 능력은 작다고 확인해주는 셈이다. 그러면 실제로 문제는 더 커지고 아이는 더 작아진다. 즉 두려움이 더 커지는 것이다. 아무것도 할 수 없게 된다. 최소한 자신의 힘으로는 할 수 없게 된다.

둘째, 아이를 구해주면 아이의 성장을 저해한다. 아이가 스스로 시도하게 하지 않으면 배울 수 없다. 시도하지 않으면 자신이 어려운 일을 '해낼 수 있다는' 사실을 배울 수 없고, 그러면 어려운 일을 계속해서 시도하지 않게 된다. 스트레스는 아이에게 스트레스에 대한 면역을 길러준다. 또한 뇌의 관점에서 보면, 우리는 편도체가 활성화할 때만 배울 수 있다. 이에 관해서는 다음 장에서 더 살펴보기로 하자.

제설 작업이 처음에는 아이의 길을 편하게 해준다는 점은 인정해야 한다. 하지만 제설 작업은 더 많은 제설 작업을 유발하고, 특권 의식을 낳는다. 마치 우리가 아랫사람인 것처럼 계속해서 아이의 제설 작업을 해주어야 한다.

아이들에게는 울퉁불퉁한 부분이 필요하다. 아이가 스키장에서 눈 더미를 타고 점프하는 모습을 본 적이 있는가? 보는 사람도 놀랍고, 아이에게는 정말 신나는 경험이 될 것이다. 스키는 모험심이 필요한 스포츠이면서 상대적으로 안전하고 가족이 함께할 수 있는 즐거운 활동이기 때문에 아이들에게 적극적으로 추천한다. 산에서 아이들에게는 내려가는 것 외에 다른 선택 사항이 없다. 그리고 모든 일이 그렇듯, 할수록 실력이 좋아진다.

당신의 아이는 가지 않으려고 할지 모른다. 당신이 구해주도록 일부러 넘어지며 엄살을 부릴지도 모른다. 못할 것처럼 보일 뿐 아니라 자기 입으로 할 수 없다고 말할지도 모른다. 이럴 때 우리에게는 다른 목소리가 필요하다. 소아청소년과 의사에게 전화를 걸라. 학교 선생님과 상담하라. 믿을 만한 상담자와 상황을 자세히 설명하고 이야기를 나누라. 친구에게 전화를 걸라. 배우자와 이야기를 나누라. 다른 목소리를 찾으라.

좀 더 객관적인 목소리, 좀 덜 불안해하는 목소리, 당신이 자신의 두려움을 떨쳐내고 과연 아이를 구해주어야 하는 상황인지에 관한 균형 잡힌 시각을 얻도록 도와줄 수 있는 목소리 말이다.

걱정과 불안에 관한 전문가가 대부분 남녀노소를 불문하고 자신의 불안을 극복하기 위해서는 두려운 일을 해야 한다고 말할 것이다. 아이에게 두려운 일이란 뭐든 당장 불안하게 만드는 일이다. 부모에게 두려운 일은 제설 작업을 그만두는 것이다. 하지만 도움 없이는 그렇게 하기 힘들다. 계속 스키를 비유로 들자면, 우리는 가장 쉬운 코스부터 시작해서 배워나간다. 실력이 늘면서 점점 더 어려운 상급 코스로 넘어간다. 당연히 아이를 위한 제설 작업을 그만두고, 아이를 곧바로 가장 어려운 코스로 밀어붙이라는 말은 아니다. 이 글을 읽으면서 문제의식을 느끼고 당신의 자녀가 여자아이든 남자아이든 제설 작업의 부작용을 바로잡고 싶다면, 내가 쓴 『걱정 없는 여자아이로 기르는 법』을 읽을 것을 추천한다. 이 책에는 자녀가 두려워하는 일에 부딪히도록 도울 구체적이고 단계적인 방법이 소개되어 있다. 두려운 일을 하는 것이야말로 궁극적으로 우리 아이들에게 필요한 것이다.

모든 아이는 독립을 원한다. 엄살을 피우고 의존성이 강한 아이도 궁극적으로는 두려운 일을 하기를 원한다. 그래야 회복력을 기르고, 자신감을 얻을 수 있다. 두려운 일을 두려워하는 아이일수록 그 일을 통해 더 많은 자신감을 얻을 수 있다.[9]

이제 제설 작업을 멈추고 구해주기를 그만두어야 할 때다.

지금 어떤 영역에서 자녀를 위한 제설 작업을 하고 있는가? 어떻게 하는 것이 당신의 자녀가 자기 행동에 책임을 지고 독립적인 사람으로 성장하게 하는 길일까? 당신의 자녀는 해낼 수 있다. 그리고 당신도 해낼 수 있다.

4. 헬리콥터 양육

'헬리콥터 부모'라는 말은 하임 기너트(Haim Ginott)가 1969년에 펴낸 『부모와 십대 사이』(*Between Parent & Teenager*)에서 십대들이 처음 사용한 표현이다.[10] (별로 놀라운 일도 아니지 않은가?) 앤 던월드(Ann Dunnewold)는 『준 클리버도 주스 상자를 까먹는다』(*Even June Cleaver Would Forget the Juice Box*)라는 독특한 제목의 책에서 헬리콥터 양육을 '지나친 양육'으로 간단히 정의했다. 그녀는 이렇게 말한다. "이것은 지나치게 통제적이고 과잉보호를 하며 지나치게 완벽을 바라는 방식, 책임감 있는 양육 이상의 방식으로 아이의 삶에 관여하는 것을 의미한다."[11]

미국의 온라인 매체 〈WebMD〉에 따르면, 헬리콥터 양육에는 다음과 같은 일곱 가지 증상이 나타난다.

① 자녀의 싸움을 대신 싸워준다.
② 자녀의 학업을 대신 해준다.
③ 자녀가 속한 팀의 감독을 감독한다.
④ 자녀를 지나치게 구속한다(예를 들어, 자녀의 생일 파티에 끝까지 남아 있거나 자녀의 위치를 추적한다).
⑤ 집에서 자녀의 하녀 노릇을 한다.

⑥ 안전을 지나치게 추구한다.

⑦ 자녀가 실패할 여지를 없앤다.[12]

어디서 들은 말 같지 않은가? 그렇다. 이 부분은 제설차 양육이나 굴착기 양육과 중첩된다. 그런 의미에서 헬리콥터 부모에 관해서 좀 더 구체적으로 살펴보자.

전제: 우리 아이를 보호해야만 한다

지금 미국 전역의 여름 수련회에서 벌어지고 있는 한 현상이 있다. 어쩌면 전 세계에서 벌어지고 있을지도 모른다. 하지만 내가 볼 때 미국에서 조금 더 심한 것 같다. 이 현상은 지난여름 우리 상담소의 수련회에서도 벌어졌다. 다시 말하지만, 이 부모들의 의도는 좋았다. 다만 그 의도를 전달하는 데 문제가 있었을 뿐이었다.

시작은 이메일이었다. "제 아들이 수련회에서 잘 지내고 있는지 궁금합니다." 우리 교사들은 아이들이 수련회가 열리고 있는 호프타운에 있는 동안 응급 상황이 아니면 부모에게 연락하지 않는다. 우리 프로그램은 매주 상담가 15명이 약 30명의 아이를 교육하는 소규모 프로그램이다. 불안해하는 부모의 모든 이메일을 계속해서 확인하고 일일이 답장할 만한 여력이 없다. 하지만 요즘 부모들은 이메일을 보내거나 개인적으로 아는 교사에게 문자 메시지를 보내거나 SNS를 통해서든 어떻게든 우리에게 연락을 취하려고 한다. 지난여름, 우리는 그런 이메일을 적잖이 받았다. "사진마다 제 아들이 웃고 있지 않네요. 어찌 된 일인지 알려주시면 감사하겠습니다." "제 아들이 다른 아이들과 떨어져서 혼자 앉아 있는 것 같습니다. 아이의 얼굴이 밝아 보이지 않아요. 담당 교사님이 바로 제게 연락을 주시면 감사하겠습니다." 이런 이메일이 한 주 내내 날아오다가 한 엄마가 아들을 데리러 와서 담당 교사를 한쪽으로 불렀다. "무슨 문제가 있었나요. 우리 아들이 내내 힘들었던 것 같아요."

다시 말하지만, 우리는 소규모 단체다. 모든 아이가 매일 행복한 얼굴로 사진을 찍었는지 일일이 확인해서 올릴 만한 인력이 부족하다. 그저 우리는 아이들이 하나님을 진정으로 만나고 서로 하나가 되도록 최선을 다할 뿐이다. SNS에 올리는 사진은 우리의 최우선 사항이 아니다. 하지만 이 엄마는 단순한 헬리콥터 부모가 아니었다. 이 엄마는 너무 가까이서 비행했다. 그로 인해 세차게 도는 날개가 그녀와 그 자녀 근처에 있는 모든 사람을 내동댕이쳤다.

이것이 어디에서 왔는가?: 세상에 대한 불신이 자녀보다 더 심한 상태

〈비즈니스 인사이더〉(*Business Insider*)지의 한 기사에 실린 대로, 한 캠프 책임자는 부모들에게 보낸 편지에서 이 현상을 이야기했다.

그는 편지에 이렇게 썼다. "여러분의 자녀가 사진에서 캠프 참여자 다섯 명과 함께 중앙에 서 있다고 해서 반드시 사회적 그룹에서 소외당하고 있지 않은 것은 아닙니다. 우리가 미니 골프장에서 찍어 올린 사진에 여러분의 자녀가 없다고 해서 우리가 그 아이를 잃어버린 것이 아닙니다! 여러분의 아이는 화장실에 갔을 수도 있고 어딘가에서 친구들과 아이스크림을 먹고 있었을 수도 있습니다." 그는 "집에 가져올 수확 혹은 상으로서" 사진을 찍어야 한다는 부담감을 아이들에게 주지 말라고 부모들에게 촉구했다. 그리고 갤러리의 사진으로 아이의 건강 상태를 판단하지 말아달라고 부탁했다. 피부과 의사인 한 부모는 아이의 반점(초콜릿이었다)에 대해 그런 판단을 했다.[13]

정말 이 정도인가? 그렇다. 헬리콥터 양육은 정말, 정말 강한 바람을 일으킨다.

실제로 어떤 식으로 나타나는가?: 확대
부모로서 당신이 가장 많은 관심을 기울이는 것은 증폭되기 마련이다. 한 부모 세미나에서 강한 바람을 일으키는 헬리콥터 부모를 만났던 기억이 난다. 나는 아이들의 우정에 관한 주제로 강연하고 있었다. 그 순간에는 아이들이 이야기하게 하는 법을 다루고 있었다. 아이들이 학교 친구들과의 관계에서 실제로 어떤 일이 벌어지고 있는지 솔직하게 털어놓게 하는 것은 얼마나 힘든지 모른다. 강연 중에 한 아버지가 손을 들고 말했다. "딸을 데리러 학교에 갈 때마다 제가 처음으로 하는 질문은 '오늘 너를 괴롭히는 사람은 없었니?'입니다." 그런데 이 질문에는 몇 가지 문제점이 있다. (1) 누군가가 매일 그 아이를 괴롭힌다는 사실을 전제하고 있다. (2) 아이가 모든 상황에서 자신을 참여자가 아닌 희생자로 보게 한다. (3) 부정적인 면을 강조하고 확대한다. 문제를 실제보다 더 크게 보이게 한다.

나의 한 지혜로운 친구는 민감하고 불안해하는 딸에게 오리에 관한 이야기를 해주었다. "오리의 바깥쪽 깃털은 방수 깃털이란다. 그래서 물이 묻어도 바로 튕겨 나가지. 물은 오리를 귀찮게 하지 못하고 녀석의 안으로 스며들지 못해." 친구를 괴롭히는 나쁜 아이들은 어디에나 있다. 여자아이의 세계에서는 특히 더 그렇다. 아이가 자신을 희생자로 보고 도망치게 만드는 것보다 대응하는 법을 가르치는 것이 아이의 인생에 훨씬 더 도움이 된다.

아이에게 어떤 영향을 미치는가? : 너무도 많은 면에서

미네소타대학교의 연구자들은 다음과 같은 사실을 발견했다. "헬리콥터 부모를 둔 아이들은 자라는 과정에서 부딪히는 난관을 다룰 능력이 부족할 수 있다. 복합적인 학교 환경을 헤쳐 나가는 능력이 특히 떨어질 수 있다."[14] 〈페어런츠〉(*Parents*)지의 한 기사는 헬리콥터 양육이 유발하는 몇 가지 부작용을 나열했다. "자신감과 자존감 결여, 대응 능력 미발달, 불안 증폭, 특권 의식, 삶의 여러 기술의 미발달."[15]

아이들을 상담하면서 이런 부작용을 점점 더 많이 보고 있다. 나는 헬리콥터 양육은 아이들의 자신감을 떨어뜨린다고 믿는다. 아이는 부모가 믿어주는 만큼 자신감을 얻는다. 헬리콥터 양육은 자녀가 스스로 할 수 없다는 메시지를 보내는 것이다. 그런데 스스로 할 수 있다는 사실을 발견해야 자신감이 생긴다. 또한 헬리콥터 양육은 불안과 특권 의식을 높이고 대응 기술과 삶의 전반적인 기술을 떨어뜨린다. 부모가 뭐든 대신 해주면 아이는 스스로 하지 못하게 되거나 부모를 분노하게 할 것이다.

또한 나는 아이들에게 가장 중요한 기술 중 하나로 '옳은 시각'을 꼽는다. 그런데 요즘 옳은 시각을 갖춘 아이들이 점점 줄어들고 있다. 이 기술은 너무도 중요해서 내 책 『우리 아이가 잘하고 있는가?』(Are My Kids on Track?)에서 이 주제에 한 장 전체를 할애했다. 우리가 헬리콥터처럼 아이의 삶 위에 날아다니며 모든 위협을 감시하고 차단하면, 아이는 옳은 시각을 잃는다. 그리고 부모도 옳은 시각을 잃는다. 사소한 위협을 분간하지 못하고, 모든 위협을 치명적으로 보게 된다. 아이의 얼굴에 묻은 초콜릿, 우리가 원하는 만큼 긍정적이지 않은 교사, 아이에게 좋은 영향을 미치지 않는 것 같은 친구. 그밖에 온갖 것을 확대 해석한다. 부모가 옳은 시각을 잃고, 그 결과 아이도 옳은 시각을 잃게 한다. 이는 아이에게 악영향을 미칠 뿐 아니라 우리와 아이의 관계에 악영향을 끼친다.

상담하면서, 헬리콥터 부모를 둔 아이들이 부모의 개입(혹은 통제)에 대해 건강하지 못한 의존과 분개 중 한쪽으로 흐름을 발견했다. 의존적인 아이들은 결국 특권 의식에 빠져든다. "우리 부모님이 다 챙겨줘. 그러니까 선생님도 그렇게 해야 해. 직장 상사도 그렇게 해야 해. 배우자도 그렇게 해야 해. 나와 관계를 맺고 있는 사람들은 다 나에게 그렇게 해줘야 해. 나는 그런 대접을 받을 자격이 있어." 부모의 통제에 분개하는 아이들은 자신이 통제한다는 느낌을 얻기 위해 위험하고 파괴적이며 때로 기만적인 행동을 보인다. "부모님이 친구들의 파티에 가는 걸 허락해주지 않아. 그렇다면 방법을 찾아서 본때를 보여주겠어." "다들 SNS를 하는데 나만 하지 말래. 그렇다고 내가 안 할 줄 알아? 친구의 휴대전화를 쓰면 되지." 이런 식으로 위험하고 기만적인 방법을 통해서라도 자기 삶을 스스로 통제하려고 한다.

신뢰는 관계의 기초다. 자녀와의 관계에서도 마찬가지다. 헬리콥터 양육의 본질은 아이를 믿어주지 않는 것이며, 그것은 아이와의 지속적이고도 진정한 관계로 가는 문을 스스로 닫는 꼴이다. 특히 최상의 환경에서도 관계가 쉽지 않은 십대 시절에 헬리콥터 양육은 관계에 가장 해로운 요소다. 더 나아가, 헬리콥터가 되어 날아다니면 즐겁지 않다. 사랑하는 자녀와 함께하는 기쁨을 놓치게 된다. 아이 인생의 상공에서 빙빙 도느라 기쁨을 누릴 시간이 없다. 이것은 누구도 원하는 상황이 아니다.

5. 퍼레이드 차량 양육

나는 어린 시절 집에서 키우던 개들을 사랑했다. 내가 부모 밑에서 살던 18년 동안 우리 집은 와이어 폭스테리어 두

마리와 블랙 래브라도 리트리버 두 마리를 키워봤다. 폭스테리어는 둘 다 같은 이름을 갖고 있었고, 래브라도 리트리버도 그랬다. 항상 유쾌한 우리 어머니는 우리 남매가 한시라도 슬퍼하는 것을 원치 않으셨다. 그래서 첫 폭스테리어인 딕시가 죽자, 그날로 나가서 새 폭스테리어를 데려오셨다. 그리고 그 개에게 같은 이름을 붙이셨다. 래브라도 리트리버인 블루가 죽었을 때도 곧바로 새 래브라도 리트리버를 데려오셨다. (지금은 그렇게 할 수 없다. 최소한 6개월은 대기해야 하고, 개량된 고급 믹스견의 경우에는 몸값이 3백만 원을 상회한다.) 물론 두 번째 리트리버는 첫 번째와 달랐다. 우리 집에서는 많은 것이 이렇게 즉각적으로 대체되었다. 그렇게 딕시 1, 딕시 2, 블루 1, 블루 2와 같은 식으로 퍼레이드 차량이 이어졌다. 우리 어머니는 이런 행동을 할머니에게서 배운 게 분명하다. 나는 유서 깊은 퍼레이드 가문 출신이다.

<u>전제: 내가 계속해서 행복하게 해주지 않으면 우리 아이는 슬프거나 불안해질 것이다</u>

최근 한 친구가 내게 이런 말을 했다. "우리 엄마는 함께 점심을 먹기에는 딱 좋은 사람이야. 식사 자리에서 얼마나 유쾌하신지 몰라. 하지만 내가 힘들 때는 별로 도움이 되지 않아. 행복 말고 슬픔 같은 다른 감정에는 도무지 공감할 줄 모르시거든. 하지만 어쨌든 같이 식사하며 한바탕 웃기에는 우리 엄마만 한 사람이 없어."

혹시 당신도 비슷한 환경에서 자랐는가? 솔직히 우리 중에 감정에 관한 건강한 대화를 나누는 집안에서 자란 사람은 많지 않다. 어릴 적 우리는 각자 그날 느낀 세 가지 감정을 나누면서 저녁 식사를 하지 않았다. 우리 집안도 그랬다. 첫째, 첫 강아지 가족을 잃은 슬픔을 느낄 새도 없이 새 강아지가 나타났다. 둘째, 우리 할아버지와 할머니는 늘 고전 『카네기 인간관계론』(How to Win Friends and Influence People)에 있는 내용으로 우리를 가르치셨을 뿐이다.

이것이 어디에서 왔는가?: 현실에 대한 두려움과 자녀를 보호하려는 욕구

"건강한 부모 세대는 우리가 처음입니다"라는 말이 기억나는가? 나는 우리가 각자의 가정 안에서 감정적 문맹률을 낮추기 위해 노력하는 첫 세대라고 생각한다. 감정적 문맹이란 감정을 인식하고 표현하는 능력이 부족한 것을 의미한다. 우리 부모들은 그들의 부모에게서, 그들의 부모는 또 그들의 부모에게서 이런 것에 관해 배운 적이 없었기 때문에 우리에게도 가르치지 않았다. 하지만 지금 우리는 감정을 읽는 법을 가르치려고 노력한다. 그런데도 퍼레이드 차량 양육은 여전히 존재한다. 단지 그 모습이 조금 달라졌을 뿐이다.

실제로 어떤 식으로 나타나는가?: 축소

최근 아주 똑똑하고 똑 부러지는 열네 살 소녀를 만난 적이 있다. 그 아이는 자진해서 상담받으러 올 정도로 야무진 아이였다. "코로나가 시작되면서부터 불안에 시달렸어요. 전에는 속이 불편하거나 토가 나오려고 할 때나 병에 관한 생각을 했죠. 하지만 요즘 자나 깨나 병균 생각뿐이에요. 그래서 틈만 나면 손을 씻어요." 손을 얼마나 자주 씻느냐고 묻자, 아이는 처음에는 "하루에 세 번이요"라고 대답했다. 하지만 곧바로 정정했다. "아니, 하루에 아홉 번이요." 그러더니 다시 "실은 하루에 스물일곱 번 이상이요. 셋 곱하기 아홉은 스물일곱이잖아요"라고 말했다. 불안에 시달리는 이 여자아이는 강박장애로 일상생활에 큰 지장을 받고 있었다. 내 마음이 너무 아팠다. 이 아이는 밝고 열정적이며 친절하고 열심히 노력하는(이것은 모두 불안해하는 사람의 전형적인 특징이다) 아이였지만, 몹시 힘들어하고 있었다. 나중에 아이의 엄마를 만났을 때 엄마는 이렇게 말했다. "그냥 예방 차원에서 미리 온 거예요. 아이가 원했거든요. 우리 아이는 정말 괜찮은 녀석이에요. 몇 달 전에는 걱정이 많았는데 지금은 아주 좋아진 것 같아요. 아빠와 저보다 좀 예민하긴 하지만⋯왜 그런지 모르겠어요." 엄마는 그렇게 말하면서 밝게 웃었다. "하지만 정말 멋진 아이예요." 맞는 말이었다. 그 아이는 멋진 아이였다. 동시에 속으로 신음하고 있었다. 내가 손 씻기에 관해서 묻자, 엄마는 "네, 좀 자주 씻더라고요"라고 대수롭지 않게 말했다.

이 엄마가 일부러 퍼레이드 차량 부모가 된 것은 아니다. 단지 자신의 삶과 자기 고통을 그런 식으로 다루는 것이 몸에 밴 까닭일 것이다. 이 외에도 나는 자녀의 고통을 호들갑이라거나 너무 예민하다는 식으로 대수롭지 않게 여기는 부모를 많이 보았다. 어떤 부모는 자녀의 자해를 '인생의 한 단계'

로 이야기했다. 심지어 그날 머리를 묶고 나오지 않았다는 이유로 자살 시도를 한 딸을 병원에 데려가지 않은 부모도 있었다. 이런 경우는 너무 심각해서 무슨 양육이라고 말해야 할지 모르겠다.

요즘처럼 아이들과 십대들이 극적인 표현을 쓰는 시대가 없었다. 요즘 아이들은 더는 '슬픈'이나 '스트레스' 같은 단어를 사용하지 않는다. 곧장 '우울증'이나 '불안장애' 같은 표현을 사용한다. 내 상담소에서 '해로운 관계'(toxic relationship)라는 표현을 최소한 일주일에 두 번은 듣는 것 같다. 요즘 아이들이 또래와 부모에게 사용하는 단어는 우리가 그 나이에 사용했던 단어보다 훨씬 더 강렬하다. 그래서 때로 호들갑인지 진짜인지 분간하기가 어렵다. 하지만 어떤 경우든, 먼저 아이의 말에 귀를 기울여주면서 시작해야 한다.

옳은 시각은 모든 아이가 터득해야 하는 중요한 기술이다. 아이들이 자신의 고통을 올바로 이해하도록 도와주어야 한다. 나는 상담실에서 응급실에 걸려 있는 것과 매우 비슷하게 생긴 도구를 사용한다. 단, 1부터 10까지 눈금이 있는 이 도구는 물리적 고통이 아닌 감정적 고통을 측정한다. "네가 상상할 수 있는 최악의 상황은 무엇이니?" "너에게 강도 10 수준의 고통은 무엇이니?" 내가 이런 질문을 던지고 아이가 상황을 설명하면 나는 다시 눈금을 가리키며 묻는다. "이 상황의 수치가 몇으로 느껴지니?" 그러고 나서 아이가 상황을 정확한 시각을 볼 수 있도록 "그렇다면 이 상황의 진짜 수치는 몇이라고 생각하니?"라고 묻는다. 항상 10이라고 대답하는 아이는 옳은 정서적 시각을 기르기 위한 도움이 필요하다. 하지만 앞서 말했듯이 경청해주는 일을 먼저 해야 한다.

만약 당신이 다음과 같은 말로 시작한다면…

"너는 괜찮아."
"별것 아니야."
"일주일만 지나면 기억도 나지 않을 거야."
"너는 극복할 수 있어."
"너무 크게 생각하는 거야."
"내일이면 기분이 좋아질 거야."

아이는 화제를 돌릴 수도 있다.

아이의 말을 경청하지 않고 넘어간다면 그것은 아이의 감정을 축소하는 것이다. 아이의 감정을 과소평가하는 것이다. 그러면 아이는 그런 감정을 믿지 않거나, 오히려 부모의 관심을 끌기 위해 그 감정을 더 부풀릴 것이다.

아이에게 어떤 영향을 미치는가?: 자신의 감정에 몰입하거나 그 감정에서 단절되거나 자기감정을 불신한다

오랫동안 상담해보니, 시각의 불균형에 빠진 아이들은 대부분 주로 두 유형의 부모 밑에서 자랐다. 즉, 그들의 부모는 감정을 확대하거나 축소한다. 확대하는 부모의 자녀는 부모와 연결되기 위한 최선의 길이 자기감정을 확대하는 것이라고 생각하는 경향이 있다. 축소하는 부모의 자녀는 정말 큰일이 아니면 부모가 눈길도 주지 않을 것으로 생각한다. 그래서 자신의 감정에 몰입하고, 그 감정 안에 갇혀버린다. 또 그 감정을 표현하기 위해 강도가 심한 단어를 사용한다. 그런 아이들은 매 순간이 위기 상황이다. 항상 아프다. 친구와의 문제가 끊이지 않는다. 매일 공황 발작에 빠진다. 그렇게 말하지 않으면 아무도 귀 기울여주지 않을 것 같다. 누구도 자신을 이해해주지 않을 것 같다. 혹시 당신의 자녀가 매일 이러고 있지는 않은가?

앞서 말했듯이, 뭐든 우리가 가장 많은 관심을 쏟는 것이 가장 증폭된다. 하지만 우리가 관심을 덜 기울이는 것도 증폭된다. 아이의 욕구에 부모가 관심을 두지 않으면 그 욕구가 폭발한다. 따라서 우리는 아이의 말에 귀를 기울이고 아이가 옳은 시각을 갖도록 도와주어야 한다. 축소와 확대 사이의 균형점에서 기적이 일어난다. 최소한 그 지점에서 옳은 시각이 발견된다. 이에 관해서는 잠시 뒤에 다시 이야기하기로 하자. 일단은 감정을 확대하는 것과 축소하는 것이 둘 다 사랑하는 아이에게 영향을 미친다는 점을 인식하는 것이 중요하다. 아이는 자신의 감정에 몰입해 있다. 그리고 우리도 자기감정에 몰입한 경우가 많다.

퍼레이드 차량 부모를 둔 아이 중에 부모의 메시지를 크고 분명하게 듣는 아이들이 있다. 아니, 그 아이들은 부모의 메시지를 너무 크고 분명하게 듣는다.

"우리 엄마가 별일 아니래. 엄마 말이 옳아."

"아빠가 극복해내라고 하셔. 이런 감정을 느끼는 내게 뭔가 문제가 있는 것 같아."

"나는 너무 예민해."

"나는 감정이 너무 풍부해."

"내 감정이 잘못된 게 분명해."

우리가 아이의 감정을 인정해주지 않으면 아이는 그 감정에서 단절되고, 심지어 그 감정을 불신하게 된다. 퍼레이드 차량 부모는 아이를 늘 행복하게만 해주려고 한다. 그러다 보니 행복 외에는 다른 감정의 여지를 주지 않는다. 그로 인해 아이는 다른 모든 감정에서 단절되어야 한다고 믿게 된다. 그러면 감정적 능력이 길러지지 않는다. 직관도 길러지지 않는다.

힘든 상황에 부닥쳐서 그 상황을 아이에게 어떻게 말할지 알기 위해 우리 상담소에 찾아오는 부모들이 늘 있다. 부모가 이혼하게 된 상황, 가족이 만성 질환 진단을 받은 상황, 부모 중 한 명이 알코올의존증인 상황, 부모 중 한 명이 실직한 상황, 우리나라나 세계에서 비극적인 사건이 발생한 상황. 이 외에도 스스로 다루기도 어려울 뿐 아니라 사랑하는 자녀에게 말하기도 어려운 상황이 수없이 많다. 부모가 그런 상황에 관해서 자녀에게 어떻게 이야기할지 물을 때마다 우리의 첫 번째 대답은 항상 똑같다. 연령대에 맞는 방식으로 진실을 이야기하라.

아이들은 직관적이다. 우리가 퍼레이드로 개입하지 않고 그냥 놔두면 아이들은 감정을 깊이 느낀다. 아이들은 일찍부터 우리가 생각하는 것보다 훨씬 더 많은 것을 인식한다. 가정이 흔들리면 아이가 알아챌 가능성이 크다. 당신이 어머니의 암

진단으로 걱정하고 있으면 아이는 뭔가 문제가 생겼음을 알아차린다. 남편이 알코올의존증인데 그 사실을 십대 자녀에게 숨겨봐야 소용이 없다. 아이는 이미 그 사실을 눈치채고 오히려 당신을 걱정하고 있을 가능성이 크다. 때로 이런 상황에서 우리는 진실을 말해주는 것보다 아이를 보호하는 일을 우선시한다. 그래서 "다 괜찮아." "너는 걱정할 필요 없어." "도대체 무슨 말을 하는지 모르겠구나"와 같은 반응으로 문제를 축소하려고 한다.

한 십대 소년이 내게 지난 성탄절에서야 할머니가 엄마를 어떻게 대했는지 알게 되었다고 말했던 기억이 난다. "엄마는 잘 참아내셨지만, 할머니의 말과 행동에 큰 상처를 받으셨을 거예요." 아이가 엄마에게 이 일에 관해 조심스럽게 물었을 때 엄마는 문제를 일절 부인했다. 엄마는 아들이 할머니를 나쁘게 생각하지 않기를 바랐다. 그래서 이렇게 말했다. "별것 아니야. 그냥 할머니가 기분이 좀 안 좋으셨던 것 같아."

아이의 감정을 부인하는 것은 아이에게 그 감정을 불신하고, 더 나아가 자기 자신을 불신하라고 가르치는 것이다. 내가 자라나는 아이들에게 꼭 주고 싶은 선물이 있다면 그것은 바로 직관이라는 선물이다. 자기 주변과 안에서 일어나는 일에 관한 직관적 느낌을 믿는 것이 매우 중요하다. 그리고 무엇을 해야 할지 자신이 안다는 믿음이 중요하다. 나는 자신감이나 용기보다도 직관이야말로 인생에서 가장 중요한 기술이라고 믿는다.

우리가 앞서 이야기했던 부모들과 마찬가지로, 이 엄마는 좋은 의도를 품고 있었다. 그녀는 자기 아들과 할머니를 보호하려고 노력했다. 하지만 그 과정에서 아들의 감정을 무시했다. 아무리 보호하기 위해서라도 아들의 감정을 무시해서는 안 된다. 또한 보호를 이유로 진실을 말해주지 않아서도 안 된다. 진실을 말해주라. 물론, 연령대에 맞는 표현을 써야 한다. 아울러 아이가 질문하고 대화를 주도하게 하는 방식을 추천한다. 아이들은 스스로 감당할 준비가 된 정보에 관해서만 묻는 능력을 타고났기 때문이다. 아이가 해당하는 상황에 관한 질문이나 언급을 하면 진실을 말해주라. 아이의 감정을 축소하고 부인하지 말라. 아이가 직관을 길러 언젠가 퍼레이드 차량 부모가 아닌 균형 잡힌 건강한 부모가 되기 위해서는 그런 감정이 필요하다.

균형을 찾으라

최근에 한 지혜로운 부부를 상담했다. 이 부부는 둘 다 좋은 본보기로 삼을 만한 부모 밑에서 자라지 못했지만, 건강하고 균형 잡힌 양육이 무엇인지 알아내고 실천하기 위해 최선을 다하고 있다. 그들은 자신들이 때로 자녀에게 유익하지 않은 방식으로 반응하고 양육한다는 점을 깊이 인식하고 있었다. 이런 부부와 보낸 한 시간은 내게 정말 귀한 경험이었다.

"회사에서 리더가 되기 위한 훈련을 받을 때 리더의 일은 무리 중에서 가장 침착한 사람이 되는 거라고 배웠어요. 이것이 부모의 일이기도 하지 않을까요?" 그 아빠는 이렇게 말했다.

정말로 그렇다. 물론 이렇게 하기가 말처럼 쉽지 않다는 것을 잘 안다. 하지만 분명히 가능하다고 믿는다. 균형, 불안에서 비롯하지 않은 반응, 자신의 문제에서 비롯하지 않은 반응. 이것은 충분히 가능하다. 이번 주에 내가 아는 지혜로운 엄마 중 한 명과 비슷한 대화를 나누었다. 그녀는 나의 좋은 친구이기도 하다.

"요즘 엉망이에요. 이렇게 엉망이었던 적이 또 있었나 싶네요. 예전에는 아들이 자신의 감정을 분명히 알고 다루도록 열심히 도왔는데, 작년에 여러 가지 일이 일어나는 바람에 언제부터인가 신경을 못 썼어요. 내 슬픔과 무기력감에 몰두했던 것 같아요. 그러다 보니 아들도 그런 감정에 몰입하게 되더라고요. 아들에게 용기를 일깨워주기보다는 그 아이의 걱정에 더 관심을 기울였거든요. 뭐든 이겨낼 힘이 있다고 격려해주지 않고 아들의 슬픔에만 귀를 기울였어요. 또 어려운 일을 해낼 수 있다고 말해주지 않았어요. 아이가 두 감정을 다 잘 소화했으면 좋겠어요. 그리고 물론 아이보다 내가 문제라는 걸 잘 알고 있어요."

어른의 일은 가정 안에서 가장 침착한 사람이 되는 것이다. 자녀가 난관을 겪도록 허용하는 동시에 혼자가 아니라는 점을 상기해줘야 한다. 아이가 하나님이 주신 모든 감정을 경험하되 그런 감정에 통제되지 않는 법을 배우도록 도와줘야 한다. 또 아이가 직관을 기르고 믿도록 도와줘야 한다. 아이에게 다가가 귀를 기울여주고, 아이가 두려운 일을 향해 용감하게 걸어가 극복하도록 도와줘야 한다. 내 친구 캐서린(Katherine)과 제이 울프(Jay Wolf) 부부는 매일 아침 자녀에게 이런 말을 해준다고 한다. "하나님이 네 삶을 위해서 쓰고 계신 선한 이야기 속에서, 그분은 네가 어려운 일을 하도록 창조하셨단다."16) 이는 인간으로서, 부모로서 당신에게도 똑같이 해당하는 이야기다. 사이드카나 굴착기, 헬리콥터, 제설차, 퍼레이드 차량은 필요하지 않다. 당신만 있으면 된다. 불안해하지 않고 침착한 당신. 이제 구체적인 방법을 이야기할 것이다. 나는 당신이 할 수 있다고 믿어 의심치 않는다. 당신 자신의 직관과 기술을 믿는 법을 배우기를 바란다. 이제부터 그 이야기를 할 것이다. 무엇보다도, 당신에게는 이 일을 해내기 위해 필요한 모든 침착함과 은혜를 품고 계신 부모가 계시다는 사실을 늘 기억하기를 바란다.

> **KEY POINT!** **불안을 이기는 부모를 위한 조언**
>
> 1 불안은 뇌의 화학 작용과 우리가 자녀와 관계 맺는 방식을 통해 자녀에게 학습되는 동시에 전염된다.
>
> 2 불안에서 비롯한 양육 방식이 구체적으로 어떻게 드러날지는, 어린 시절의 결핍 혹은 현재 자기감정을 다루는 법에 따라 달라질 수 있다.
>
> 3 사이드카 부모는 자기 경험이 곧 아이의 경험이 될 것이라고 믿는다. 그들은 자신의 불안했던 과거에 따라 자기감정과 욕구를 자녀에게 투사한다. 그 결과,

아이는 부모의 시각을 따르거나 감정적으로 마음의 문을 닫거나 걱정하는 부모를 위해 의젓한 모습을 보이려고 한다.

4 굴착기 부모는 자녀의 실패가 곧 자신의 실패라고 생각하여 계속해서 자녀의 뒤치다꺼리를 한다. 그들은 자기 자신의 비판적인 목소리에 따라 양육한다. 그래서 결국 자녀에 대한 파국적 사고자나 비판자가 된다. 굴착기 양육은 통제와 비판의 형태로 나타나며, 그런 부모 밑에서 자란 아이는 자신이 비난당해 마땅하고 무능력하다고 느끼게 된다. 자신이 불안해하는 부모의 기대에 부응할 수 없다는 결론을 내리게 된다.

5 제설차 부모 밑에서 자란 아이는 뭐든 스스로 하지 않고 부모가 대신 해주기를 바란다. 그리고 제설차 부모는 기꺼이 그 일을 한다. 그들은 자녀에게 시련이 닥치는 것을 미리 막으려고 최선을 다한다. 이런 행동 이면에 도사린 두려움은 자기 자녀가 능력이 없다는 것이다. 이런 두려움 때문에 자녀를 구해주려고 한다. 하지만 사실상 그것은 자신이 두려워하는 메시지를 자녀에게 보내는 것이다. 제설차 양육은 결국 자녀가 자기 자신을 무능력하게 여기게 함으로써 아이의 성장을 방해한다.

6 헬리콥터 양육은 지나친 간섭이다. 헬리콥터 부모는 자식을 보호하는 것이 자기 의무라고 믿는다. 그들은 자녀를 믿지만, 세상은 믿지 못한다. 그 결과, 문제를 확대 해석하여 더 많은 문제를 만들어낸다. 헬리콥터 부모 밑에서 자란 자녀는 불안감과 특권 의식을 갖게 되고, 대응 기술이나 삶의 전반적인 기술을 습득하지 못하게 된다.

7 퍼레이드 차량 부모는 무슨 수를 써서라도 자녀를 행복하게 해주려고 한다. 그들은 자녀를 계속해서

행복하게 해주지 않으면 자녀가 슬픔이나 불안에 빠질 것으로 생각한다. 이는 현실에 대한 자신의 두려움과 자녀를 보호하려는 욕구에서 비롯한다. 퍼레이드 차량 부모의 자녀는 결국 부모가 자신의 감정을 축소한다고 느낀다. 그 결과, 자기감정에 몰두하거나 그 감정에서 단절되고 그 감정을 불신하게 된다.

<u>8</u> 부모는 자기 자신에게 말하는 방식대로 자녀에게 말하게 되어 있다.

<u>9</u> 부모의 일은 균형을 찾아 가정에서 가장 침착한 사람이 되는 것이다. 또 자녀를 늘 지켜보는 동시에 믿어주면서, 자녀가 정서적인 안정 속에서 건강한 모험을 향해 용감하게 나아가도록 돕는 것이다.

2부

현재를 위한 도움

5장.
몸을 위한 도움

"저희 딸에게 도움이 필요합니다. 분노와 좌절감의 악순환에 빠진 것 같아요. 딸애가 화를 참지 못하고 고함을 지르기 시작하면, 그 즉시 저희도 같이 고함을 지르기 시작합니다. 그러면 딸애는 더 큰 소리로, 더 오래 고함을 질러요. 아니면 그냥 쓰러져버립니다. 아무래도 우리가 그 아이를 망쳐놓은 것 같아요."

자, 역할을 바꿔보자. 당신이 상담 치료사로서 상담실 책상에 앉아 있다. 당신은 이와 비슷한 대화를 379번이나 했다. 당신은 분노가 이차적인 감정이라는 것을 알고 있다. 이 소녀의 분노 이면에 있는 감정은 무엇인가? 이 부모의 분노 이면에 흐르는 감정은 무엇인가?

짐작했겠지만 그 감정은 바로 불안이다. 이 부모는 분노한 부모가 아니다. 그리고 그들은 일부러 자녀를 망가뜨리고 있는 것이 아니다. 이 아이도 분노해 있었다거나 분노할 의도가 있었던 게 아니다. 그리고 필시 이 아이는 집안 전체에 난리가 난 뒤에도 전혀 기분이 풀리지 않았을 것이다. 왜냐하면 여전히 불안이 존재하기 때문이다. 아이가 불안을 언어로 제대로 표현할 성숙함을 갖추지 못한 게 근본적인 문제였다.

감정적 폭발에 관한 이야기해보자. 이번 장에서 이런 감정적 폭발과 그런 상황이 벌어졌을 때 감정을 진정시키는 법에 관한 이야기를 할 것이다. 2부에서도 다섯 가지 목록으로 정리할 것이지만, 이 장에서는 두 개 목록을 제시할 것이다. 이 두 목록은 모두 중요하다.

먼저 이해로 시작해야 한다. 심리학자 캐서린 피트먼(Catherine Pittman)과 엘리자베스 칼(Elizabeth Karle)은 『불안할 땐 뇌과학』(Rewire Your Anxious Brain)에서 이렇게 말한다. "불안 반응에 대응하기 위한 가장 강력한 도구는 자신만의 독특한 불안 반응을 깊이 이해하는 것이다."[1] 따라서 먼저 불안이 당신에게 특별히 어떤 영향을 미치는지를 이해하는 것이 중요하다. 불안은 주로 몸에서 먼저 나타나므로, 그것이 어디서 시작되고, 기묘하게 창조된 우리 몸에 어떤 영향을 미치는지를 알아야 한다. 물론 아이들의 불안을 다룰 때와 마찬가지로 이해에 멈춰서는 곤란하다. 앞서 나는 실질적인 도움을 약속했다. 따라서 불안이 우리 몸에 미치는 영향을 '알기' 위한 다섯 가지와 그런 영향이 나타날 때 '해야' 할 다섯 가지를 제시할 것이다. 먼저 약간의 과학 이야기로 시작해보려고 한다. 사실, 과학 이야기를 꽤 할 것이다. 하지만 참고 읽어주길 바란다.

우리 스스로 어떻게 불안을 극복할지와 우리의 불안이 사랑하는 자녀에게 어떤 영향을 미치는지를 이해하기 위해서는 과학이 중요하다.

불안이 우리 몸에 미치는 영향에 관해 알아야 할 다섯 가지

1. 우리 몸은 우리를 안전하게 지키기 위해 복잡한 경보 시스템을 갖추고 있다

바로 앞에서 말했듯이, 통제력을 회복하기 위한 첫 번째 단계는 무슨 일이 일어나는지 이해하는 것이다. 그것은 우리가 상황을 전혀 모를 때가 많기 때문이다. 우리는 단지 자신이 과잉 반응을 하고 있을 뿐이라고 생각한다. 혹은 자기 몸이 말하는 대로 문제가 '즉각적'이고 '치명적'이라고 생각한다. 심지어 심장 발작이 일어난 것으로 생각하기도 한다.

하지만 실제로 일어나는 일은 이와 같다. 우리 몸에는 생명을 위협하는 상황에서 살아남도록 경보 시스템이 내장되어 있다. 과학에서는 이것을 교감 신경계라고 한다. 교감 신경계는 경보가 울리자마자 일련의 연쇄 반응을 일으킨다.

첫째, 우리(혹은 무의식)가 위협으로 간주하는 뭔가를 보거나 듣는다. 그러면 우리의 눈이나 귀는 경보를 해석하는 역할을 하는 편도체(amygdala)에 메시지를 전달한다. 편도체가 위협을 실제로 임박한 것으로 해석하면, 그 즉시 그 메시지

를 뇌의 지휘 본부인 시상 하부(hypothalamus)로 보낸다. 그러면 시상 하부는 교감 신경계와 부교감 신경계(parasympathetic nervous system)를 사용하여 몸의 나머지 부분에 그 메시지를 전달한다. 교감 신경계는 자동차의 액셀처럼 기능하여 투쟁 도피(fight-or-flight) 반응을 일으킨다. 반면, 부교감 신경계는 위협이 사라졌으니 '쉼과 소화' 상태로 돌아가도 된다는 신호를 보내 몸을 진정시킨다. 그런 의미에서 부교감 신경계는 브레이크 페달과 비슷하다.

편도체가 경고 신호를 보내 시상 하부를 자극하면 시상 하부는 교감 신경계를 작동시킨다. 그러면 교감 신경계는 부신을 자극하여 에피네프린이나 아드레날린을 혈류 속으로 보낸다. [지금 이 문장을 읽으면서 "넓적다리뼈는 다리뼈에 연결되어 있네"(The thigh bone's connected to the leg bone, 신체 구조와 연결된 뼈를 알려주는 동요 "Dry Bones"에 나오는 가사)라는 노랫말을 읊조리고 있는 사람은 나밖에 없는가?] 그러면 에피네프린은 몸에서 여러 변화를 일으키기 시작한다. 이 변화는 위협으로 간주한 것에서 우리를 안전하게 보호한다. 예를 들어, 다음과 같은 변화가 나타난다.

─심장 박동 수가 늘어나 근육, 주요 장기, 심장에 더 많은 혈액을 보낸다. 그러면 그 위협에서 도망치기 위해 더 빨리 움직일 수 있다.
─혈압이 상승하고 맥박이 빨라진다.
─탈출을 위해 숨을 더 깊고도 빠르게 쉴 수 있도록 폐

에서 작은 공기 통로들이 열린다.
―뇌가 더 많은 산소를 받아들여 민첩성이 증가한다.
―동공이 확장되어 위협을 더 잘 볼 수 있게 된다.
―마지막으로, 혈류에 영양분이 넘친다. 그러면 몸의 모든 부분에 많은 에너지를 보낼 수 있다.

우리 몸은 실로 기묘하게 지어졌다. 편도체와 시상 하부는 매우 효과적으로 협력하며, 심지어 우리가 인식하기도 전에 몸 전체에 생리적 반응을 일으킨다. 다시 말해, 우리가 위협을 온전히 인식하기도 전에 우리 몸이 먼저 위협에 반응한다.[2]

경보의 다음 단계는 몸의 주된 스트레스 호르몬으로 여겨지는 코르티솔과 관련 있다. 시상 하부의 첫 반응이 끝나고 에피네프린 분비가 멈추면, 시상 하부는 뇌에 코르티솔을 분비한다. 메이오 클리닉(Mayo Clinic)에 따르면, 코르티솔은 다양한 역할을 한다. 코르티솔은 "혈류 내 당(포도당)을 증가시키고, 뇌의 포도당 사용을 활발하게 하며, 조직을 회복시키는 물질도 증가시킨다. 또한 코르티솔은 투쟁 도피 상황에서 불필요하거나 해로운 기능을 억제한다. 코르티솔은 면역 반응을 바꾸고, 소화 기관과 생식 기관의 작용과 성장 활동을 억제한다."[3] 그리고 이 모든 일은 순식간에 이루어진다. 편도체는 우리를 안전하게 지켜주는 매우 복잡한 시스템이다. 그런데 이 편도체는 쉽게 오작용을 일으킨다. 하지만 먼저 불안이 우리의 뇌에 도달해서 영향을 미치는 두 가지 방식에 관해 좀 더 이야기해보자.

2. 불안으로 가는 두 가지 주된 경로가 있다: 편도체와 피질

가장 최근에 당신이 스트레스 반응을 보였던 순간을 돌아보자. 차가 막히는 도로에서 갑자기 어떤 차가 끼어드는 바람에 급정거했을 수 있다. 잘 놀던 아이가 정글짐에서 떨어져서 생각할 겨를도 없이 아이에게 달려갔을 수 있다. 아니면 길모퉁이에서 갑자기 사람이 튀어나와서 작게 비명을 질렀을 수도 있다. 그 일을 생각하면 지금도 창피한가? 이 모든 상황에서 우리는 어떻게 반응할지 생각하기도 전에 반응한다. 이것은 몇 분의 1초 안에 자동으로 나오는 반응이다. 이런 반응은 편도체가 일으킨다.

대개 우리는 불안이 편도체가 일으키는 투쟁 도피 반응이라고 생각한다. 물론 그것도 불안으로 이어지는 주된 신경 경로 중 하나다. 이번 장에서는 주로 이 신경 경로에 초점을 맞출 것이다. 편도체가 일으키는 불안은 우리의 몸에서 비롯하고, 그 결과 주로 우리 몸에 영향을 미친다. 하지만 또 다른 신경 경로가 있다. 이것은 조금 더 많은 시간과 훨씬 더 많은 고려가 필요한 신경 경로다.

어느 날 밤, 당신 혼자 침대에 누워 있다. 그런데 밖에서 이상한 소리가 들린다. '저 소리는 뭐지? 목소리인가? 아무래도 남자 목소리 같은데.' 얼마 지나지 않아, 집에 쳐들어와 당신과 아이들을 해치려고 현관 앞에 서 있는 후드티를 입은 남자의 모습을 머릿속에 그리기 시작한다. 혹은 십대 딸이 친구 집에 도착하면 전화하겠다고 약속했는데 도착한 지 10분은 지났을 텐데 전화가 오지 않는다. 딸의 GPS는 작동하지 않고 있다. 딸이 졸음운전을 하다가 차선을 벗어나 큰 사고를 당했다는 생각이 슬슬 들기 시작한다. 혹은 마트에서 한 친구와 이상한 일이 있었다. 친구가 아는 체도 안 하고 서둘러 가버렸다. 집에 도착해서 생각해보니, 지난 주말 성탄절 파티에서 당신이 친구의 마음을 상하게 한 것 같다. 그래서 아무래도 친구가 더는 당신을 친구로 보지 않는 것 같다. 불안은 우리 몸에서만 비롯하는 것이 아니다. 우리는 생각으로 인해 불안에 빠지기도 한다. 지나친 생각이 우리를 불안한 상태에 빠뜨린다고 말하는 편이 더 정확할 듯하다. 피질 기반의 불안은 우리의 생각에서 비롯하며, 다시 그 불안이 생각에 영향을 미친다. 이어서 그 불안은 우리 몸에도 영향을 미친다.

편도체(두 개지만 흔히 단수로 표현된다)는 뇌의 안쪽에 있는 아몬드 모양의 지역이다. 이것은 "사랑, 결속, 성적 행위, 분노, 공격성, 두려움에 영향을 미치는 수천 개의 세포 회로로 이루어져 있다. 편도체의 역할은 여러 물체나 상황에 감정적 의미를 부여함으로써 감정 기억을 형성하는 것이다."[4]

대뇌 피질은 우리가 뇌를 생각할 때 흔히 머릿속에 그리는, 크고 구불구불한 회색 물질이다. 피질은 좌반구와 우반구로 이루어져 있으며, 엽(lobes)이라고 부르는 구역들로 분리된다. 전두엽은 집행 기능의 대부분을 담당하며 상황을 예측하고 해석한다(예를 들어, 후드티를 입은 남자, 딸의 실종, 냉담해진 친구). 인간의 전두엽은 고도로 발달했기 때문에 현재 상황을 해석할 뿐만 아니라 미래의 사건을 예측하고 결과를 상상할 수 있다.[5] (예를 들어, 후드티를 입은 남자가 집안에 난입할 것이다. 십대 딸이 이미 병원으로 실려 가고 있다. 친구가 나를 버렸다.) 이렇게 걱정하는 생각에 빠져 있는가? 계속해서 의심하고 있는가? 불안을 가중하는 관념이나 이미지를 계속해서 상상하고 있는가? 온갖 문제에 관한 해법을 찾기 위해 끝없이 시도하고 있는가? 그렇다면 당신은 피트먼과 칼이 말하는 피질 기반의 불안에 시달리고 있을 가능성이 크다.[6] 다음 장 '정신을 위한 도움'에서는 피질 기반의 불안한 생각에 관해 설명하고, 그런 생각을 어떻게 멈출지 다룰 것이다.

하지만 아무런 논리적인 이유나 특별한 사건 없이 갑자기 불안이 엄습한다면, 그것은 편도체 기반의 불안일 가능성이 크다. 편도체는 10분의 1초 이내에 뇌를 장악한다. 편도체는 피질보다 훨씬 더 빨리 작용하며, 대개 우리가 의식하거나 통제하기도 전에 작용한다. 편도체는 심지어 의식적인 생각을 낳지도 않는다. 편도체는 우리 생존에 필요하다고 생각되는 것을 전광석화와 같은 속도로 판단한다.

단순하게 말하면, 피질 기반의 불안은 우리의 생각 속에서 시작된다. 편도체 기반의 불안은 우리의 몸에서 시작된다. 하지만 둘은 서로 관련이 있다. 편도체는 두 경로 모두에 관여한다. 피트먼과 칼은 편도체의 역할을 오케스트라 지휘자에 비유한다.[7] 피트먼과 칼은 "편도체에서 피질로 많은 연결이 이루어지지만 피질에서 편도체로의 연결은 그보다 적다고 말한다. 따라서 불안에서 가장 중요한 역할을 하는 것은 편도체다. 편도체는 피질이 행동을 결정하기 전에 행동하게 만드는 힘이 있다.[8] 편도체는 뇌를 장악하고 피질의 생각하는 능력을 무력화한다. 편도체가 뇌를 장악하고 나면 생각을 통해 몸을 차분한 상태로 돌릴 수 없다. 피질을 사용하여 편도체에 걱정하지 말라고 말할 수 없다. 실제로 공황 발작에 빠진 적이 있다면 이 현상을 경험했을 것이다. 피트먼과 칼에 따르면, 두려운 순간에 마치 편도체가 피질을 이끄는 것 같은 현상이 나타난다.[9] 이것이 우리는 피질에서 비롯한 불안한 생각들을 잠재우는 법을 배우기 전에 편도체를 진정시키는 법부터 배워야 하는 이유다.

아울러 피질은 편도체보다 잘 잊어버린다. 앞서 말했듯이, 편도체는 감정 기억의 저장소 역할을 한다. 따라서 편도체 기반의 기억이 피질 기반의 기억보다 더 오래간다.[10] 편도체 기반의 기억을 흔히 '트리거'(triggers)라고 부른다. 트리거는 과거의 감정적 학습의 결과로 편도체의 경보 시스템을 발동시키는 모든 것(사건, 사물, 냄새, 소리 등)을 말한다.[11]

나는 키우던 개에게 공격당한 한 소녀를 상담한 적이 있다. 이 사건은 충격적이었고, 당연히 소녀의 편도체가 개에 관해 감정적이고 불안한 기억을 갖게 했다. 하지만 소녀는 개보다는 갑작스러운 큰 소리에 더 많은 불안을 느끼게 됐다. 소녀의 지혜로운 부모는 풍선 터지는 소리와 화재 경보음에 대한 딸의 공포증이 개에게 물린 사건으로 거슬러 올라간다는 사실을 깨달았다. 소녀는 자기 행동을 스스로 이해하지 못했다. 물론 우리 부모들도 그럴 때가 많다. 우리도 스스로 알든 모르든, 특정한 소리나 냄새나 광경에 즉시 두려운 기억이 되살아나 불안을 느끼는 경우가 많다. 갑자기 강한 반응을 하고서 '내가 왜 이러지?'라고 생각하는 경우는 편도체 기반의 기억이 원인일 가능성이 크다. 그래서 "히스테리는 과거에서 왔다"(If it's hysterical, it's historical)라는 말도 있지 않은가. 이는 편도체가 뇌를 장악한 결과다. 편도체가 기억하고 반응한다는 뜻이다.

최근 당신의 편도체가 경보음을 울렸던 때를 돌아보라. 트리거는 무엇이었는가? 편도체가 무엇을 위협으로 간주했는가? 그것이 당신의 몸과 생각에 어떤 영향을 미쳤는가? 그것이 무엇을 기억했던 것일까?

편도체는 기억하고 나서 장악한다. 피트먼과 칼에 따르면, 편도체는 "조지프 르두(Joseph LeDoux)가 '감정에 의한 의식의 적대적인 인수'라고 부른 현상"을 만들어낸다. "그렇게 되면 명료한 사고와 개인적인 통찰이…불가능해진다."[12] 편도체는 즉각적이다. 편도체는 비논리적이다. 하지만 좋은 소식이 있다. 편도체를 훈련할 수 있다는 것이다. 그런데 그 전에 먼저 나쁜 소식을 몇 가지만 더 살펴보자.

3. 편도체는 거짓 경보음으로 악명이 높다

불안장애를 안고 있는 사람들은 "만성적인 과다 각성(hyperarousal) 상태" 속에서 사는 경우가 많다.[13] 이 만성 스트레스는 결국 편도체를 확장하여 두려움, 불안, 분노에 더 취약하게 만든다. 스탠퍼드대학 교수이자 스트레스 전문가인 로버트 새폴스키(Robert Sapolsky)는 이렇게 말한다. "만성 스트레스는 과잉 반응을 보이는 히스테리한 편도체를 형성한다."[14] 히스테리는 과거에서 왔다는 말을 기억하는가? 우리의 과거(인생 경험과 유전적 구성)가 편도체의 반응을 결정하는 경우가 많다. 그러면 편도체는 뇌를 장악하여 그 반응을 계속해서 이어간다. 다시 말해, 편도체는 한번 뇌를 장악하면 점점 더 강하게 장악할 가능성이 크다. 그러면 극도로 예민한 반응이 나타난다.

『예스 브레인 아이들의 비밀』(The Yes Brain)이라는 책에서 내가 더없이 신뢰하는 두 심리학자는 우리가 걱정할 때 뇌가 어떻게 재배선되는지에 관해 이야기한다. "뇌의 실질적인 물리적 구조가 변한다…사람이 보고 듣고 만지고 생각하고 행동하는 것을 바탕으로 뇌가 재편성되어 새로운 신경 경로를 형성한다…관심이 집중되는 곳에서 뉴런들이 활성화된다. 그리고 뉴런들은 활성화되면서 배선된다. 다시 말해, 결합한다."[15] 요컨대, 뉴런들이 걱정을 바탕으로 새로운 신경 경로를 형성한다는 것이다.

이처럼 걱정하는 경향이 있는 뇌에는 두 가지 문제점이 있다. 하나는 편도체가 확장되어 극도로 예민한 반응이 나타난다는 것이다. 다른 하나는 새로운 신경 경로가 형성되어 걱정이 더 심해진다는 것이다. 따라서 과거에 걱정하도록 배선된 뇌는 미래에 더 많이 걱정하게 되어 있다. 무슨 말인지 이해했으리라 믿는다. 걱정은 우리의 뇌에 부정적인 영향을 미친다. 걱정은 말 그대로 뇌의 구조를 바꿔놓는다.

이런 사실이 부모인 당신에게 무엇을 의미할까? 당신은 만성적인 스트레스 상태 속에서 살고 있다. 부모라면 다 그렇다. 그리고 다시 말하지만, 이 책을 선택한 것으로 보아 당신은 걱정에 빠지기 쉬운 편일 것이다. 아마 하루에도 몇 번씩 거짓 경보음을 경험해봤을 것이다. 또 양육의 여행을 시작한 뒤로 만성 스트레스에 익숙해졌을 것이다. 나는 만성 걱정에 시달리는 부모들과 항상 마주한다. 그런 부모가 그만큼 많다.

만성 걱정에 시달리는 부모는 예민하게 반응한다. 그들의 머릿속에 처음 떠오르는 생각은 최악의 상황에 관한 것이다. 그러면 그 최악의 생각이 점점 더 커져서 육체만이 아니라 감정까지 장악한다.

'무슨 일이 일어난 게 분명해.'
'뭔가 잘못됐어.'
'우리 아이에게 뭔가 문제가 생겼어.'
'우리 아이는 여느 아이들과 달라.'
'우리 아이는 왜 좀 더 빨리 배우지 못할까?'
'알고 보니 우리 아이가 _____ 인 건 아닐까?'

이런 경보음은 부모에게만 악영향을 끼치지 않는다. 이것은 집안 전체에 어두운 그림자를 드리운다.

4. 편도체는 몸 전체, 더 나아가 집안 전체에 영향을 미친다

내 상담소에서 자주 쓰는 말 중 하나는 "편도체는 편도체를 낳는다"이다. 편도체는 여자 기숙사에서의 호르몬과 비슷하게 작용하는 것 같다(이 부분을 읽는 아빠들에게는 미안하다). 아칸소대학교의 기숙사에서 살던 시절이 생각난다. 우리 방만이 아니라 한 층의 모든 여학생이 같은 기간에 생리를 했다. 이 현상 이면의 과학은 나도 모른다. 하지만 호르몬이 파급 효과를 일으켜 모든 학생의 몸에 영향을 미쳤다.

편도체도 비슷한 방식으로 작용한다. 영향은 두 방향 중 하나로 흘러간다. 아이에게서 부모에게로 혹은 부모에게서 아이에게로. 나는 주로 아이들에게서 시작되었다는 이야기를 듣는다. "아이가 저렇게 소리를 지르기 시작해요. 그러면 저도 결국 화가 폭발하고 말죠." "저도 어린아이가 돼버리는 것 같아요. 그러면 결국 저도 아이만큼 화가 나서 그에 못지않게 큰 소리를 지르고 말아요."

당신의 집에서도 이런 일이 비일비재하게 벌어지는가? 이렇게 행동하는 것은 전혀 도움이 되지 않는다.

그런데 영향은 부모에게서 아이로 진행될 수도 있다. 최근 딸 문제로 극심한 스트레스를 받고 있는 한 엄마에게 전화가 걸려 왔다. "아이가 이번 주 내내 공황 발작을 일으켰어요. 도무지 진정시킬 수가 없어요. 아이가 선생님께 배운 도구를 기억하지도 않고 사용하지도 않으려고 해요. 어떻게 해야 할지를 모르겠어요. 바로 뵐 수 있을까요?" 이 엄마의 목소리에서 그녀의 편도체가 투쟁 도피 반응에서 도피 영역에 있다는 것을 분명히 알 수 있었다. 그녀는 너무 당황해서 어쩔 줄 모르고 있었다. 내가 다시 전화를 걸었을 때 그녀는 며칠 전에 남편에게 이혼 통보를 받았다는 사실을 고백했다. 나는 즉시 그녀의 편도체가 딸의 편도체에 영향을 미쳤다는 것을 깨달았다. 그런데 두 사람은 이 불안의 원인을 인식하지 못하고 있었다. 다음번 만남에서 나는 이 사춘기 소녀를 위해 이런 상황에서 사용할 수 있는 도구를 다시 가르쳐주었다. 아이가 혼자 적용할 수 있는 도구와 엄마와 함께 적용할 수 있는 도구를 다시 설명해주었다. 하지만 동시에 엄마에게도 상담 치료를 받아보라고 권했다. 이런 상황에서도 침착하게 반응하는 것이 어른의 일이기 때문이다. 부모의 편도체가 경보를 울리면, 아이의 편도체도 똑같이 반응하며, 그 반대도 마찬가지다. 따라서 부모는 자기 뇌, 몸, 감정을 진정시켜야 한다. 좋은 소식은, 우리가 할 수 있다는 것이다.

5. 신경 가소성이 작용한다

'신경 가소성'(neuroplasticity)이라는 말을 들어보았는가? 피트먼과 칼에 따르면, 신경 가소성은 "자기 구조를 변경하고 자신의 반응 패턴을 재구성하는 뇌의 능력"[16)]을 말한다. 활성화된 뉴런들은 서로 연결되어 배선된다. 뉴런들의 활성화와 배선은 우리에게 해가 되기도 하지만 걱정을 다룰 때 도움이 되기도 한다. 신경 과학자 조지프 르두는 이렇게 말했다. "사람들은 미리 조립된 채로 태어나지 않고 삶을 통해 조립된다."[17)] 우리 뇌의 배선은 경험을 통해 형성되며, 따라서 계속된 경험의 결과로 변할 수 있다. 즉, 행동을 바꾸면 뇌를 바꿀 수 있다. 피클볼(배드민턴, 탁구, 테니스를 결합한 스포츠) 실력이 향상되거나 문자 메시지를 더 빨리 칠 수 있게 되는 것도 이런 방식을 통해서다. 심지어 특정 기술을 머릿속으로 연습해도 뇌의 배선이 바뀔 수 있다.[18)] 신경 경로와 피질뿐만 아니라 편도체도 이런 식으로 변할 수 있다.

편도체는 경험을 통해 학습한다. 앞서 말했듯이, 편도체는 논리적이지 않지만, 학습은 편도체의 이해에 기반하지 않는다. 그것은 편도체의 활성화를 통해 이루어진다. "발생시키기 위해 활성화한다"(activate to generate)는 인지 행동 치료(cognitive behavioral therapy) 분야의 많은 전문가가 사용하는 표현이다.[19] 이는 편도체의 스트레스 반응을 바꾸기 위해서는 그 스트레스 반응을 일으키는 원인과 마주해야 한다는 뜻이다. 새로운 성장을 일으키려면 편도체의 뉴런들을 활성화해야 한다. 두려운 것에서 도망치고 그것을 피하면, 우리의 편도체는 배울 기회를 얻지 못한다.

실생활에서 예를 들어보자. 당신은 아들의 성적이 잘 나오지 않을까 봐 걱정하고 있다. 그래서 매일 온라인으로 아들의 학업을 확인하는 습관을 길렀다. 하루에 몇 번은 아니더라도 최소한 한 번은 아들이 숙제를 잘 제출하고 있는지 확인한다. 운전면허증을 딴 지 얼마 되지 않은 십대 딸의 위치를 휴대전화로 확인하는 경우도 마찬가지다. 딱 한 번만 더 확인할 생각일 수도 있다. 하지만 확인할수록 계속 확인하고 싶어진다. 그리고 그럴수록 아이는 당신이 자신을 덜 신뢰한다고 생각하게 된다. 당신의 신뢰를 얻으려고 애쓰는 아이로서는 답답할 수밖에 없다.

아니면 당신은 계속 확인하기보다 매번 나서서 구해주는 부류일 수도 있다. 걸음마를 이제 시작한 아들이 넘어지면 즉시 달려가 붙잡아준다. 딸이 학교에서 친구에게 상처받으면 그 즉시 그 친구의 부모에게 전화를 건다. 아들이 학교 시험에서 '부당한' 점수를 받으면 곧바로 담임에게 연락한다.

혹은 그냥 바로 반응하는 부류일 수도 있다. 감정이 여덟 살짜리 아이와 거의 같은 속도로 0에서 10까지 빠르게 치솟는가? 매번 과도하게 반응하는가? 그런데 아이를 구해주는 것은 당신 자신이 스트레스를 유발하고 편도체를 활성화하는 상황에서 피하는 것이기도 하다. 확인하고 구해주며 즉각 반응하는 것은 다 편도체가 과거에 학습한, 그리고 대개 히스테리적인 메시지를 교감 신경계에 보내는 것에 대한 반응이다.

더 좋은 길이 있다. 편도체는 태어날 때부터 완벽히 기능하며, 편도체의 기억은 감정에 의해 형성된다. 따라서 우리가 개입하지 않으면 편도체의 기억은 계속 유지된다. 우리는 경험으로 편도체의 기억을 지울 수 있다. 이 잘못된 경보 시스템을 재훈련하고 재배선할 수 있다.

위에 언급한 상황으로 돌아가서 몇 가지 변화를 줘보자. 당신은 아들을 곧바로 구해주지 않고 깊은숨을 쉬고 나서 "괜찮아"라고 차분하게 말한다. 휴대전화로 딸의 위치를 계속 확인하기보다 좀 더 딸을 믿어주기로 한다. 즉, 편도체의 잘못된 메시지를 그냥 받아들이지 않고 딸에게 연락이 올 때까지 기다린다. 또 곧바로 선생님에게 연락하지 않고 먼저 아들에게 문제를 어떻게 해결하고 싶은지 물어본다. 이렇게 하는 것이 새로운 경로를 형성하는 방법이다. 이 경로는 깊이 자리를 잡은 두려움과 불안의 경로와 경쟁하게 된다. 편도체의 스트레스 반응과 마찬가지로 새로운 경로도 사용할수록 사용하기가 더 쉬워진다. 하지만 싸움 없이는 이 스트레스 반응을 줄일 수 없다. 동료 데이비드와 나는 우리 팟캐스트인 〈남자아이와 여자아이 키우기〉(*Raising Boys & Girls*)에 티나 페인 브라이슨(Tina Payne Bryson)을 초대하여 뇌에 관한 대화를 나눈 적이 있다. 그녀는 새로운 신경 경로가 형성되기까지 4주가 걸린다고 했다.[20] 그 4주 동안 우리의 편도체가 자주 스트레스 반응을 활성화하리라는 사실을 계속해서 기억해야 한다. 하지만 그 와중에도 성장은 이루어진다.

편도체가 외치는 메시지에 따라 행동하지 않으면 불안을 느끼게 된다. 그럴 때 "발생시키기 위해 활성화한다"라는 현상을 기억해야 한다. 심호흡하고 계속해서 새로운 행동을 해야 한다. (호흡의 중요성에 관해서는 잠시 후에 더 자세히 살펴보자.) 지금 당신이 배우고 있는 행동은 '노출 치료법'(exposure therapy)이라는 것이다. 피트먼과 칼에 따르면 불안, 공황 발작, 공포증, 특히 강박장애를 위한 치료법 중에서 노출 치료보다 더 극적인 효과를 보인 것은 없었다.[21] 노출 치료법은 불안을 유발하는 상황에 자신을 노출하고, 그 상황을 안전과 연결하는 것이다. 노출 치료법에 관해서는 7장에서 더 자세히 이야기할 것이다. 일단 지금은 많은 시간과 노력이 필요하다는 점만 알고 넘어가자. 우리가 불안을 극복하지 못하는 주된 이유는 새로운 신경 경로를 형성하기 위한 기술을 실천하지 않기 때문이다. 두려움을 극복하기 위해서는 두려운 일을 해야 한다. 한 번만이 아니라 계속해서. 도망치지 말고 불안을 유발하는 상황으로 들어가라. 목표는 불안감을 멈추는 것이 아니다. 목표는 불안을 느껴도 용감한 일을 할 수 있다는 사실을 배우는 것이다. 우리가 우리에게 찾아오는 그 어떤 두려운 일보다도 강하다는 사실을 배우는 것이다. 이제 실천적인 영역으로 넘어가자.

불안이 몸에 영향을 미칠 때 해야 하는 다섯 가지

1. 몸의 소리에 귀를 기울이라

『더 용감하게, 더 강하게, 더 똑똑하게』에는 한 슈퍼히어로의 그림이 담겨 있다. 나는 여자아이들에게 몸에서 처음 불안을 느끼는 부분에 색칠하게 한다. 알다시피, 아이들은 정말 대단하다. 아이들은 우리가 생각하는 것보다 훨씬 많은 것을 인식한다. 몸의 어느 부위에서 가장 먼저 걱정을 느끼는지 물어보면 아이들은 즉시 답을 내놓는다. "얼굴이 뜨거워져요." "배가 메스껍기 시작해요." 심지어 머리핀에서 처음 불안을 느낀다고 대답한 여자아이도 있었다. 하지만 우리 어른들은 몸으로부터 좀 더 단절되어 있다. 우리는 몸에 관심을 기울이기에는 너무 빨리 움직이고, 너무 많은 일을 하고 있다. 감정을 억누르고서 계속해서 할 일을 한다. 그러다 보면 하루가 다 가기도 전에 감당할 수 없을 만큼 큰 걱정과 피로에 휩싸인다. 심지어 우리의 뇌와 집안을 장악한 편도체의 귀청을 때리는 사이렌 소리에 따라 사랑하는 아이들에게 분노의 말을 쏟아낸다.

『몸은 기억한다』(The Body Keeps the Score)라는 책에서 베셀 반 데어 콜크(Bessel van der Kolk)는 이렇게 말한다. "신경 과학 연구에 따르면, 감정을 바꿀 수 있는 유일한 방법은 자신의 '내적' 경험을 인식하고, 자기 안에서 일어나는 일과 친해지는 법을 배우는 것이다."[22] 이렇게 하기를 바란다. 지금 바로 심호흡을 몇 번 해보라. 몸의 여러 부분에 관해서 생각하라. 어디서 긴장이 느껴지는가? 최근에 스트레스 반응을 보였던 상황에 관해서 다시 생각해보라. 그 반응이 몸의 어느 부분에서 시작되었는가? 항상 같은 부분에서 시작되는가? 그 반응이 그다음에는 어디로 이동했는가?

자녀가 0에서 10까지 순식간에 올라간다고 말하는 부모가 많다. 실제로 그렇다. 때로는 우리도 그렇다. 편도체가 몇 분의 1초에 경보음을 내보낸다는 사실을 기억하라. 하지만 처음 그 과정이 시작돼도 더 진행되지 않게 하는 법을 배우면, 우리 몸과 뇌가 그 경보음에 덜 장악된다. 몸을 인식하는 것은 좋은 신호등 역할을 해줄 수 있다. 이를 악물거나 어깨가 뻣뻣해지거나 속이 메스꺼워지거나 심지어 고개가 찌릿찌릿하다면 스위치가 켜졌다는 신호며, 이완 과정을 시작해야 할 때다. 걱정과 걱정이 몸에 미치는 영향과의 싸움에서는 빨리 행동할수록 결과가 좋다. 당신 몸의 어느 부분에서 불안이 시작되는지 알았으니 이제 불안과 어떻게 싸워야 할지에 관해 이야기해보자.

2. 숨을 쉬라

심호흡에 관해서 처음 들었던 때가 기억난다. 치료사인데도 그것이 좀 비효율적이라고 생각했다. 내가 에니어그램 1번 유형이라고 말했던가? 다시 말해, 나는 '빨리' 움직이려는 사람이다. 최대한 많은 일을 최대한 빨리하려다 보니 심호흡할 시간은 별로 없다. 하지만 어쨌든 시도해보았다.

당신도 잠시 시도해보기를 바란다. 내가 상담소에서 아이들을 대상으로 자주 하는 방식을 소개하고 싶다. 다리에 손을 얹으라. 집게손가락으로 천천히 정사각형을 그리라. 첫 번째 선을 그리면서 4초간 천천히 숨을 내쉬라. 두 번째 선을 그리면서 4초간 숨을 참으라. 세 번째 선을 그리면서 4초간 숨을 들이마시라. 마지막 선을 그리면서 다시 4초간 숨을 참으라. 이 과정을 네 번 반복하라.

이 방식은 정사각형 호흡 혹은 박스 호흡이라 불린다. 운동선수나 경찰관, 미 해군 특수부대(네이비실)에서 사용하는 호흡법이다(네이비실은 이것을 '전투 호흡'이라 부른다). 메이오 클리닉에 따르면, 이 호흡법은 신경계에서 쉼과 소화를 담당하는 부분인 부교감 신경계를 자극하여 자율 신경계(autonomic nervous system)를 조절한다. 이 호흡법은 기분을 향상하고 스트레스를 줄이며 불면증에 도움이 되는 것으로 알려졌다.[23]

호흡은 몸을 위한 영양 섭취와도 같다. 이것은 내가 상담소에서 하루에도 몇 번이나 설명하는 내용이다. 나는 호흡이 그만큼 중요하다고 생각한다. 호흡이 우리 몸에 영양소를 공급하는 방식은 이렇게 정리할 수 있다. 불안해져서 교감 신경계가 작동하면 호흡이 빨라진다. 그러면 뇌의 혈관이 수축하여, 이성적으로 사고하고 감정을 다스리게 도와주는 전전두 피질

(prefrontal cortex)에서 피가 빠져나와 편도체로 들어가게 된다. 바로 거기서 장악이 일어난다. 이에 대한 반응으로 심호흡하면 뇌혈관이 다시 팽창하여 피가 전전두 피질로 돌아간다. 그러면 이상적인 사고와 절제를 할 수 있다. 이것이 수많은 부모가 나에게 자기 아이가 불안해지면 미친 사람처럼 돌변한다고 말하는 이유다. 실제로 그렇다. 그런 순간에는 뇌의 이성적인 부분이 아예 작동하지 않기 때문이다. 하지만 호흡은 모든 것을 바꿔놓는다. 아이들과 우리 모두 변한다.

호흡은 미주 신경(vagus nerve)이라고 부르는 것도 자극한다. 〈위민스 헬스〉(*Women's Health*)의 한 기사에서 나온 대로, 복식 호흡을 하면 특히 더 그렇다. 미주 신경은 뇌신경 중 가장 길다. 뇌의 밑부분에서 시작하여 목의 양쪽을 거쳐 심장과 폐까지 내려가면서 그 길에 있는 거의 모든 기관에 영향을 미친다. 미주 신경은 뇌와 소화 기관 사이의 소통을 담당할 뿐만 아니라, 교감 신경계와 부교감 신경계의 전환을 돕는다. 만성 스트레스가 있으면 미주 신경은 몸에게 부교감 신경계의 쉼과 소화 상태로 전환하라고 지시할 기능을 잃는다. 그러면 불안, 우울증, 당뇨, 위장병, 정서적 고갈 같은 문제가 발생할 위험에 노출된다.[24] 피트먼은 미주 신경이 작용하는 방식을 이렇게 설명한다. 배에서부터 심호흡하면 폐가 확장되면서 횡격막 벽을 밀어낸다. 그러면 복부가 나오면서 척추에 압력을 가한다. 척추는 미주 신경에 압력을 가해 심장 박동 수와 혈압, 호흡 속도를 낮추고 뇌파를 개선하며 혈액에서 젖산을 제거한다. 그러면 우리는 차분하고 기민해진다. 미주 신경은 즐

거움, 만족, 충동 통제와 연관이 있는 세로토닌의 분비를 촉진한다.[25]

호흡은 그 순간, 우리의 불안해하는 몸을 진정시킬 뿐 아니라 편도체에 장기적인 영향을 미친다. 연구 결과, "두 달간 매일 30분만 마음 챙김 호흡을 실천해도 편도체가 수축한다는 사실을 발견했다."[26] 따라서 언제라도 불안해하지 않는 뇌를 형성할 희망이 있다. 나는 우리 모두 과도하게 불안해하는 뇌와 요동치는 마음을 안정시킬 수 있도록, 불안하지 않을 때도 마음 챙김 호흡을 연습해야 한다고 생각한다(마음 챙김에 관해서는 곧 살펴볼 것이다).

3. 접지 기법을 사용하라

호흡 다음은 접지 기법(grounding)이다. 이것은 내가 상담소를 찾아온 불안한 사람들에게 가장 많이 제시하는 세 가지 기법의 하나다. 당신은 호흡을 통해 몸을 진정시켰다. 하지만 생각은 우리가 걱정이라고 부르는 다람쥐 쳇바퀴에 여전히 갇혀 있다. 이제 초점을 바꾸어야 한다.

접지 기법은 불안과 외상 후 스트레스 장애에 사용되는 인지 행동 치료 도구 중 하나로, 공황 발작이 있을 때 상당한 도움이 된다. 불안은 주로 과거나 미래에 존재한다. 걱정할 때 우리는 현재에 있지 않거나 현재에 집중하지 못한다. 과거에 일어난 일이나 미래에 일어날지 모르는 일에 관해 계속해서 곱씹는다. 접지는 현재에 닻을 내리는 것이다.

유용한 접지 기법은 수없이 많다. 지각과 관련된 것은 모두 접지 기법이다. 내가 아이들에게 가장 자주 사용하는 접지 기법은 5-4-3-2-1 게임이다. 이것은 나 자신에게도 가끔 사용한다. 눈에 보이는 다섯 가지, 귀에 들리는 네 가지, 느껴지는 세 가지, 냄새가 나는 두 가지, 맛이 나는 한 가지를 대라고 한다. 그 외 다른 접지 기법에는 다음과 같은 것들이 있다.

- 특정한 색깔을 가진 것을 보이는 대로 다 대라.
- 손에 차가운 물을 흘려보내라.
- 맨발로 밖에 나가 풀밭에 서라.
- 눈에 보이는 세 가지와 귀에 들리는 세 가지를 대고, 몸의 세 부분을 움직이라.
- 잠깐 산책하라.
- 얼음 한 조각을 꽉 쥐라.
- 일상적인 일을 큰 소리로 설명하라(다른 사람에게 빨래하는 법이나 커피 내리는 법을 알려주는 것 같은).
- 100부터 숫자를 거꾸로 세는데, 수학 실력에 따라 마이너스 1씩, 5씩 혹은 7씩 감해보라.
- 좋아하는 영화의 장면 하나하나 기억하려고 해보라(상담소에 찾아오는 내담자들이 가장 좋아하는 영화는 〈겨울왕국〉이다).
- 좋아하는 곳, 안전하다고 느껴지는 곳을 상상해보라.
- 개(혹은 고양이)를 쓰다듬거나 개와 함께 놀라.
- 당신이 믿는 사람의 얼굴을 떠올리고 당신을 격려하는 그의 목소리를 상상하라.

—몇 가지 영역에서 당신이 좋아하는 것들을 나열하라 (음식, 텔레비전 드라마, 노래 등).
—자신에게 세 가지 (사실인) 칭찬을 하라.
—성경을 외워서 반복적으로 큰 소리로 선포하라. 그렇게 하면 불안한 몸을 진정시키면서 하나님의 말씀을 마음에 새기는 이중 효과가 있다.

호흡도 접지 기법이 될 수 있다. 내가 정사각형 호흡법을 즐겨 사용하는 이유 중 하나는 부교감 신경계를 활성화할 뿐 아니라 다리에 정사각형을 그리는 것이 접지 기법이기 때문이다. 몸에서 불안을 감지해야 한다. 호흡해야 한다. 접지 기법을 사용해야 한다. 그리고 마음 챙김이라는 기법을 사용해야 한다.

4. 마음 챙김을 실천하라

뉴에이지 운동에 관해서 듣고 자란 사람에게는 마음 챙김이 그 시대의 진부한 잔재처럼 들릴 수 있다. 마음 챙김은 불교 같은 다른 종교들과 관련 있지만, 성경에서도 단어만 사용하지 않을 뿐 여러 곳에서 그 개념을 보여주고 있다.

의도적으로 현재에 집중하는 행위는 다 마음 챙김이라고 할 수 있다. 마음 챙김은 호흡법과 접지 기법을 포함해, 과학과 데이터를 통해 증명된 여러 스트레스 및 불안 완화 도구도 포함한다. 그 도구 중에는 성경적인 것들도 있다. 예를 들어, 기도는 마음 챙김의 행위다. 성경 암송, 더 나아가 그냥 성경을 읽는 것도 마음 챙김의 행위다.

고린도후서 10장 5절은 모든 생각을 사로잡으라고 권면한다. 다음 장에서 이 개념을 다시 살펴보도록 하자. 로마서 12장 2절은 마음을 새롭게 함으로 변화를 받으라고 가르친다. 빌립보서 4장 9절은 우리가 듣고 보고 받은 것을 "행하라"고 말한다. 그리고 알다시피 성경 곳곳에서 숨은 생명을 상징한다. 욥기서 32장 8절은 이렇게 말한다. "그러나 사람의 속에는 영이 있고 전능자의 숨결이 사람에게 깨달음을 주시나니." 호흡, 행함, 생각을 사로잡는 것은 모두 불안과 스트레스를 줄여주는 것으로, 과학적으로 증명된 마음 챙김의 일종이다.

1970년대에 분자 생물학자 존 카밧진(Jon Kabat-Zinn)은 마음 챙김 기반 스트레스 완화(MBSR, mindfulness-based stress reduction)라는 새로운 프로그램을 개발했다. 이 프로그램의 전제는 "과거를 곱씹거나 미래에 관해서 걱정하기보다는 현재에 집중함으로써 고통을 줄일 수 있다"[27]라는 것이다. 그 뒤로 마음 챙김이 육체적, 정신적 건강에 큰 영향을 미친다는 점이 과학적으로 증명되었다.

 ─마음 챙김은 걱정과 불안을 완화한다.[28]
 ─마음 챙김 기반 인지 치료(MBCT, mindfulness-based cognitive therapy)는 우울증 재발 위험을 거의 절반으로 줄여준다.[29]
 ─마음 챙김은 자기 생각과 감정을 더 분명히 인식하게 해준다.[30]
 ─마음 챙김은 감정을 더 잘 통제하게 해준다.[31]

- 마음 챙김은 감정적인 반응을 줄여준다.[32]
- 이완 훈련(relaxation training, 마음 챙김의 일종)은 "편도체의 활성화를 거의 즉각적으로 줄여준다."[33]
- 마음 챙김은 부교감 신경계를 활성화하는 데 특히 효과적이다.[34]
- 마음 챙김은 편도체에 장단기적으로 긍정적인 영향을 미친다.[35]

우리는 깨어 있는 시간의 거의 50퍼센트를 생각에 사용한다.[36] 우리 마음은 계속해서 현실을 좋거나 나쁜 것으로 판단한다. 그리고 우리 마음은 바로 지금 벌어지고 있는 일이 아닌 다른 것에 자주 끌린다. 이것이 우리가 현재 순간을 생각보다 많이 놓치는 이유다. 기본적으로 마음 챙김은 무엇에 관심을 기울일지 스스로 선택하는 것이다. 이것은 생각을 멈추거나 자기 자신을 비우는 것이 아니다. 우리의 생각과 감정은 하나님이 주신 것이며, 우리를 인간답게 만들어주는 것이다. 『불안이라는 중독』(Unwinding Anxiety)의 저자인 저드슨 브루어(Judson Brewer)에 따르면, 마음 챙김은 "이런 생각과 감정, '우리의 관계'를 바꾸는 것"[37]이다.

그렇다면 마음 챙김은 정확히 무엇이며 어떻게 하는 것인가? 당신은 이미 마음 챙김을 하고 있을 가능성이 크다. 다시 말하지만, 의식적인 호흡은 접지 기법이면서 마음 챙김의 일종이다. 요가 수업을 받아본 적이 있다면 마음 챙김을 해봤을 것이다. 불안한 생각을 버리고 현재에 집중하는 것이라면 뭐든 마음 챙김이라고 할 수 있다. 메이오 클리닉에 따르면, "마음 챙김은 그 순간 해석이나 판단 없이 자신이 지각하고 느끼는 것을 강하게 의식하는 일종의 명상이다."[38] 마음 챙김은 현재에 집중하도록 마음을 훈련하는 것인데, 이는 누구에게나 어려운 일이다. 〈하버드 가제트〉(*Harvard Gazette*)지에 따르면, 2014년에 이루어진 한 연구에서 "개인들은 혼자 생각에 잠겨 있는 것보다 전기 충격을 받는 편을 선택한다"[39]라는 사실이 밝혀졌다. 문제는 우리가 불안한 생각과 적극적으로 싸우지 않으면 그 생각의 굴레에 갇혀 벗어나지 못한다는 것이다.

다음 장에서도 더 소개하겠지만, 여기서 마음 챙김의 예를 몇 가지 소개하고 싶다. 다음은 내가 상담할 때 자주 추천하는 두 가지 마음 챙김 기법이다.

점진적 근육 이완법(progressive muscle relaxation) 은 몸의 여러 근육 부위를 천천히 긴장시켰다가 이완시키는 것이다. 잠자리에서 특히 유용하다. 발가락부터 근육을 긴장시켰다가 이완시킨다. 그렇게 목과 머리까지 올라간다. 반대 순서로 해도 좋다. 각 근육 부위를 5초간 긴장시켰다가 30초간 이완시키는 식으로 반복한다.

세 문 기법(three doors technique) 은 내가 잠을 잘 이루지 못하는 아이들에게 늘 추천하는 기법이다. 하지만 낮에도 사용할 것을 추천하며, 아이와 어른 모두에게 유용하다. 당신이 잘 알고 특히 안전하게 느끼는 세 군데를 생각해보라. 휴가지도 좋고 집도 좋다. 할아버지 할머니의 시골집도 좋다. 나는 어릴 적에 여름 캠프로 갔던 발데마르 캠프장을 자주 떠올린다. 그곳이 너무 좋았던 기억으로 남아 있기 때문이다. 각 장소를 별도의 문으로 상상한다. 첫 번째 문을 열고 들어간다. 모든 감각을 동원해서 그 장소 전체를 거니는 자신을 상상한다. 무엇이 보이는가? 무엇이 들리는가? 어떤 냄새가 나는가? 어떤 느낌인가? 첫 번째 문으로 들어가서 나와 다음 문으로 들어간다. 그렇게 세 번째 문까지 들어간다. 대부분 세 번째 장소에 도착하기 전에 잠이 든다고 말한다.

보이고 들리고 느껴지고 냄새가 나는 것들에 주목하면서 (해야 할 일들을 골똘히 생각하지 않고) 산책하기, 색칠하기, 일기 쓰기, 하루에 한 사람에게 친절한 말 해주기, 간단한 일이라도 한 번에 한 가지 일에 집중하기 같은 단순하고 일상적인 활동도 마음 챙김이 될 수 있다. 마음 챙김에 도움이 되는 앱은 무수히 많다. 내가 자주 활용하는 앱에는 '캄 앤드 헤드스페이스'(Calm and Headspace, 명상을 이끄는 음성이 영화 〈메리 포핀스〉에 나오는 음성처럼 들려서 특히 내가 좋아하는 앱)와 마음 챙김을 하면서 성경을 마음에 새기게 해주는 '어바이드'(Abide)가 있다. 하지만 휴대전화로 끝없이 SNS를 스크롤 하면, 정신이 더 흐트러진다. 휴대전화로 마음 챙김 앱을 사용하는 정도만 정신을 집중하는 데 도움이 된다. 그런 의미에서, 특별한 경우가 아니면 휴대전화를 내려놓고 자기 앞에 있는 것에 집중하는 것이야말로 최상의 마음 챙김 행위일 수 있다.

5. 자신을 돌보라

수년 동안 수많은 부모를 상담해본 결과, 부모로서 세상에서 가장 힘든 일 가운데 하나는 단순히 자신을 돌보는 것이라는 사실을 발견했다. 부부끼리의 데이트, 친구들과 놀기, 산책, 옳은 식습관, 충분한 잠, 심지어 자신을 위한 상담에 관한 이야기를 수많은 부모와 나눠봤는데, 항상 반응이 똑같았다. "그럴 시간이 어디 있어요?"

친구와 담소를 나눌 시간이 없어 보이는가? 배우자와 밖에서 저녁 식사를 하며 데이트를 즐길 시간이 없는 것 같은가? 잠을 충분히 잘 시간이 없어 보이는가? 내 친구 중 한 명은 수년간 자동차 안에서 초콜릿을 씹는 것이 점심이었다. 자신을 위해 상담을 받는 것은 어떤가? 우리가 상담받는 동안 아이들은 어떻게 해야 하는가? 그리고 자신의 상담에 쓸 돈이 있으면 자녀 상담에 쓰는 게 낫지 않은가? 이처럼 우리 자신을 돌보지 못하게 하는 장애물이 많다. 하지만 나는 정중하면서도 강력하고 말하고 싶다. "당신을 돌보기 위한 시간을 반드시 내야 합니다." 당신은 어떤지 모르겠지만 나는 자신을 돌보지 않을 때 불안뿐 아니라 분노에 빠지기가 더 쉬워졌다. 나는 지금, 이 글을 한 해의 마지막 날에 쓰고 있다. 그래서 올해 배운 점들을 돌아보았다. 그런데 내가 올해 배운 것 중 하나는 정신없이 바쁠 때 최상의 모습을 보이지 못한다는 것이다. 당신은 어떤가? 당신을 돌볼 때와 돌보지 않을 때 당신의 모습은 어떻게 달라지는가?

연구에 따르면, 잠과 운동은 둘 다 편도체에 큰 영향을 미친다고 한다.[40] 사실, 운동은 편도체가 활성화되었을 때 나타나는 증상을 완화한다. 따라서 공황 발작이 찾아오거든 몸을 움직이라. 밖으로 나가 걷거나 뛰라. 몸의 움직임은 잉여 아드레날린을 태워버린다. 20분만 운동해도 불안이 눈에 띄게 줄어든다.[41] 운동은 전반적인 뇌세포의 성장을 촉진하는 것으로도 알려져 있다.[42] 불안이 우리의 뇌를 장악하려고 할 때 몸을 움직이면 정말 많은 유익이 있다.

뇌가 특별히 활동적인 시간이 잠자는 시간임을 아는가? 수면 중에 뇌의 신경 아교 세포(glial cells)는 그날 생긴 독소를 청소한다.[43] 잠을 충분히 자지 못하면, 집중력과 기억력, 문제 해결 능력이 떨어지고 인슐린에 영향을 미쳐 많이 먹게 될 뿐 아니라 같은 양을 먹어도 살이 더 찌게 된다.[44] 또한 편도체는 뇌의 다른 어떤 부위보다 불충분한 수면의 영향을 더 많이 받는다는 연구 결과도 있다.[45] 당신은 어떤지 모르겠지만, 나는 이런 사실을 생각하면 당장 침대로 가고 싶다.

올바른 식습관도 불안을 다루는 데 도움이 된다. 식사를 거르면 혈당이 떨어져 더 불안하고 예민해진다. 또한 세로토닌 수용체의 95퍼센트는 장 내벽에서 발견된다고 한다. 하버드에서 진행한 연구에 따르면, 프로바이오틱스가 불안과 우울증 치료에 도움이 되는 것으로 나타났다. 마그네슘, 아연, 오메가 3가 풍부한 음식도 도움이 될 수 있다.[46] 〈맨스 저널〉(*Men's Journal*)에 따르면, 다음과 같은 음식은 불안 완화에 도움이 된다. 아스파라거스(엽산), 블루베리(항산화 물질과 비타민C), 우유(항산화 물질, B2, B12, 단백질, 칼슘), 아몬드(비타민B2와 E),

오렌지(비타민C는 코르티솔을 낮춤), 연어(오메가3 지방산), 시금치(마그네슘), 칠면조(트립토판은 세로토닌을 분비시킴), 오트밀(역시 세로토닌 분비와 관련이 있음), 아보카도(비타민B가 풍부해서 모든 사람에게 좋음).[47)]

올바른 식습관을 유지하라. 잠을 충분히 자라. 운동하라. 자신을 돌보라. 우리가 먼저 받아야 줄 수 있다. 아무것도 없으면 줄 수 없다. 그런데 필시 당신은 요즘 텅텅 빌 때가 많을 것이다. 그러지 말고 자신을 돌보라. 당신은 돌봄을 받을 자격이 있다. 당신은 그렇게 생각하지 않을지 몰라도 하나님은 분명 그렇게 생각하신다. 그래서 우리 몸이 스스로 돌보도록 그 안에 경보 시스템을 장착하셨다. 우리 몸이 건강해야 자녀를 잘 돌볼 수 있다. 자녀도 자신들을 잘 돌보도록 우리가 우리 몸을 돌보기를 바랄 것이다. 우리는 기묘하게 지어졌다. 그렇게 지어진 몸과 마음이니만큼 잘 돌봐야 한다.

로마서 12장은 마음을 새롭게 함으로 변화를 받으라는 말씀이 나오기 전에 우리 몸에 관해 이야기한다. "그러므로 형제들아 내가 하나님의 모든 자비하심으로 너희를 권하노니 너희 몸을 하나님이 기뻐하시는 거룩한 산 제물로 드리라 이는 너희가 드릴 영적 예배니라"(롬 12:1). 메시지는 이 구절을 이렇게 번역한다. "그러므로 나는, 이제 여러분이 이렇게 살기를 바랍니다. 하나님께서 여러분을 도우실 것입니다. 여러분의 매일의 삶, 일상의 삶—자고 먹고 일하고 노는 모든 삶—을 하나님께 헌물로 드리십시오. 하나님께서 여러분을 위해 하시는 일을 받아들이는 것이, 바로 여러분이 그분을 위해 할 수 있는 최선의 일입니다." 로마서 12장은 계속해서 이렇게 말한다. "너희는 이 세대를 본받지 말고 오직 마음을 새롭게 함으로 변화를 받아 하나님의 선하시고 기뻐하시고 온전하신 뜻이 무엇인지 분별하도록 하라"(2절). 이 중요한 도구들을 사용해서 불안한 생각이 아닌 다른 것들에 마음을 두면 우리는 변화될 것이다. 우리의 편도체만이 아니라 우리의 마음과 정신도 변할 것이다.

호흡 기도(breath prayer)는 수천 년간 사용된 관상 기도법이다. 호흡 기도는 말 그대로 우리의 호흡과 연관이 있다. 〈크리스채너티 투데이〉(*Christianity Today*)의 샤론 리 송(Sharon Lee Song)에 따르면, 관상 기도는 "하나님과 함께 있는 것, 모든 것에서 그분의 임재를 자각하는 데 집중하는 기도다."[48] 마음 챙김과 비슷하게 들리지 않는가? 보통 관상 기도는 조용한 묵상의 형태다. 혹은 겨우 몇 마디 말로 이루어진다. 호흡 기도는 이런 기도를 호흡과 연결하여 하나님이 우리의 숨보다도 우리와 가까이 계신다는 사실을 상기하는 기도다. 사도행전 17장 28절은 이렇게 말한다. "우리가 그를 힘입어 살며 기동하며 존재하느니라." 마음 챙김을 행하고 하나님의 임재 가운데 거하기 위해 함께 호흡 기도를 시도해보자. 몸만이 아니라 마음의 중심이 진정될 것이다.

예수 기도는 흔히 사용되는 호흡 기도다.

천천히 숨을 들이마시면서 기도하라. "하나님의 아들이신 주 예수 그리스도시여!"

천천히 그리고 끝까지 숨을 내쉬면서 기도하라. "죄인인 저를 불쌍히 여기소서."

천천히 깊은 호흡을 하면서 이 기도를 반복하라.

사라 베시는 『기도의 리듬』에서 몇 가지 다른 예수 기도를 소개했는데, 나는 이 기도도 즐겨 한다.

(마태복음 11장 28-30절에서)
들숨: 온유하고 겸손하신 분,
날숨: 당신은 제 영혼의 쉼입니다.

(로마서 8장 38-39절에서)
들숨: 그 어떤 것도 저를 하나님의 사랑에서
날숨: 끊을 수 없습니다.

(시편 46편 10절에서)
들숨: 가만히 있어
날숨: 당신이 하나님이심을 알겠습니다.

(요한일서에서)
들숨: 당신의 사랑 안에서는
날숨: 두려움이 없습니다.

(시편 23편에서)

들숨: 당신이 저와 함께하시니

날숨: 저는 두렵지 않습니다.

(빌립보서 4장 7절에서)

들숨: 그리스도의 평강이

날숨: 제 마음과 생각을 지키십니다.[49]

그리스도의 평강이 당신의 마음과 정신과 몸을 지키기를 기도한다. 호흡, 자신을 돌보는 것, 마음 챙김을 비롯해서 내가 이번 장에서 설명한 도구를 통해 그렇게 될 수 있다. 하나님은 평강의 하나님이시다. 그 평강은 당신을 채울 뿐 아니라 당신을 변화시키기 위한 것이다. 다음 장에서 정신에 관한 도움을 소개하면서 이 변화에 관해 더 자세히 이야기하도록 하겠다.

> **KEY POINT!** 불안을 이기는 부모를 위한 조언
>
> 1. 불안의 과학을 이해하는 것은 우리 자신을 도울 방법과 우리의 불안이 사랑하는 자녀에게 미치는 영향을 깨닫는 데 매우 중요하다.
>
> 2. 우리 몸은 우리를 안전하게 지키기 위해 설계된 복잡한 경보 시스템을 갖추고 있다.
>
> 3. 불안으로 가는 두 가지 주된 경로가 있다. 그것은 편도체와 피질이다.

4 편도체는 몸 전체, 더 나아가 집안 전체에 영향을 미친다.

5 신경 가소성이 작용한다.

6 몸의 소리에 귀를 기울이라.

7 숨을 쉬라. 호흡은 몸을 위한 영양 섭취와도 같다.

8 걱정의 굴레에서 빠져나오기 위해 접지 기법을 사용하라.

9 마음 챙김을 해보라. 세스 길리한(Seth Gillihan)이 쓴 책에 마음 챙김을 통해 "과거를 곱씹거나 미래에 관해서 걱정하기보다 현재에 집중함으로써 고통을 줄일 수 있다"[50]라고 나온다.

10 자신을 돌보라.

6장.
정신을 위한 도움

"양육은 너무 힘들어. 게다가 갈수록 더 힘들어져."
"나만 빼고 다 잘하는 것 같아."
"아이들이 어렸을 때 제대로 양육하지 못하면, 십대가 되면 큰 문제가 나타날 거야."
"나는 아이들에게 좋은 가치관을 심어주지 못하고 있어."
"바로잡기에는 너무 늦었어."
"잔소리를 너무 많이 했어."
"아이들은 나를 안 좋아해."
"아이들의 행동이 변하지 않는 것은 내가 잘못하고 있기 때문이야."
"아이들과 함께하는 시간을 충분히 보내지 못하고 있어."
"내가 아이들을 망치고 있어."
"나는 아이들을 잘 키울 수 없어. 아이를 낳지 말았어야 했나 봐."

"나는 하자 많은 부모야."

"나는 능력이 없어."

"내가 신앙의 본을 보이지 못해서 우리 아이들이 잘되기가 힘들어."

"내 실수로 아이들을 완전히 망쳤어."

"나는 제대로 하고 있지 못해."

"나는 좋은 부모가 못돼."

"나는 능력도 없고 지혜롭지도 못해."

"나는 형편없는 부모야."

"나는 아이들을 망치고 말 거야."

"나처럼 화를 잘 내고 독한 말을 쏟아내는 부모는 세상에 없을 거야."

"계속해서 아이들을 실망시키고 있어."

"모든 일(회사 일, 청소, 요리, 자기 관리, 재미있게 놀아주기)을 다 잘하는 부모가 돼야 해."

"아직도 부모 노릇을 제대로 못 하고 있으니 정말 한심해."

"내가 좋은 부모였다면 우리 아이들에게 이런 문제가 생기지 않았을 거야."

"너무 늦었어."

"나는 뚱뚱해서 가족에게 무시당하고 있어."

"묵은 상처에서 아직도 벗어나지 못했어."

"나를 위한 시간을 내려는 것은 잘못된 일이야. 내 이기심이 아이들을 망치고 있어."

"가족을 위해서 모두 참아야 해."

"너무도 변해버린 지금의 내 모습이 정말 싫어. 이 모습을 누구도 좋아하지 않을 거야."

"내 모든 두려움을 자식들에게 물려주고 있어."

"나는 아이들을 항상 망치고 있어."

"매번 아이들을 망치는 말과 행동만 하고 있어."

"나는 엄마가 될 자격이 없어."

"나 때문에 아이들은 평생 치료를 받아야 할 거야."

"우리 아이의 구원은 내가 복음을 잘 가르치느냐(혹은 복음대로 잘사느냐)에 달렸어."

"항상 정신을 바짝 차리고 있어야 해."

"나는 아이들에게 유익보다 해를 더 끼치고 있어."

"나도 모르게 아이들에게 해를 끼치는 것 같아. 나중에 크게 후회할 것 같아."

"아이들의 문제는 다 내 탓이야."

"내가 모든 것을 더 악화하고 있어."

"못난 부모를 만난 우리 아이들이 너무 불쌍해."

휴. 정말 가슴을 답답하게 만드는 말이지 않은가? 당신은 이런 말을 읽으면서 어땠을지 모르겠지만 내가 이 문장을 읽었을 때는 가슴이 찢어졌다. 정말이다. 며칠 내내 이런 말에 관한 생각을 떨쳐낼 수 없었다. 결국, 이런 말을 한 부모들을 돕고 격려하기 위해 내가 할 수 있는 모든 것을 하기로 마음먹었다. 이 책은 바로 그런 노력의 하나다.

이 부모들이 누구인지 알고 싶은가? 바로 당신이다. 그리고 당신과 똑같은 부모들이다. 나는 SNS에 간단한 질문 하나를 올렸다. "부모로서 당신은 어떤 거짓말을 믿고 있는가?" 위의 말들은 전 세계의 부모들이 내게 보내온 가슴 아픈 답 중 일부다. 자녀를 잘 키워보려고 최선을 다하는 부모들, SNS에서 '양육 전문가'를 팔로잉 할 정도로 양육에 열정적인 부모들, 자신이 자녀에게 얼마나 큰 선을 끼치고 있는지 모르는 부모들, 바로 당신이다.

위의 문장들을 다시 읽어보길 바란다. 당신이 자신에게 한 적이 있는 말, 혹은 과거에 믿었던 말에 표시를 해보라. 그리고 당신의 머릿속에서 계속 맴도는 생각이 있다면, 이 목록에 더해보라. 당신 자신에 관한 생각이나 세상에 관한 생각도 좋다. 또 자녀에 관한 생각도 더하라. 특히 당신이 품고 있는 불안한 생각이 뭔지 떠올려보라. 계속해서 곱씹으면 결국 당신의 편도체가 작동될 생각, 자녀에게 집중하지 못하게 하는 생각, 당신이 원하는 부모와 사람이 되는 데 걸림돌이 되는 생각, 조금만 생각해보면 진실이 아니라는 것을 깨달을 수 있는데도 여전히 당신의 삶에 큰 힘을 발휘하는 생각…. 이 장에서는 당신이 그런 생각을 몰아내거나 최소한 그 힘을 약하게 하도록 도우려고 한다.

이 중에는 당신이 상상하는 자녀에 관한 최악의 시나리오를 떠오르게 하는 생각들이 있을 것이다. 지금 혹은 미래에 자녀가 어떻게 잘못될까 걱정하는 생각들이 있을 수 있다. 이런 생각도 다루도록 하자. 하지만 지금은 일단 위의 목록으로 돌아가 당신이 가장 자주 하는 생각 3-5개를 골라보라. 내가 상담소에서 부모들에게서 듣는 불안한 생각 가운데 당신과 자녀에게 가장 해로운 생각은 바로 당신 자신에 관한 부정적인 것이다.

이제 어른이든 아이든 당신이 아끼는 누군가를 떠올리길 바란다. 배우자나 절친한 친구, 아들이나 딸도 좋다. 이제 당신이 그 사람에게 그런 말을 하는 상상을 해보라. 물론 안다. 상상하기 힘들 것이다. 필시 그런 말을 당신 자신 외에 남에게 해본 적이 없을 테니까 말이다. 하지만 만약 당신이 그 사람에게 그런 말을 하면, 그 말이 그 사람에게 어떤 영향을 미칠까? 구체적으로는, 자기 잠재력과 미래에 대한 그의 자신감과 꿈에 어떤 영향을 미칠까? 잠시 앉아서 이 질문과 씨름해보기를 바란다. 그런 생각이 당신에게는 어떤 영향을 미치고 있는가?

불안이 당신의 생각에 미치는 영향에 관해 알아야 할 다섯 가지

1. 우리는 모두 침투 사고를 경험한다

보통 사람은 하루에 수십 개, 심하면 수백 개의 침투 사고(intrusive thoughts)를 경험한다.[1] 하버드 의과대학원에서 발표한 한 논문은 침투 사고를 (1) "자신이 평소에 하지 않는" (2) "성가시고" (3) "통제하기 힘든" 생각으로 정의한다.[2] 논문은 그런 사고에 관해서 다음과 같이 기술한다.

난데없이 튀어나오는 것처럼 보인다. 이상하고 불편한 생각 혹은 끔찍한 이미지가 갑자기 머릿속에 떠오른다. 그것은 폭력적이거나 성적인 생각일 수 있다. 혹은 자신이 부적절하거나 창피한 뭔가를 할지 모른다는 생각이 자꾸만 들 수 있다. 어떤 내용이든 그 생각은 우리를 불안하게 하고, 걱정이나 수치심을 일으킨다. 그 생각을 떨쳐내려고 할수록 그것은 더 강하게 들러붙는다.[3]

미국 불안 우울증 협회에 따르면, 미국인 6백만 명이 이런 침투 사고의 영향을 받고 있다. 이런 사고는 강박장애나 외상 후 스트레스 장애 같은 정신 질환과 관련이 있다. 이런 사고는 스트레스나 불안에서 비롯할 수 있고, 호르몬 변화와 연관이 있을 수도 있다.[4] 다시 말해, 우리는 모두 이런 사고를 한다. 나는 양육도 이런 사고를 유발하는 요인 중 하나라고 생각한다. 맥락이라는 개념으로 돌아가보자. 부모의 경우, 침투 사고는 자신이 아니라 아이가 부적절하거나 창피한 뭔가를 하리라는 생각일 수 있다. 혹은 아이가 다치거나 심지어 죽을지도 모른다는 생각일 수 있다. 하지만 이번 장의 첫머리에서 소개한 문장에서도 보듯이, 침투 사고는 우리 자신이 부모로서 실패했다는 생각일 수도 있다.

침투 사고는 이번 장의 첫머리에서 소개한 말들을 머릿속에서 자기 자신에게 하는 식으로 나타나는 경우가 많다. 우리는 모두 이런 목소리와 생각을 경험한다. 특히 오늘날에는 모든 사람이 어느 정도의 불안이나 우울증, 호르몬 이상을 경험한다. 우리 머릿속의 목소리가 뭔가 잘못되었다거나 잘못될 것이라고 말한다. 혹은 우리 자신이 잘못되었다고 말한다.

2. 특정한 생각이 우리 안에 자리를 잡는 데는 이유가 있다

내가 상담소에서 매일 부모들에게 소개하는 한 가지 시나리오가 있다. 자, 내가 차를 타고 다리를 건너고 있다. 그때 갑자기 한 가지 생각이 떠오른다. '난간을 받고 다리 밑으로 떨어지면 어떻게 될까? 그러면 쉽게 죽을 수 있을 거야.' 잠깐 그렇게 생각하고 나서 계속해서 간다. 내가 이런 생각을 했다고 해서 꼭 자살 충동에 시달리는 것은 아니다. 단지 그 순간, 비이성적인 침투 사고를 경험한 것일 뿐이다. 30분쯤 지나면 다리에 관한 생각은 내 머릿속에서 지워진다. 하지만 어떤 이유로 그 생각이 내 안에 자리를 잡고, 빙빙 도는 롤러코스터처럼 머릿속에서 계속 맴돌 수 있다. 아이에게나 어른에게나 이런 생각의 굴레에 갇히는 주된 이유는 불안이다. 이 경우, '난간을 받고 다리 밑으로 떨어지면 어떻게 될까?'는 '다리 밑으로 떨어지고 싶어'로 변한다. '아들이 수학에서 진도를 잘 따라가지 못하고 있어'가 '아들은 수학을 잘할 능력이 없어. 낙제하고 말 거야'로 발전한다.

이것은 우리가 이 책의 앞부분에서 아이들에 관해서 논한 것과 같은 개념이다. 아이들이 어떤 생각의 굴레에 갇힐지는 발달 단계별로 예측할 수 있다. 발달 단계에 따라 맥락이 달라지기 때문이다. 우리 부모들의 생각도 맥락(양육)뿐 아니라 '핵심 가정'(core beliefs)이라고 부르는 CBT 개념에 따라 예측할

수 있다.

예를 들어보겠다. 당신이 중학생 때 학교생활에 큰 어려움을 겪었다고 해보자. 다른 아이들이 당신에게 못되게 굴었다. 당신은 어울리고 싶은 무리에 들어가지 못했다. 그래서 자주 소외감과 외로움을 느꼈다. 이제 당신의 딸이 막 중학교에 들어갔다(맥락 위에 또 맥락이 추가됨). 그런데 딸의 친구들이 몇 번 당신의 딸만 빼놓고 모였다. 딸은 SNS에서 친구들이 모인 사진도 보고, 점심시간에 친구들에게서 이야기를 듣고 그 사실을 확실히 알게 되었다. 당신은 딸에게 내색은 안 했지만, 사실 딸보다 더 심한 분노를 느꼈다. 그런데 그 아이들은 과연 당신의 딸만 빼고 모였을까? 당신의 딸이 자기들보다 못하다고 생각하는 것이 분명해 보였다. 딸은 학교에서 친구를 한 명도 사귀지 못할 것이다. 딸의 중학교 시절은 당신의 중학교 시절만큼이나 끔찍할 것이다. 이제 당신이 할 수 있는 일은 그 아이들의 엄마들에게 전화를 걸어서 다음번에는 당신의 딸도 끼워달라고 사정하는 것이다. 하지만 그렇게 하면 당신의 딸은 장기적으로 더 고립될 수밖에 없다.

ABC는 저명한 심리학자요 연구가인 앨버트 엘리스(Albert Ellis) 박사가 고안한 치료 모델의 약자다.

  A는 활성화하는 사건(Activating event)이나 역경(Adversity)이다.
  B는 사건에 대한 우리의 가정(Beliefs) 혹은 해석(interpretation)이다. 이 해석은 우리의 핵심 가정 혹은 세계

관을 바탕으로 이루어진다.

C는 결과(Consequences)다. 이 결과에는 감정적 반응과 행위적 반응이 모두 포함된다.[5]

위의 시나리오에서 A는 당신의 딸이 소외당한 일이다. B는 중학교 시절은 힘든 시기이며 친구 관계의 조그만 변화도 당신 딸의 삶에 돌이킬 수 없는 문제를 일으킬 것이라는 당신의 가정이다. C는 그 결과로 당신은 분노하고 다른 아이들의 부모에게 전화를 돌릴 것이다.

특정한 생각이 머릿속에서 계속해서 맴도는 것은 그것이 우리의 핵심 가정을 건드리기 때문이다. 머릿속에서 계속 맴도는 생각은 모두 맥락과 핵심 가정과 연관돼 있다.

몇 가지 예를 더 들어보겠다.

생각
내 아들은 5학년 과정을 마치지 못하고 낙제할 것이다.

맥락
아들을 향한 당신의 사랑.

핵심 가정
아들은 주의력결핍 과잉행동장애(ADHD)로 인해 학업 능력이 떨어진다.

이것을 ABC로 나눈다면, A는 ADHD를 앓는 당신의 아들이 5학년 가을 중간고사를 망친 사건이다. B는 ADHD를 앓는 아이들의 학업 능력이 떨어진다는 가정이다. (ADHD를 앓는 아이들을 수없이 상담해본 치료사로서, 이 가정은 전혀 사실이 아니다.) 당신은 이 가정을 뒤엎는 연구 결과에 관해서 읽었지만, 이 생각을 떨쳐낼 수 없다. 당신은 아들을 사랑하고 아들이 잘되기를 바란다. 그 결과인 C는 절망감에 빠지고 아들의 학업에 지나치게 간섭하게 된다는 것이다. 심지어 아이의 성적이 올라 당신의 가정이 틀렸음이 증명되더라도 그 굴레에서 벗어나지 못한다.

생각
내 딸은 평생 불안에 시달릴 것이다.

맥락
딸을 향한 당신의 사랑.

핵심 가정
당신의 불안이 삶을 몹시 힘들게 만들었다.

이 ABC를 보자. A는 당신의 딸이 6학년 때 처음 공황 발작을 일으킨 사건이다. B는 딸의 불안이 당신과 같은 패턴을 따르리라는 가정이다. 당신이 딸의 나이였을 때는 없었던 자료와 도구가 지금은 많이 나와 있다는 것을 알지만, 딸이 평생 불안에 시달릴 것이라는 부정적인 두려움이나 가정을 떨쳐낼 수가 없다. 당신을 평생 괴롭혔던 것이 당신의 딸도 평생 괴롭힐 것만 같다. C는 당신이 딸의 용감한 모습보다 딸의 불안에 더 초점을 맞추고 과도하게 반응하는 것이다. 무엇이든 우리가 가장 관심을 쏟는 것이 가장 강해진다. 따라서 딸의 두려움보다 용기에 더 관심을 쏟아야 한다. 그리고 딸과 당신이 불안에서 벗어날 수 있도록 함께 도움을 받아야 한다.

생각

다른 부모들은 나를 나쁜 부모로 생각한다.

맥락

당신은 자녀를 사랑하고, 아이들에게 좋은 부모가 되기를 바란다.

핵심 가정

나만 빼고 다들 자녀를 잘 양육하고 있다.

A는 당신이 학교에 아이들을 데리러 갈 때마다 늦는다는 사실이다. 혹은 당신의 딸이 치어리더팀에 합격하지 못한 사건이다. 혹은 일이 바빠서 자녀의 학교에서 봉사할 시간을 내지 못한다는 것이다. 이 외에도 수만 가지 A가 가능하다. B는 다른 부모들은 다 잘하고 있다는 생각이다. 아무리 노력해도 부족하다고 느낀다. 그런 가정은 다 거짓말이라는 내 말을 믿기

를 바란다. 그것은 어디선가 침투한 사고다. 이 점에 관해서는 뒤에 가서 더 자세히 이야기할 것이다. 어쨌든 이런 가정을 품고 있으면 많은 수치라는 C를 안고 살아가기 쉽다. 그 결과, 자녀에게 화를 많이 내고, 주변의 다른 부모들을 시기하게 된다.

3. 우리의 해석은 불안을 증폭한다

'인지적 융합'(cognitive fusion)은 생각을 현실과 혼동하는 것에 대한 인지 행동 치료 분야의 용어다. 현실은 당신의 딸이 소외당한 것이다. 당신의 아들이 ADHD를 앓는 것이다. 당신의 딸이 불안에 시달리는 것이다. 당신이 자주 늦는 것이다. 이런 사건에 관한 당신의 생각은 이렇다. '내 딸은 평생 친구다운 친구를 사귀지 못할 것이다.' '내 아들은 5학년에서 낙제할 것이다.' '내 딸은 평생 불안에 시달릴 것이다.' '다른 부모들은 내가 나쁜 부모라고 생각한다.' 이런 생각은 현실과 다르다. 우리의 감정과 반응은 현실보다는 불안한 생각이나 사건에 관한 자기 해석을 바탕으로 할 때가 많다.

인지적 융합의 문제점은 사건에 대한 우리의 해석에 있다. 우리는 자기 생각을 현실과 혼동하면서 사건을 해석한다. 이런 해석은 그릇된 해석으로 악명 높은 피질에서 이루어진다.[6] 동네에서 소방차를 보고서 '저런! 우리 집에 불이 났구나!'라고 생각해본 적이 있는가? 이것은 바로 피질이 작용하는 것이다. 현실은 당신이 집 근처 거리를 달리는 소방차 한 대를 본 것이다. 그 모습을 보고 당신은 '우리 집으로 가는 차가 아니길'이라고 생각했다. 그러다 그 생각을 현실과 혼동하고 '내겐 항상 나쁜 일이 생긴다'는 가정까지 더해져서 그릇된 해석을 한다.

저명한 심리학자 주디스 벡(Judith Beck)은 그릇된 해석을 부정적이고 "자동적인 사고"라고 부른다. 그녀는 이런 사고가 무작위적인 것이 아니라 우리의 핵심 가정에서 비롯한다고 말한다. 주디스에 따르면, 이 가정은 "가장 근본적인 차원의 믿음이다. 이것은 포괄적이고 경직되어 있으며 지나치게 일반화된 믿음이다."[7] 자, 이렇게 핵심 가정에 관한 이야기로 돌아왔다. 어떤 그릇된 해석이 나타날지는 이런 핵심 가정에 따라 결정된다.

생각 + 맥락 + 핵심 가정 → 그릇된 해석 → 불안

이 공식을 바꾸는 법에 관해서는 다음 장에서 이야기해보자. 일단 중요한 점은 인식 없는 변화는 불가능하다는 것이다. 따라서 최근 당신이 했던 불안한 생각과 그릇된 해석을 이 공식에 대입해보라. 핵심 가정에 특히 초점을 맞춰야 한다. 생각만 바꾸려고 하면 오히려 그 생각이 계속해서 떠오른다. 핵심 가정이 바뀌어야 변화가 시작된다.

핵심 가정을 주제로 생각하면 도움이 된다. 우리는 모두 침투 사고, 맥락, 주제 혹은 핵심 가정을 품고 있다. 에니어그램을 사용하면 자신의 핵심 가정을 파악하는 데 도움이 된다. 핵심 가정이 에니어그램 유형과 어떤 연관이 있는지를 더 알고 싶다면, 수잔 스테빌(Suzanne Stabile)의 책 『온전함으로 가는 길』(The Journey Toward Wholeness)을 추천한다. 오랫동안 나의 핵심 가정은 '나만큼 열심히 노력하는 사람은 없다'였다. 내 친구 중 한 명은 자신이 하는 일마다 꼬인다고 말한다. 자신이 하는 일을 아무도 눈여겨보지 않는다는 것이 핵심 가정일 수 있다. 주로 핵심 가정은 삶이 버겁고 힘들 때 표면으로 떠오른다.

어린 시절을 되짚어보는 것도 자신의 핵심 가정을 파악하는 데 도움이 된다. 어릴 적에 자주 느꼈던 감정이나 품었던 생각을 돌아보라. 그릇된 해석을 품었던 영역들이 눈에 들어오는가? 중학교 시절은 그릇된 해석을 특히 더 많이 하는 시기다. 핵심 신념은 주로 형성기에 나타나기 시작한다. 당시에는 핵심 가정이 우리에게 꽤 도움이 되었다. 가정 안에서 살아남거나 트라우마를 극복하는 데 필요하기 때문이다. '말썽을 피우지 않아야 사랑받는다.' '나대지 않으면 인생이 편해진다.' '사람들을 계속 웃게 해주면 내가 이런 일을 못 하는 것을 아무도 눈치채지 못할 것이다.' 다시 말하지만, 우리는 모두 대개 어린 시절에 시작된 주제 혹은 핵심 가정을 품고 있다. 어린 시절에는 그것이 필요했다. 하지만 더는 그것이 우리에게 도움이 되지 않는다. 그런데도 "개가 그 토한 것을 도로 먹는 것같이 미련한 자는 그 미련한 것을 거듭 행하느니라"는 잠언 26장 11절 말씀처럼, 우리는 자신의 핵심 가정과 일치하는 것 같은 사건이 일어날 때마다 그 가정으로 돌아간다. 핵심 가정은 인지적 융합뿐 아니라 인지 왜곡을 낳는다. 우리 부모들은 이런 왜곡에 특히 취약하다.

4. 인지 왜곡은 자신의 핵심 가정을 바탕으로 한 해석이다

인지 왜곡은 특정한 해석으로, 우리 부모들이 특히 이런 왜곡에 자주 빠진다. 인지 왜곡은 불안과 고통을 촉발하는 부정적인 생각이다. 이것은 핵심 가정의 부산물이다. 그리고 사람마다 취약한 형태의 인지 왜곡이 있다. 데이비드 번즈(David Burns)에 따르면, 모든 인지 왜곡은 "왜곡되고 비논리적이며 비현실적이다."[8] 그는 『필링 그레이트』(Feeling Great)라는 책에서 우리가 빠지기 쉬운 열 가지 유형의 인지 왜곡을 소개했다.[9]

① 전부가 아니면 전무라는 생각: 이런 사고에 취약한 사람들은 세상을 흑백, 선악으로 딱 잘라서 본다. '나는 부모로서 실패자다'는 전부가 아니면 전무라는 생각의 한 예다.

② 지나친 일반화: 딱 한 번이 전부를 의미한다. 또 가끔이 항상을 의미한다. 부정적인 사건 하나를 연속된 실패나 패배라고 여긴다. '내 딸이 이번에 공황 발작을 일으켰어'가 '딸은 평생 지독한 불안에 시달릴 거야'로 발전한다.

③ 정신적 여과: 많은 사람이 긍정적인 사건이나 말, 생각은 걸러내고 부정적인 데만 초점을 맞춘다. 아들의 많은 장점을 무시하면서 '녀석은 한 번도 책임감 있는 모습을 보여주지 않았어. 저렇게 무책임한 아이에게 나중에 믿고 운전을 맡길 수 있을까?'라고 생각한다.

④ 긍정적인 면 무시하기: 이것은 긍정적인 면을 걸러내는 것이라기보다는 부정적인 면을 더 강조하는 것이다. 그러면 부정적인 면에 더 큰 힘이 생긴다. 우리 자신에 관한 부정적인 생각은 특히 더 쉽게 강화된다. '딸은 나를 좋아하지 않아. 딸은 내가 잘못한 점만 따지고 들어.'

⑤ **성급한 결론짓기:** 우리 여성들은 두 가지 유형의 성급한 결론짓기에 모두 취약한 것 같다. 예언과 독심술이 바로 그것이다. 예언은 상황이 어떻게 전개될지 스스로 안다고 믿는 것이다. 그리고 우리 자신에 관한 예언은 대개 부정적이다. 독심술은 자신이 남들의 생각을 안다고 믿는 것이다. 그리고 이것 역시 우리에게 부정적인 쪽으로 왜곡되는 경우가 많다. '딸이 치어리더팀에 들어갈 가능성이 없어. 유치원 다닐 때 강습을 받게 해주지 못한 나는 나쁜 엄마야.'

⑥ **확대와 축소:** 우리는 상황 혹은 그 상황에 대한 우리의 감정을 부풀리거나 축소한다. '그는 학교에서 가장 형편없는 교사야.' '그는 내가 그를 위해서 해주는 일을 하나도 눈여겨보지 않아.'

⑦ **감정적 추론:** 감정이 논리를 지배한다. '＿＿감정을 느끼는 나는 ＿＿인 것이 분명해.' '내가 아이들을 실망시킨 것처럼 느껴져'가 '나는 실패한 부모야'로 발전한다.

⑧ **'해야만 한다'는 식의 진술:** 많은 정신 건강 전문가들이 '해야만 한다'라는 표현을 삼가라고 말한다. 그런데도 우리는 그런 표현을 자주 사용한다. 우리는 나아지기 위해 노력하면서 '꼭 해야만 한다'라는 표현을 자주 사용한다. 하지만 그런 표현을 사용할수록 자신이 더욱 부족하게 느껴진다. '아이 한 명 한 명과 일대일로 보내는 시간을 늘려야 해.' '세 아이의 일정을 한 치의 실수도 없이 완벽하게 맞출 수 있어야 해.'

⑨ **낙인찍기:** 이것은 또 다른 형태의 지나친 일반화다. '내가 실수했네'가 아니라 '나는 형편없는 인간이야'라고 말하는 것이다. '아들에게 화가 나서 소리를 질렀어'가 아니라 '내 분노가 아들을 망치고 말 거야. 나는 형편없는 부모야'라고 말하는 것이다.

⑩ **자신과 타인에 대한 비난:** 대개 아이들에게서 이 둘을 함께 볼 수 있다. 불안으로 인해 아이들은 "나는 이것을 절대 할 수 없어"라고 말한다. 혹은 "부모님(혹은 다른 사람)이 (뭐든 자신이 요구하는 것을) 도와주기만 하면 걱정할(혹은 두려운 일을 할) 필요가 없을 텐데"라고 말한다. 하지만 불안을 겪는 부모들은 대개 자기 자신을 탓한다.

다른 치료사들도 이 목록에 몇 가지를 더했다. 몇 가지만 소개하면, 밖에서 행복 찾기, 개인화(personalization, 자신은 결과와 전혀 상관이 없는데도 자기 잘못이라고 생각하는 것), 특권 의식, 거짓 무력감, 거짓 책임감 등이 있다.[10]

우리는 모두 최소한 한 가지 범주의 인지 왜곡에 빠지기 쉽다. 당신은 어떤 유형에 해당하는 것처럼 보이는가? 특히 양육에 관해서 우리는 자신의 왜곡된 생각이 옳다고 믿기 쉽다. 자신의 아이는 자기가 가장 잘 안다고 생각하기 때문이다. 그래서 우리 눈에는 왜곡이 왜곡처럼 보이지 않고, 주의를 기울여야 할 사실처럼 보인다. 그 결과, 핵심 가정에서 비롯한 생각은 결국 우리 안에 자리를 잡는다.

5. 반추증은 왜곡된 생각 속에 머물기로 선택하는 것이다

오래전 나는 상담을 받다가 평생 잊지 못할 이야기를 들었다. 그것은 도마 종목에 출전한 한 체조 선수의 동영상에 관한 이야기였다. 그 뒤로 나는 도마 종목에 관해서 약간의 조사를 해보았다. 보통 체조 선수는 패드가 깔린 바닥 위로 달리다가 도약대에서 점프하여 두 손으로 도마 위를 짚고 몸을 날린다(이것을 전비약이라고 부른다). 후비약에서는 몸을 비트는 동작 등을 하며 도마의 반대편에 착지한다. 하지만 동영상 속의 남자는 특이했다. 동영상은 그가 자기 차례에서 손에 하얀 가루를 묻히는 장면에서 시작되었다. 이어서 그는 온 힘을 다해 도마 쪽으로 달려갔다. 그리고 전비약을 하여 도마 쪽으로 몸을 던지려는 순간, 그만 스텝이 꼬이고 말았다. 그래서 손으로 도마를 치지 못하고 가슴부터 도마에 쾅 부딪히고 말았다. 잠시 뒤 정신을 차린 그는 최대한 우아한 몸짓으로 매트 끝까지 걸어갔다. 그런데 두 번째 시기를 위해 차례를 기다리려고 돌아서는 순간, 그는 접이식 의자를 잡고 자기 머리 위로 내리쳐 그것을 부숴버렸다. 상담가는 이 이야기를 마친 뒤에 나를 보며 말했다. "이것이 당신이 자신에게 끊임없이 하는 짓입니다." 맞는 말이었다. 그리고 이것을 반추증 혹은 되새김(rumination)이라고 한다.

정신과 의사 저드슨 브루어는 『불안이라는 중독』이라는 책에서 반추증을 "고민거리에 초점을 맞추고 그것에 관해서 계속해서 생각하는 것"으로 정의한다.[11] 되새김은 불안과 우울증 모두의 중요한 특징 가운데 하나다. 이것은 같은 것에 관해서 반복적으로 생각한다는 점에서 고집증(perseveration)과 비슷한 면이 있다. 어디서 많이 듣던 소리인가? 자신의 실패든 두려움이든 우리는 모두 부정적인 것을 곱씹기가 쉽다.

하버드대학의 한 연구에서 어떤 기분이 익숙해지면 그 기분 속에 머물게 된다는 사실이 밝혀졌다. 이상하게도, 불안, 심지어 슬픔도 익숙해지고 편안해질 수 있다.[12] 그렇게 되면 불안이나 슬픔에서 조금만 벗어나면 오히려 더 불안해진다. "우리가 아는 악마가 모르는 악마보다 낫다"라는 말을 들어본 적이 있는가? 이와 비슷한 개념이라고 볼 수 있다.

브루어는 이렇게 말한다. "집요하게 반복되는 생각이야말로 우리 부모들을 넘어뜨리는 가장 큰 요인이지 않을까 싶다."[13] 나도 동의한다. 내가 볼 때 되새김의 함정에 빠지는 가장 큰 이유는 우리가 상황을 통제하는 느낌을 받기 때문이다. 부모로서 우리는 통제력이 있기를 바라지만, 충분히 통제하지 못한다고 느낀다.

그런데 되새김은 우리를 편안하게 해준다. 이는 우리가 통제하는 것처럼 믿게 만든다. 또 충분히 오랫동안 생각하면 결국 해법을 손에 넣으리라는 착각에 빠지게 한다. 하지만 사실 우리는 존재하지도 않는 문제를 해결하려고 노력하는 셈이다. 불안처럼 되새김도 거짓말쟁이다.

되새김은 우울증으로 이어진다.[14] 또한 이것은 긍정적인 일보다 부정적인 일을 더 많이 인식하고 생각하는 부정성 편향(negativity bias)을 낳는다.[15] 뇌에서 흔히 걱정 회로라고 불리는 것이 형성된다. 즉, 점점 더 걱정하고 불안하게 만드는 신경 경로가 형성되고 자리를 잡는다. 실제로 되새김이 불안으로 이어지는 피질 내의 회로를 강화한다는 사실이 확인되었다.[16] 더 나아가, 연구에 따르면 부정적인 사건을 계속 생각하면, 그 사건에 대한 감정적 반응이 오래 지속된다.[17]

완벽주의자는 되새김에 빠지기가 특히 쉽다(이들은 머리로 의자를 부수는 부류다!). 완벽주의자는 부정적인 자기 대화의 끝없는 굴레에 갇혀 있다. 해야만 했던 모든 일, 하지 않은 모든 일, 지금까지 잘못한 모든 일을 끝없이 곱씹는다. 더 나아가 완벽주의는 되새김과 같은 결과를 낳는다. 연구에 따르면, 자기 자신에게 터무니없이 높은 잣대를 대면 불안 증가가 확실히 "보장"된다.[18] 그리고 되새김과 마찬가지로 완벽주의는 불안을 낳는 요인인 동시에 불안에 대한 반응이다.

강박장애도 되새김과 관련이 있다. 강박장애는 특정한 상황에 관해서 계속해서 생각하는 것이다. 강박장애는 특정한 행동이 위안을 줄 것으로 믿고서 반복적으로 하는 것이다. 강박적인 행동에는 손 씻기, 숫자 세기, 두드리기를 비롯한 다양한 행동이 있다. 강박적인 행동의 문제점은 위안을 얻기 위해 점점 해야 할 일이 많아진다는 것이다. 더 나아가, 자기 자신보다 그 행동을 더 믿게 된다.

지난 장에서 우리는 편도체가 거짓 경보로 악명이 높다는 점을 살펴보았다. 이번 장에서는 피질이 잘못된 정보로 악명 높다는 점을 확인했다. 다시 말해, 불안은 우리에게 거짓말을 한다. 맥락과 우리의 핵심 가정에 따라, 우리는 현실보다 인지적으로 왜곡된 생각을 더 믿는 경향이 있다. 그러고 나서 우리는 그런 생각을 곱씹음으로써 걱정의 굴레에 갇힌다. 그럴 때 우리의 반응은 진실보다 그릇된 정보에 근거한다. 걱정은 우리에게 거짓말한다. 걱정은 우리를 제한한다. 걱정은 현재에 집중하지 못하게 하고, 자기의 본모습으로 살아가지 못하도록 방해한다. 또한 걱정은 우리가 사랑하는 아이들과 즐겁게 지내지 못하게 한다. 하지만 걱정에 굴복할 필요는 없다. 좋은 소식이 있다.

생각은 생각일 뿐이다. 그리고 우리는 그런 생각을 곱씹으며 후회할 수도 있고, 그런 생각을 찬찬히 살펴서 배울 점을 배울 수도 있다. 편도체를 바꿔놓는 신경 가소성은 뇌의 학습도 가능하게 한다. 우리는 생각, 더 나아가 행동을 스스로 선택함으로써 말 그대로 뇌의 구조를 바꿀 수 있다. 이것을 인지 재구성(cognitive restructuring)이라고 한다.

불안이 우리의 생각에 영향을 미칠 때 해야 하는 다섯 가지

내가 『걱정 없는 여자아이로 기르는 법』을 쓴 뒤에 팟캐스트에서 가장 많이 던진 질문 가운데 하나는 "불안에 치료법이 있는가?"였다. 안타깝게도 내가 볼 때 치료법은 없다. 무엇보다도 앞서 말했듯이, 하나님이 우리를 설계하신 방식을 변경할 수 없기 때문이다. 우리는 양육에 열정이 있기에 불안해한다. 자녀를 아끼기 때문에 불안해한다. 양육이 우리에게 중요한 일이기 때문에 최선을 다하면서도 불안해한다. 이렇듯, 아이들에 대한 우리의 관심을 줄일 수는 없다. 불안한 생각을 치유할 수도 없다. 하지만 신경 가소성 덕분에 그 생각에 대한 우리의 관계는 바꿀 수는 있다. 불안한 생각을 하더라도 힘을 발휘하지 못하게 할 수 있다. 이 부분에서 인지 재구성이 필요하다.

인지 재구성은 말 그대로 피질을 바꾸는 것이다. 이것은 불안, 우울증, ADHD뿐 아니라 심지어 약물 남용과 섭식 장애 같은 문제에서도 가장 효과적인 치료 도구다.[19] 인지 재구성을 통해 부정적이고 부적응적인 생각을 찾아 변화시킬 수 있다.

인지 재구성 기법의 열쇠는 불안한 생각을 인식하고 몰아낼 뿐 아니라 새로운 긍정적인 생각으로 대체하는 법을 배우는 것이다.

1. 부정적인 생각을 알아채라

앞서 말했듯이, 불안은 특정 유형의 생각들을 통해 악화한다. 부정적인 주제, 인지 왜곡, 역기능적이고 자멸적인 생각은 우리에게서 몰아내야 한다. 이런 것은 도움이 되지 않고 해롭기만 하다. 또 피질의 걱정 회로를 강화하고, 심지어 편도체를 놀라게 하기도 한다. 하지만 그런 부정적인 생각을 멈추기 위해서는 먼저 그것을 알아채야 한다. 이것이 우리가 주제에 관한 이야기를 하고, 우리가 자주 빠지는 특정한 인지 왜곡을 규명하는 것에 관해 논한 이유다. 불안은 사건 자체가 아니라 우리의 생각을 바탕으로 한, 사건에 대한 해석에서 비롯한다. 인지적 융합을 통해 그 해석이 곧 우리의 현실이 된다. 그러면 우리는 그 해석이 옳은 것처럼 감정적으로 반응한다. 하지만 우리의 해석을 인식하고 그것을 멈추면, 그 생각들이 유발한 감정적 반응을 통제할 수 있다.[20]

최근 어떤 종류의 부정적인 생각을 했는가? 생각들을 추적해보기를 바란다. 이왕이면 지난 생각들을 기록해보라. CBT에서는 '생각의 소용돌이'(thought spiral)라는 표현을 사용한다.[21] 나는 이것을 헬리콥터가 하강하는 것으로 생각한다. 내 상담소에서 누군가가 생각의 소용돌이에 빠져 있으면 헬리콥터의 날개가 점점 느리게 돌아가는 소리가 실제로 들리는 듯한 착각에 빠질 정도다. 우리가 치료에서 사용하는 한 활동은 아래쪽 화살표를 사용한다. 생각은 다음과 같이 시작된다.

딸애가 최근 화가 많이 나 있네.
↓
딸은 너무 막무가내로 행동해.
나를 자기 마음대로 쥐고 흔들려고 해.
↓
혹시 딸에게 무슨 문제가 있는 것은 아닐까?
↓
아무래도 우리 엄마처럼 성격 장애가 있는 것 같아.

이렇게 순식간에 파국적 사고(catastrophic thinking)에 이른다.
최근에 한 엄마는 내게 딸의 친구 문제로 생각의 소용돌이에 빠진 적이 있다고 말했다. 그때 딸은 엄마를 지그시 쳐다

보며 말했다. "엄마, 괜찮아질 거예요. 내가 뭐 심하게 아프고 그런 문제가 아니잖아요."

부정적인 생각은 내보내야 한다. 그런 생각은 우리나 사랑하는 아이들에게 전혀 도움이 되지 않는다. 부정적인 생각을 인식하고 그 실(혹은 화살)을 따라가라. 첫 번째 단계는 언제나 똑같다. 피질이 부정적인 생각이나 이미지를 만들어낼 때 그것을 눈치채는 것이다. 부정적인 생각을 찾아 반증하고 긍정적인 생각으로 대체하면, 피질이 편도체를 덜 활성화하도록 재배선할 수 있다.[22]

부정적인 생각을 인식하고 멈춰야 한다. 어떤 치료사들은 그런 생각이 피어오를 때 "멈춰!"라고 큰 소리로 외치게 한다. 나는 아이들을 놀라게 할 수도 있어서 그런 방법은 추천하지 않는다. 다른 학파에서는 손목에 고무줄을 묶고서 원치 않는 생각이 떠오르면 자신을 벌주는 방법을 제안한다. 내 생각에 이것도 좀 과한 것 같다. 안 그래도 부정적인 생각으로 충분히 벌을 받는 사람을 또 벌주는 것처럼 보인다. 나는 그보다는 부정적인 생각이 떠오를 때 다른 뭔가에 집중하도록 권한다. 껌을 씹거나 기침약을 빨아먹거나 찬물에 샤워하거나 노래를 부르거나 제자리 팔 벌려 뛰기를 하는 것이다. 신호 대기 중이라면 운전대의 돌기를 세보는 것도 좋다. 부정적인 말을 하면 친구에게 알려달라고 부탁하는 것도 좋다. 인지적 왜곡에 빠진 말을 할 때마다 저금통에 얼마씩 넣기로 했다가 일정 금액이 모이면 배우자와 함께 근사한 저녁 식사를 하는 것도 좋다. 보석을 차고 다니면서 그것을 볼 때마다 우리가 어떤 노력을 하고 있는지 떠올리는 방법도 있다. 어떤 방법을 쓰든지 부정적인 생각을 하면 바로 인식하고서 멈추는 것이 중요하다. 그런 다음에는 이름을 붙이라.

2. 이름을 붙이라

서문에서 나는 걱정에 이름을 붙이는 것이 아이들에게 중요하다는 점을 언급했다. 어린아이를 위해 우리는 주로 걱정 괴물이라는 표현을 사용한다. 괴물을 무서워하는 아이들에게는 걱정 벌레라고 말한다. 상담소에서 이번 장에서 소개한 도구 중 일부를 아이들에게 가르칠 때는 걱정 뇌와 똑똑한 뇌라는 표현을 사용한다. 십대 소녀를 위한 책 『용감한』에서는 걱정을 속삭이는 놈이라고 불렀다.

내가 가장 좋아하는 치료 관련 서적 중 하나는 제니 쉐퍼(Jenni Schaefer)의 『굿바이 섭식장애』(Life Without Ed)다. 이것은 섭식 장애로 고생하던 한 여성이 자신의 경험을 토대로 더없이 효과적이고 놀랍도록 지혜로운 접근법을 제시하는 책이다. 혹시 책 제목에서 에드가 무엇인지 눈치챘는가? 그녀는 섭식장애(Eating Disorder)에서 첫 글자만 따서 '에드'(ED)라는 이름을 붙였다. 그녀의 책은 에드와 결별한 과정을 담고 있다.

나는 불안으로 인해 상담을 받으러 온 아이들의 머릿속에서 들리는 목소리 혹은 생각에 더 그럴듯한 이름을 붙이기 위해 항상 그 아이들과 머리를 맞대고 고민한다. 심한 분노에 시달리는 한 여자아이는 이름이 애들라인(Adeline)이었는데, 자신의 걱정 괴물에게 매들린[Mad(미친)-leine]이란 이름을 붙였다. 당신의 걱정 괴물에 이름을 붙여보라. 걱정에 이름을 붙이면 (1) 그 힘이 줄어들고 (2) 그것이 우리가 아니라 우리 밖에 있는 목소리라는 점을 깨닫기 시작한다. 우리 안에 있는 것보다 우리 밖에 있는 것과 싸우기가 더 쉽다.

『불안 공황장애와 공포증 상담 워크북』에서는 우리 머릿속의 목소리를 네 가지 범주로 나눈다. (불안을 가중하는) 걱정하는 자, (낮은 자존감을 더 낮추는) 비판자, (우울증을 악화하는) 희생자, (만성 스트레스와 번아웃을 악화하는) 완벽주의자가 그 범주다.[23] 창의력을 발휘하라. 당신 머릿속의 목소리를 뭐라고 부르고 싶은가?

모든 사람의 삶에 거짓의 아비로 알려진 목소리가 있다는 점을 짚고 넘어갈 필요가 있다. 아마존에서 한 악플러는 내가 불안을 사탄과 결부 지은 것에 대해 맹공격을 퍼부었다. 하지만 나는 특히 지금, 이 시대에 사탄이 우리를 불안으로 몰아가기 위해 발악하고 있다고 굳게 믿는다. 물론 불안이 질병의 형태를 띨 수 있다는 점은 인정한다. 따라서 의료와 치료의 시각에서 불안에 접근할 필요성이 있다. 하지만 나는 불안을 거짓말쟁이로 보며, 요한복음 8장 44절은 사탄에 대해 이렇게 말한다. "그는 처음부터 살인한 자요 진리가 그 속에 없으므로 진리에 서지 못하고 거짓을 말할 때마다 제 것으로 말하나니 이는 그가 거짓말쟁이요 거짓의 아비가 되었음이라." 따라서 생각을 통해 우리에게 거짓말하는 불안이라는 놈과 그 거짓말의 원조 사이에는 강한 관계가 있는 것으로 보인다. 내가 사탄이 이런 생각의 원조라고 확신하는 가장 큰 이유는 불안을 알아채고 거기에 이름을 붙이며 반증하는 것을 비롯해, 지금 여기서 우리가 하고 있는 이야기가 바로 고린도후서 10장 5절에서 이야기하는 개념이기 때문이다.

3. 반증하라

"하나님 아는 것을 대적하여 높아진 것을 다 무너뜨리고 모든 생각을 사로잡아 그리스도에게 복종하게 하니"(고후 10:5).

바울은 생각을 멈추고 바꾸는 것의 중요성을 분명히 이해했다. 우리는 생각을 인식하고 이름을 붙여 사로잡아야 한다. 더불어, 생각을 반증하는 것도 중요하다.

우리는 생각에 관해서 좋은 탐정이 되어야 한다. 증거를 찾아야 한다. 먼저 생각을 뒷받침해줄 증거를 찾고 나서, 반박할 증거도 찾아야 한다. 그러기 위해서 이런 질문을 던져야 한다. (1) 증거는 무엇인가? (2) 항상 그런가? (3) 일어날 수 있는 최악의 상황은 무엇인가? (4) 그런 상황이 벌어질 가능성은 어느 정도인가? (5) 전체 그림을 보고 있는가? 아니면 일부만 보고 있는가?[24]

우리는 사실에 대한 해석이 아니라 사실 자체를 확인해야 한다. '___하면 ___될 것이다'라는 가능성을 따져보는 것도 우리의 탐정 활동에 유용할 수 있다. 이는 특히 최악의 시나리오에 관한 생각을 반증할 때 유용하다. 다음은 내가 상담할 때 주로 쓰는 방법이다.

"아들이 수학에서 낙제하면 다시 공부해야 한다."
"그러면 어떻게 되는가?"

"여름에 보충 수업을 들어야 할 수도 있다."
"그러면 어떻게 되는가?"
"아이가 좋아하는 여름 캠프에 참석하지 못한다."
"그러면 어떻게 되는가?"
"아이가 몹시 실망할 것이다."
"그러면 어떻게 되는가?"
"괜찮을 것이다. 그리고 내가 일일이 학업에 간섭하는 것보다 여름 캠프에 참석하지 못하는 대가를 치르고 나면 아이는 더 많은 것을 깨달을 것이다."

부정적인 생각을 알아채라. 그리고 그 생각에 이름을 붙이라. 좋은 탐정이 되어 그 생각을 반증하라. 그러고서 이제 그 생각을 훨씬 더 좋은 생각으로 대체해야 한다.

4. 생각을 대체하라

다음과 같은 연구 결과가 있다.

> 가능할 때마다 대항하는 생각을 떠올림으로써 피질이 알아서 대항하는 생각을 만들어내도록 재배선할 수 있다…생각 속에서 '해야만 한다'는 표현을 경계하는 것이 유용하다…다른 것은 몰라도 '해야만 한다'는 '하고 싶다'로 대체해야 한다. 이는 따라야 할 규칙을 정하는 것이 아니라 단순히 이룰 수도 있고 이루지 못할 수도 있는 목표나 바람을 표현하는 것이다. 이것이 더 친절하고 부드러운 생각이다.[25]

하지만 더 친절하고 부드러운 생각을 하기란 쉽지 않다. 부정적인 생각은 힘이 더 강할 뿐 아니라 우리에게 더 오래 들러붙는다. 내가 최근 읽은 한 기사에서는 부정적이고 비판적인 생각은 벨크로 찍찍이 같지만, 즐겁고 긍정적인 생각은 매끈한 방수 테이프 같다고 표현했다. 긍정적인 생각은 방수 테이프처럼 미끄러진다. 긍정적인 생각이 실제로 마음에 새겨지기 위해서는 15초간 붙들고 있어야 한다.[26]

우리는 부정적이고 비판적인 생각을, 우리를 무너뜨리고 불안하게 하는 게 아니라 세워주는 긍정적인 생각으로 대체해야 한다. 빌립보서 4장 8절은 이렇게 말한다. "끝으로 형제들아 무엇에든지 참되며 무엇에든지 경건하며 무엇에든지 옳으며 무엇에든지 정결하며 무엇에든지 사랑받을 만하며 무엇에든지 칭찬받을 만하며 무슨 덕이 있든지 무슨 기림이 있든지 이것들을 생각하라."

뭐든 우리가 관심을 쏟는 것이나 골똘히 생각하는 것이 강화된다. 우리 안에서 그리고 우리 아이들 속에서 그것이 강화된다. 그렇다면 어떻게 해야 할까? 부정적인 생각을 긍정적인 생각 혹은 대항하는 생각으로 어떻게 바꿀 수 있을까? 생각의 재구성(reframing)은 우리 상담소에서 주로 사용하는 또 다른 치료 도구다. 이것은 이번 장의 첫머리에서 이야기했던 맥락과 약간 비슷하다. 생각, 맥락, 핵심 가정에 관한 활동을 기억하는가? 그 모든 상황에서 맥락은 자녀를 향한 부모의 사랑이었다. '내 불안이 우리 아이들의 삶을 악화하고 나를 더 나쁜 부모로 만들고 있어'라는 생각을 이런 긍정적인 생각으로 바꾸라. '내가 불안해하는 것은 우리 아이들을 사랑하기 때문이야. 나는 우리 아이들을 너무나 아껴. 불안하기 때문에 더 나은 부모, 더 많은 정보로 무장한 부모가 되기 위한 도움을 받고 있어. 불안하지 않으면 도움을 찾지 않았을 거야.' 재구성은 말 그대로 틀(frame)을 바꾸는 것이다. 같은 사진을 새로운 틀에 넣는 것이다. 당신이 이 책을 집었을 때 불안의 의미를 잘못 해석한 탓에 수치심을 느꼈을지도 모르겠다. 이제 불안을 사랑의 증거로 보길 바란다. 당신은 자녀를 몹시 사랑해서 불안을 느꼈고, 그래서 절박한 심정에 이 책을 선택한 것이다. 부정적인 생각을 사로잡아 재구성하라.

우리는 부정적인 생각을 긍정적인 생각으로 재구성하거나 대체할 수 있다. 또 부정적인 생각을 진리로 대체할 수도 있다. 나는 상담하는 부모와 아이들에게 불안이 속삭이는 거짓말을 매일 진리로 바꾸는 훈련을 하게 한다. 성경이 좋은 출발점이다. 특히 걱정을 몰아내는 진리를 찾으라. 내가 즐겨 사용하는 구절에는 빌립보서 4장 6-7절, 마태복음 11장 28-30절, 요한복음 14장 27절, 베드로전서 5장 7절, 마태복음 6장 25-26절, 시편 59편 16절, 마태복음 6장 34절, 시편 55편 22절, 시편 23편 4절, 이사야 41장 10절, 여호수아 1장 9절, 로마서 8장 31절(사실, 로마서 8장 전체), 스바냐 3장 17절 등이 있다. 한 구절을 골라서 외우면, 불안할 때 접지 기법이나 재구성 도구로 활용할 수 있다.

좋은 주문도 유용하다. 이상한 주문을 말하는 것이 아니라 계속해서 곱씹을 수 있는 참인 진술을 말하는 것이다. 예를 들어, '나는 내게 오는 그 어떤 걱정보다도 강하다'와 같은 진술이다. 최근 자신이 했던 용감한 일을 중대한 전환점으로 사용하는 것도 효과적이다. 내가 상담하는 열한 살 소녀는 이번 여름에 워터파크에서 정말 아찔한 슬라이드 타기를 해냈다. 그 뒤로 그 아이는 늘 스스로 이렇게 말한다. "그 슬라이드를 탔으니 이것도 해낼 수 있어." 당신의 슬라이드는 무엇인가? 무엇을 중대한 전환점으로 사용할 수 있을까? 생각의 소용돌이가 일어나기 시작할 때 선포할 수 있는 진술, 마음에 평안을 줄 뿐 아니라 당신이 실제로는 얼마나 용감하고 강한지를 상기시키는 진술을 찾기를 바란다.

내가 꽤 오랫동안 상담했던 한 젊은 여성은 두려운 것을 마주할 때마다 스스로 이렇게 말한다고 한다. "예수님과 상담사님은 내가 이것을 할 수 있다고 믿는다." 당신도 이렇게 하기를 진심으로 바란다. 나는 당신이 뭐든 해낼 수 있다고 믿는다. 그렇지 않다면 이 책을 쓰지 않았을 것이다. 하지만 당신 자신도 이 진리를 믿어야 한다.

5. 자신에게 가혹하게 구는 것을 멈추라

이번 장의 첫머리에서 소개한 진술 중 최소한 몇 가지는 남의 이야기 같지 않았으리라고 생각한다. 체조 선수에 관한 이야기도 꽤 공감했을 것이다. 30년 동안 상담했지만, 요즘처럼 지치고 낙심하고 자기 비판적인 부모를 많이 만난 적도 없다. 당신의 머릿속에 울리는 목소리와 생각은 자기비판적, 심지어 자기혐오적으로 흐를 때가 정말 많은 줄 안다. 분명히 말하지만, 그런 생각은 전혀 도움이 되지 않는다.

그 체조 선수가 머리로 의자를 부순 행동은 전혀 도움이 되지 않았다. 사실 나는 스포츠에 관해 잘 이야기하는 편은 아니지만, 지금은 스키에 관해 말하고 싶다. 나는 수상 스키와 스키를 꽤 잘 탄다. 지금도 여전히 이 두 가지 스포츠를 잘 즐긴다. 스키를 타러 갈 때면 주로 몇몇 친구와 함께 가는데, 그중 한 친구는 잘도 넘어진다. 그때마다 친구는 내가 절대 넘어지지 않아서 부럽다고 말한다. 어떤 이유에서인지 나는 좀처럼 넘어지지 않는다. 아마도 그것은 매사를 통제하려는 완벽주의 기질에서 비롯했을지도 모른다. 하지만 넘어졌을 때 따르는 대가를 잘 알기 때문일 수도 있다.

스키를 타다가 넘어지면 나 자신에게 화가 난다. 그러면 나 자신을 매섭게 몰아붙인다. 머릿속에서 불안의 목소리가 심하게 나를 비판한다. "이런 멍청이, 어떻게 그 코스에서 넘어질 수가 있어? 더 분발해!" 이 말을 듣는 동안 나는 입술을 꽉 깨물고 몸은 점점 더 뻣뻣해진다. 결국 짜증이 나서 하루를 망쳐버린다. 익숙한 상황인가? 사랑하는 자녀의 일로 우리 자신을 비판하면 점점 짜증과 화가 난다. 그 화가 우리 자신을 향한 것이어도 결국 우리가 사랑하는 자녀에게까지 번지게 돼 있다. 그러니 자신에게 가혹하게 굴어봐야 도움이 되지 않는다. 오히려 상황만 악화할 뿐이다. 최근 자신에게 어떤 식으로 말했는지 솔직하게 돌아보기를 바란다. 나는 상담하는 부모와 아이들에게 이런 질문을 자주 던진다. "가끔 자신에게 하는 최악의 말은 무엇인가요?"

어떤 생각을 반복적으로 하면 뇌의 구조가 변한다는 연구 결과가 있다. 부정적인 생각의 반복은 걱정의 회로를 강화할 뿐 아니라 자기혐오의 회로도 강화한다. 그리고 누구도 이런 회로를 원하지 않는다.

사회 심리학자 토머스 큐런(Thomas Curran)은 지난 몇십 년 사이에 완벽주의가 33퍼센트나 증가했다는 사실을 발견했다. 그에 따르면, 완벽주의는 "대체로 과도하고 높은 개인적인 기준과 지나치게 비판적인 자기 평가의 조합으로 정의된다."[27] 또한 그는 완벽주의자가 불가능한 목표를 추구하기에 불안, 우울증, 자살 충동의 위험이 더 높다는 사실을 발견했다.[28]

완벽한 양육은 불가능한 목표다.

잠언 12장 25절은 이렇게 말한다. "근심이 사람의 마음에 있으면 그것으로 번뇌하게 되나 선한 말은 그것을 즐겁게 하느니라." 당신은 어떤지 모르겠지만 나는 다른 누군가가 선한 말, 곧 친절한 말을 해주기를 기다릴 때가 많다. 부모의 인정을 하염없이 기다리고 있는가? 사랑하는 자녀가 당신에게 인정하는 말을 해주기를 하염없이 기다리고 있는가? 자녀가 결혼해서 아이를 낳을 때까지 기다려야 할지도 모른다. 물론 주변 사람들이 우리를 도와줄 수 있다. 우리를 격려해주는 사람들을 가까이해야 한다. 하지만 결국 우리 스스로 자신에게 친절한 말을 하는 법을 배워야 한다. 우리 자신의 친절한 말로 비판적인 목소리에 대항해야 한다. 브레넌 매닝(Brennan Manning)은 『한없이 부어주시고 끝없이 품어주시는 하나님의 은혜』(The Ragamuffin Gospel)라는 책에서 정신과 의사 칼 융(Carl

Jung)이 처음 제시한 개념을 고찰한다. 그 개념은 하나님이 지극히 작은 자를 사랑하라고 명령하실 때 지극히 작은 자는 바로 우리 자신일지 모른다는 것이다.[29] 친절하고 긍정적인 자기 대화는 치료사들이 배우는 가장 기본적인 기술이다. 그리고 그것은 인생을 가장 크게 변화시키는 기술이기도 하다.

자기 자신에게 친절하게 말하기가 어렵다고 느껴진다면, 첫 번째 단계로 돌아가라. 먼저, 부정적인 말을 찾는다. 십중팔구 당신은 특히 자신에 관해서는 진실보다 거짓을 더 믿고 있을 것이다. 최근 나의 절친한 친구 게일 피트(Gail Pitt)가 쓴 신앙서적을 읽었다.[30] 거기서 하나님의 음성과 사탄의 음성에 관한 글을 읽고 한참 페이지를 넘기지 못했다. 그 글은 다양한 형태로 인터넷에 돌고 있는데, 그 내용을 아래와 같이 간단한 표로 정리해보았다.

하나님의 음성	사탄의 음성
우리를 달랜다	우리를 몰아붙인다
우리를 이끈다	우리를 재촉한다
우리를 안심시킨다	우리를 두렵게 한다
우리를 깨우친다	우리를 혼란스럽게 한다
우리를 격려한다	우리를 낙심하게 한다
우리를 위로한다	우리를 걱정하게 한다
우리를 진정시킨다	우리를 괴롭힌다
우리의 죄를 깨닫게 한다	우리를 비난한다

사탄은 거짓의 아비다. 사탄은 낙심시키고 비난하며 걱정시키는 음성으로 우리에게 말한다. 그리고 우리는 그의 음성을 우리 것으로 여긴다.

그러지 말고, 그런 생각이 들어오면 먼저 심호흡하기를 바란다. 그리고 부정적인 생각을 알아챈다. 그 생각에 이름을 붙인다. 그리고 그 생각을 반증한다. 또 부정적인 생각을 진실로 대체한다. 그러고서 모든 불안은 우리가 좋은 부모가 되려고 애쓰기 때문에 생긴다는 사실을 기억하라. 우리가 자녀를 미치도록 사랑하기 때문에 불안이 생긴다는 사실을 기억하라.

어렵더라도 시도해보라. 찰리 맥커시(Charlie Mackesy)는 『소년과 두더지와 여우와 말』(The Boy, the Mole, the Fox and the Horse)이라는 멋진 책에서 이렇게 말한다. "'가끔은 네가 나보다도 더 나를 믿어주는 것 같다는 생각이 들어.' 소년의 말에 말은 이렇게 대답했다. '너도 곧 너를 믿게 될 거야.'"[31] 위대하시고 사랑이 많으시며 우리를 격려하시고 만물을 구속하고 계신 하나님도 그렇게 말씀하셨다. 그리고 나도 그렇게 말하고 싶다.

> **KEY POINT!** 불안을 이기는 부모를 위한 조언
>
> 1. 우리는 모두 침투 사고를 경험한다.
> 2. 특정한 생각이 우리 안에 자리를 잡는 데는 이유가 있다. 침투 사고는 맥락과 우리의 핵심 가정에 따라 예측할 수 있다.
> 3. 우리의 해석은 불안을 증폭한다.

4 인지 왜곡은 자신의 핵심 가정을 바탕으로 한 해석이다.

5 반추증(되새김)은 왜곡된 생각 속에 머물기로 선택하는 것이다.

6 인지 재구성으로 편도체를 재배선하고, 부정적이고 부적응적인 생각을 긍정적인 생각으로 대체할 수 있다.

7 부정적인 생각을 알아채라.

8 불안의 생각에 이름을 붙이라.

9 좋은 생각 탐정이 되어 부정적인 생각을 반증하라.

10 부정적인 생각을 진실로 대체하라.

11 자신에게 가혹하게 구는 것을 멈추라.

12 하나님은 우리가 생각하는 것보다 훨씬 더 우리를 믿어주신다. 나도 마찬가지다.

7장.
마음을 위한 도움

'마음을 위한 도움'. 이 문구가 어떻게 느껴지는가? 나는 당신이 이 도움을 받기를 간절히 원한다. 당신이 이 도움과 이 책의 마지막 3부에서 이야기할 소망을 얻기를 진심으로 기도한다. 물론 몸을 위한 도움이 중요하다고 믿는다. 몸을 위한 도움 없이는 불안과 싸우는 이 전쟁에서 승리할 수 없다. 정신을 위한 도움도 꼭 필요하다. 생각을 다르게 하는 법을 배우면 말 그대로 뇌의 구조를 바꿀 수 있다. 하지만 당신이 가장 얻기를 바라는 것은 바로 마음을 위한 도움이다. 그리고 소망이다. 나는 이 두 가지가 당신의 불안을 줄여줄 뿐 아니라 당신을 더 진실하고 자유로운 모습, 하나님이 뜻하신 모습으로 변화시켜줄 수 있다고 믿는다.

지금 당신의 마음을 설명할 수 있는 단어 세 개를 골라야 한다면 무엇일까? 형식적인 차원에서나 영적 의미에서 이런 질문을 던진 게 아니다. 몇 해 전 한 친구가 점심을 먹는 자리에서 내 마음이 어떤지 물었다. 사실, 그 순간 나는 짜증이 났다. 친구가 무슨 의도로 물었는지 정확히 알 수는 없었지만, 내 상태가 진심으로 궁금해서 물은 것처럼 느껴지지 않았다. 아닐 수도 있지만, 그냥 잘난 체하는 것으로밖에 느껴지지 않았다. 이렇게 생각했던 기억이 난다. '네가 정말 내 친구라면 묻지 않아도 내 마음을 알 거야.' 하지만 여기서 나는 묻고 싶다. 내가 답을 알고 싶어서라기보다는 '당신 자신이' 답을 알기를 원해서다. 우리는 스스로 답을 모를 때가 많다. 갓 부모가 된 사람은 특히 더 그렇다. 갓난아기를 키우는 부모의 마음은 힘들다. 어린 자녀를 학교와 학원에 데리고 다니고 숙제를 도와주느라 바쁜 부모도 힘들다. 십대 자녀를 둔 부모도 힘들다. 부모는 누구나 힘들다. 자녀를 키우는 비용, 수면 부족, 시간에 쫓김, 아이를 참아줘야 하는 것 등으로 인해 마음이 몹시 힘들다. 어떤 날은 마음이 너무 힘든데 분출구는 없다. 아이를 키우는 것은 큰 기쁨과 즐거움이지만, 더없이 힘든 일이기도 하다. 그래서 이번 장에서 당신이 마음을 추스르도록 돕고 싶다.

먼저 몇 가지 질문에 관해 생각하면서 시작해보기로 하자.

 ─지금 당신에게는 무엇이 필요한가? 육체적으로? 정서적으로? 영적으로?
 ─요즘 무엇 때문에 불안한가?
 ─언제 가장 덜 불안한가?

─언제 가장 불안한가?
─언제 당신이 가장 당신답게 느껴지는가?

불안과 당신의 마음에 관해
알아야 할 다섯 가지

불안은 그냥 거짓말쟁이가 아니라 '만족할 줄 모르는' 거짓말쟁이다. 하나를 들어주면 둘을 요구한다. 불안해서 무언가를 피하면 그것을 계속해서 피하고 싶고, 더 나아가 다른 것들도 피하고 싶어진다. 불안을 해소하기 위해 안전 행위에 의존하면 점점 더 많은 안전 행위에 의존해야 한다. 불안은 계속해서 우리의 꿈과 잠재력을 포기하라고 요구한다. 불안은 만족할 줄 모른다. 불안은 우리를 통제하기를 원하는데, 그 요구에 응하기 시작하면 우리를 점점 더 통제하려고 든다.

이번 장에서 당신이 알아야 할 다섯 가지는 양육이라는 이 여행에서 불안이 당신에게 요구하는 다섯 가지다. 아니, 불안은 양육만이 아니라 삶 전체에서 이 다섯 가지를 요구한다. 그것은 바로 통제, 확실성, 위안, 예측 가능성, 회피다. 불안은 이 모든 것을 즉각적이고 끊임없이 요구한다.

1. 불안은 통제를 요구한다

인간으로서 우리는 통제에 대한 왜곡된 시각을 품고 있다. 통제력을 내려놓는 것의 중요성을 많이 말하지만, 여전히 속으로는(혹은 대놓고) 통제를 외치며 하루하루를 보낸다. 부모가 된 이상, 통제가 얼마나 중요한지 모를 리가 없다. 특히 2세 이상의 자녀가 있다면 통제의 중요성을 뼈저리게 느끼고 있을 것이다. 아니, 청소년을 키우는 부모가 이 교훈을 더 실감할지도 모르겠다. 동료인 데이비드와 나는 십대 자녀를 둔 부모를 위한 양육 콘퍼런스에서 강연하는 것이 얼마나 보람된 일인지 자주 이야기한다. 어린 자녀를 둔 부모는 충분히 노력하고 우리 같은 전문가의 조언을 그대로 따르면, 자녀가 성공할 것이며, 행복해질 것으로 믿는다. 또 자신들이 최우선으로 삼고 있는 것들이 이루어지리라고 생각한다. 하지만 십대 자녀를 둔 부모는 그렇지 않다는 것을 이미 안다. 그들은 '잘 키운' 자녀가 마트에서 떼를 쓰고, 친구들 앞에서 창피한 꼴을 보이며, 결과를 뻔히 알면서도 어리석은 선택을 하는 일을 이미 충분히 경험해봤다. 우리가 사랑하는 이 작은 사람들은 태어나는 순간부터 우리의 통제 밖에 있다. 그리고 아이들이 자랄수록 이 사실은 더 분명해진다.

자녀를 통제할 수 없다는 사실을 언제 깨달았는가? 혹은 당신 자신의 삶을 통제할 수 없다는 사실을 언제 깨달았는가? 우리가 통제할 수 없는 것은 우리 아이들만이 아니다. 다른 아이들도 통제할 수 없다. 특히, SNS에서 악플을 다는 아이들, 다른 차를 운전하는 아이들을 통제할 수 없다. 자녀가 친구의 집에서 밤새 파티하는 것을 통제할 수 없다. 이처럼 사랑하는 자녀를 둘러싼 상황을 통제할 수가 없다. 우리 자신의 상황도 마찬가지다. 우리가 통제할 수 없는 것이 너무도 많다.

하지만 우리가 '할 수 있는' 일이 한 가지 있다. 그것은 바로 기도하는 것이다.

앤 라모트는 『가벼운 삶의 기쁨』(Help, Thanks, Wow)이라는 책을 썼다. 그녀가 영어 단어 세 개로 책의 제목을 삼은 이유는 이 세 단어가 기도의 핵심이라고 믿었기 때문이다.[1] 이 세 단어 중 어느 것도 우리 자신의 통제를 표현하고 있지 않다는 점이 마음에 든다. '도와주세요, 감사합니다, 와우.' 이 단어는 모든 통제가 하나님의 손안에 있다는 사실을 함축한다. 우리는 그저 경외와 감사함으로 하나님 앞에 서서 도움을 요청해야 한다. 다른 책에서 라모트가 소개한 한 여성은 자신이 아는 투병 중인 어르신들이 아침에는 '뭐든'(Whatever)이라고 기도하고, '받아들입니다!'(Oh well)라는 기도로 하루를 마친다고 말했다.[2] 라모트의 책에서 이 인용문을 읽자마자 나는 웃음을 터뜨렸다. 하지만 그로부터 수년이 흘러서 어머니가 인생의 마지막 몇 달간 만성 질병과 싸우시면서 거의 매일 "받아들입니다!"라고 말씀하는 것을 듣게 되었다. 어머니는 늘, 특히 자신의 질병에 관해서 언급하실 때마다 그렇게 말씀하셨다. 어머니는 자신이 통제할 수 있는 것은 아무것도 없다는 사실을 분명히 아셨다. 그리고 어머니가 그 점을 인정했기에 조금이라도 더 평안하게 살다 가셨다고 생각한다. 하지만 불안은 우리에게 거짓말한다.

불안은 아들의 온라인 포털을 수시로 확인하고 '좋은' 과외 교사를 붙여줘야 아들이 시험을 잘 치를 것이라고 말한다. 불안은 딸의 새 친구들을 다 집에 초대해 딸의 인간관계를 일일이 관리해야 딸이 새 학교에서 '옳은' 친구들을 사귈 것이라고 말한다. 우리가 '필요한' 일을 하면 아들이 좋은 선택을 할 것이다. 우리가 '필요한' 일을 하면 그토록 오랜 세월 우리를 괴롭혔던 불안을 딸은 경험하지 않고 행복하게 살 것이다. 하지만 데이스타의 대표이자 나의 절친한 친구인 멜리사가 늘 하는 말처럼 통제는 환상이다. 위에서 언급한 '좋은'과 '필요한'이란 표현에 주목하라. 통제라는 환상 속에서 살 때 우리는 무엇이 좋고 필요한지를 우리가 가장 잘 안다는 착각에 깊이 빠진다. 심지어 자신이 하나님보다도 더 잘 안다고 생각한다. 이것도 불안이 속삭이는 거짓말이다. 나는 오랜 세월이 흘렀지만, 여전히 진리를 담고 있는 1930년대의 한 유명한 기도문에 나오는 한 문장을 사랑한다. "평온을 비는 기도"(Serenity Prayer)라고 불리는 그 기도문은 익숙한 문장으로 시작된다. "하나님를(을) 주십시오." 이 기도문을 집 안이나 일터 잘 보이는 곳에 붙여놓으라고 권하고 싶다. 그런데 이 기도문의 원본을 발견하기 전까지 나는 이것이 어떻게 끝나는지 몰랐다. 이 기도문의 마지막 연은 하나님의 뜻에 항복하고 하나님이 만사를 다스리시는 것에 관해 이야기하고 나서 다음과 같이 마무리된다.

그리하여 제가 이생에서 합당한 행복을 누리고
내세에서 그분과 함께 영원토록 지극한 행복을 누리게
하소서.[3]

당신과 당신의 자녀가 이생에서 합당한 행복을 누리기 위해서는 통제 욕구를 내려놓아야 한다. 통제는 환상이다. 당신과 나는 세상을 통제할 수 없다. 우리는 통제에 관한 환상을 기꺼이 내려놓을 수 있다. 우리보다 훨씬 더 지혜로우신 분이 세상을 통제하시기 때문이다. 그리고 그분은 조금도 불안해하지 않으신다.

2. 불안은 확실성을 갈망한다

확실성은 통제의 한 형태다. 불안은 우리가 안전함을 느끼기 위해서 확실해야 한다고 속삭인다. 자녀가 좋은 초등학교에 입학할지 알아야 한다고 속삭인다. 자녀가 축구팀에 들어가야 한다고 속삭인다. 자녀가 고등학교에서 좋은 친구들을 만나야 한다고 속삭인다. 당신은 무엇이 확실하기를 원하는가? 다음 문장에서 빈칸을 채워보라. _____만 확실히 알면 마음이 편할 것 같다.

이십대 때 이렇게 생각했던 기억이 난다. '사십대에 내 삶이 어떻게 펼쳐질지 하나님이 게시판에 자세히 올려주시면 좋을 텐데. 무슨 일이 일어나도 상관없으니 알기만 하면 마음이 편하겠어.' 하지만 하나님이 그렇게 해주신다 해도 마음이 전혀 편하지 않았을 것이다. 지금 와서 40세 이후의 내 삶을 돌아보면, 미리 알았다면 오히려 더 큰 불안감만 주었을 일이 가득하다. 그리고 많은 기도가 내 뜻대로 응답되지 않은 가운데서도 생각지도 못한 감사한 일이 많았는데, 젊은 나이에는 그런 것을 알아볼 안목이 없었다. 지금 생각하면, 미래를 모르는 편이 나았다. 그리고 가만히 생각해보면 그 당시 내가 진정으로 원했던 것은 확실성이 아니었다. 나는 하나님이 나를 위하신다는 것을 알기 원했을 뿐이다. 그분의 계획이 내게 좋은 것이라는 사실을 확인하고 싶었다. 당신이 원하는 것도 자녀와 관련해서 바로 이 사실을 분명히 아는 것이다. 당신은 하나님이 당신의 자녀를 위해 선한 계획을 품고 계시며, 그 계획을 반드시 이루실 것이라는 사실을 알기를 원한다.

나의 한 친구는 늘 이런 말을 한다. "나이를 먹을수록 아는 것이 적어진다. 하지만 아는 것은 진정으로 알게 된다." 요즘 들어 이것이 맞는 말이라는 생각이 든다. 그리고 나는 하나님이 당신과 당신의 자녀를 위한 선한 계획을 품고 계시며, 그 계획을 반드시 이루실 것이라고 확신한다. 그분이 정하신 시간에 이루실 것이다. 하지만 우리가 우리의 타이밍에 우리에게 필요하다고 확신하는 것은, 그분의 타이밍에 그분이 이루시는 선한 일과 전혀 다를 수도 있다.

확실성은 더 많은 확실성을 원하게 하고, 그것을 얻지 못하면 불안해지거나 신뢰를 향한 길고 고된 가시밭길로 가게 된다. 불안은 계속해서 확실성을 기다리게 하면서 앞으로 나아가지 못하도록 우리의 발목을 잡는다. 불안은 앞에 다리가 있다는 사실을 확실히 알기 전에는 한 걸음도 내디뎌서는 안 된다고 말한다. 결과를 알기 전에는 모험하지 말라고 한다. 전체 이야기를 알기 전에는 믿지 말라고 한다.

확실성 역시 환상이다. 우리는 이생에서 확실성을 얻을 수 없다. 최소한, 확실성을 오랫동안 유지할 수 없다. 가장 최근에 당신이 확신했던 것은 무엇인가? 당신이 일말의 의심도 없이 확실히 아는 것은 무엇인가? 지금 당신이 확신하는 것 열 가지를 써보라.

필시 당신이 통제하고 있는 것을 제외하고는 확실한 것은 그리 많지 않을 것이다. 내가 상담하는 아이들에게 자주 시키는 활동이 한 가지 있다. 당신도 할 수 있는 활동이다. 원을 그리라. 그 원 안에 당신이 통제할 수 있는 것들을 적으라. 당신이 확신하는 것들을 적으라. 대개 그것들은 다른 사람보다는 당신 자신의 행동이나 반응과 관련이 있을 것이다. 원 밖에는 당신이 통제할 수 없는 것들을 적으라. 일반적인 상황도 좋고, 당신이 현재 불안해하고 있는 특정한 상황도 좋다.

불안은 확실성을 요구한다. 불안의 요구를 들어주면 우리는 주변 사람들에게 더 많은 것을 요구하는 사람으로 변해간다. 그런데 그 요구는 사실상 우리가 하는 요구가 아니라 우리의 불안이 부추기는 것이다. 최근 불안의 요구에 굴복하여 다른 사람들에게 요구한 것이 있는가? 무슨 요구를 했는가? 어떻게 하면 확실성에 대한 집착에서 벗어날 수 있을까? 내가 확실성에 관해서 확실히 아는 한 가지는, 이생에서 확실한 사항은 별로 없다는 것이다. 확실성에 집착할수록 우리가 원하는 사람이 될 수 없고, 다른 사람들과 기쁨을 주는 관계로 나아갈 수 없다.

3. 불안은 위안을 원한다

아이들의 불안은 위안을 절실히 원하는 모습에서 분명히 나타난다. 그런 아이들은 자신을 불안하게 만드는 것들, 즉 안전지대 밖으로 나가게 하는 것을 강하게 거부한다. 오래전 큰 수술을 받고 병원에 입원한 적이 있다. 그때 한 아빠에게서 '긴급 전화'를 받았던 일을 평생 잊지 못할 것이다. 사정은 별 것 아니었다. 딸이 하룻밤을 자야 하는 여름 캠프에 가기를 거부한다는 것이었다. 나는 침대에 누워 아직 진통제를 맞고 있던 터라 정신이 없었다. 그런 나에게 상담을 받아봤자 별로 도움이 되지 않을 텐데도 그 아빠는 기어코 나와 통화하기를 원했다. 두 가지가 분명하게 기억난다. 하나는 그의 딸이 펑펑 울며 캠프에 가는 것을 완강히 거부했다는 것이다. 다른 하나는 그 아빠가 큰 수술을 받은 나에게 집에 돌아가자마자 다시 전화해달라고 요청했다는 것이다. 나는 꽤 충격을 받았다. 그의 딸은 위안을 원했다. 그 아이는 캠프에서 겪어야 할 사회적 불안 대신 자신의 방이 주는 위안을 원했다. 그리고 그 아빠는 딸의 상담자와 이야기를 나눌 때 찾아올 위안을 원했다. 하지만 이런 방법은 좋은 결과로 이어지지 못한다.

앞서 말했듯이, 불안에 시달리는 아이는 그 불안을 일으키는 일을 해야만 한다. 부모도 불안을 극복하기 위해서는 두려운 일을 해야 한다. 단순히 전화를 걸지 말고, 자녀가 필요한 인간관계 기술을 습득해서 캠프에 갈 수 있도록 도와야 한다. 자녀가 불안해해도 학교에 갈 수 있도록 필요한 지원을 해야 한다. 자녀의 인터넷 포털을 확인하기를 그만두라. 지나친 간섭을 멈추라. 자녀가 잘 도착했는지 확인하기 위해 계속해서 문자를 보내는 일을 그만두라. 불안은 위안이 중요하고 필요하다고 아우성을 치지만, 두려운 것을 피한다고 해서 위안이 찾아오지는 않는다. 우리 그리고 우리가 사랑하는 자녀는 두려운 것을 향해 나아가야 한다. 뇌를 다시 훈련하고, 우리가 해낼 수 있다는 사실을 기억해야 한다. 무엇보다도 그 어떤 확실성이나 통제도 줄 수 없는 위안을 주실 수 있는 분을 믿는 법을 배워야 한다.

어떤 식으로 당신은 자녀가 용기보다 위안을 더 추구하게 하고 있는가? 어떤 식으로 자녀가 불안에 굴복하게 하고 있는가? 당신 자신은 어떤 식으로 용기보다 위안을 더 추구하고 있는가? 대개 용기와 위안은 동시에 얻을 수 없다. 나라면 걱정 괴물에게 위안은 일시적일 뿐이라고 강하게 선포할 것이다. 용기와 믿음만이 오래 지속된다.

4. 불안은 예측 가능성을 요구한다

내가 이번 장을 쓰고 있는 지금, 내슈빌의 기상학자들은 오늘 밤부터 18센티미터가량 눈이 올 것이라고 발표했다. 하지만 자세히 읽어보면 눈구름이 북쪽으로 이동해서 실제로 쌓이는 것은 5센티미터밖에 되지 않을지 혹은 다리가 완전히 빠질 만큼 쌓일지는 그들도 모른다. 한편, 이 책을 쓰고 있는 현재 코로나 오미크론이 유행하고 있다. 최근 코로나 확진자의 격리 기간이 10일에서 5일로 줄었기 때문에 #CDC(미국질병통제예방센터)says라는 해시태그가 유행하고 있다. 그리고 "CDC에서 가위를 들고 뛰는 것을 허용한다고 발표했다"와 같은 온갖 황당한 우스갯소리가 인터넷에서 떠돌고 있다. 내가 가장 좋아하는 우스갯소리는 "CDC에서 배팅을 계속해야 할 때와 죽어야 할 때를 알아야 한다고 발표했다"이다. 이 팬데믹이 시작된 후로 CDC는 정말 많이 고생했다. 하지만 고생한 것에 비하면 CDC는 이 바이러스에 대해서 모르는 것이 여전히 많다. 우리는 아직 이 바이러스에 관해서 모른다. 아무쪼록 당신이 이 책을 읽을 즈음에는 충분히 알게 되기를 바란다. 하지만 지금 이 바이러스는 이 시대를 사는 사람들에게 세상에 예측 가능한 일이 별로 없다는 사실을 생생하게 상기시키고 있다. 그런데 우리 안에도 예측하기 어려운 일이 가득하다.

바울은 로마서 7장 15-16, 18-21절에서 이 진리를 말한다. 메시지성경으로 살펴보자.

내가 내 자신에 대해 이해하지 못하는 것이 있습니다. 나는 늘 결심은 이렇게 하지만 행동은 다르게 합니다. 나 자신이 끔찍이도 경멸하는 행동들을 결국 저지르고 맙니다. 이처럼 나는, 무엇이 최선인지를 알아서 실천에 옮길 수 있는 사람이 못됩니다. 내게는 분명 하나님의 명령이 필요합니다…나는 뜻을 품을 수는 있으나, 그 뜻을 행동으로 옮길 수는 없습니다. 나는 선을 행하기로 결심하지만, 실제로는 선을 행하지 않습니다. 나는 악을 행하지 않기로 결심하지만, 결국에는 악을 저지르고 맙니다. 나는 결심하지만, 결심만 하지 행동으로 이어지지 않습니다. 내 내면 깊은 곳에서 무엇인가 잘못된 것입니다. 그래서 나는 매번 패배하고 맙니다. 이는 너무도 반복적으로 일어나는 일이어서 충분히 예측할 수 있습니다.

우리의 예측 불가능성은 예측할 수 있을 만큼 자주 나타난다. 우리가 사랑하는 자녀에 관해서나 인생의 환경도 마찬가지로 예측 불가능하다. 앞서 말했듯이, 우리는 부모로서 자주 실패할 것이다. 내가 아는 가장 지혜롭고 사려 깊은 부모들도 내 상담실에서 단둘이 있을 때면, 자녀에 대한 분노를 토로한다. 바울이 말했듯이, 우리는 어떻게 행동하겠다고 계획하고 마음먹지만, 결국 정반대로 행동한다. 우리 아이들도 그럴 것이다. 계획은 변한다. 우리와 아이들도 변한다. 삶은 수시로 변해서 예측 불가하다. 하지만 우리는 우리 안에 계신 분의 불변하심을 확신할 수 있다. 히브리서 13장 8절은 이렇게 말한다. "예수 그리스도는 어제나 오늘이나 영원토록 동일하시니라." 그리고 로마서 15장 3-5절은 다음과 같이 말한다. 메시지 성경으로 살펴보자.

> 예수께서 하신 일이 바로 이것입니다. 그분은 사람들의 어려움을 외면한 채 자기 편한 길을 가지 않으셨습니다. 그분은 그들의 어려움 속으로 직접 뛰어드셔서 그들을 건져 주셨습니다. 성경은 이를 "내가 어려움에 처한 사람들의 어려움을 짊어졌다"는 말로 표현하고 있습니다. 비록 오래전에 쓰여진 말씀이지만, 여러분은 그 말씀이 다름 아닌 우리를 위해 쓰여진 말씀임을 확신할 수 있습니다. 하나님은 성경이 보여주는 하나님의 성품—한결같고 변치 않는 부르심과 따뜻하고 인격적인 권면—이 또한 우리의 성품이 되기를 원하십니다. 우리가 늘 그분이 하

시는 일에 깨어 있는 사람이 되기를 바라십니다. 미더우시고 한결같으시며 따뜻하고 인격적이신 하나님께서 여러분 안에 성숙을 길러 주셔서, 예수께서 우리 모두와 그러하시듯, 여러분도 서로 사이좋게 지내기를 바랍니다.

우리 삶의 한결같음과 예측 가능성은 오직 하나님 안에서, 그리고 그분을 통해서만 발견된다. 하나님은 그분의 성품, 곧 한결같고 변치 않는 부르심과 따뜻하고 인격적인 권면이 우리의 성품이 되기를 원하신다. 그래서 뭐든 그분이 다음번에 행하시려는 일에 우리가 촉각을 세우기를 원하신다. 불안이 그것을 피하라고 말한다고 해서 하나님을 따라가지 못한다면 너무도 안타까운 일이다.

5. 불안은 회피를 고집한다

불안으로 인한 회피가 아이들의 삶에서 어떻게 나타나는지는 파악하기가 훨씬 쉽다. 아이들은 육상팀의 연습 시간에 빠지거나 학교에 결석하거나 친구의 생일 파티에 가지 않는다. 또 학교에서 혼자 점심을 먹는다. 그리고 안타깝게도 우리는 아이들이 불안을 유발하는 일을 피하게 도와준다. 기억하는가? 연구에 따르면, 도망치기와 회피하기는 아이들이 불안해할 때 부모들이 가장 자주 사용하는 두 가지 주된 대응 기술이다.[4] 우리는 도망치기와 회피하기가 도움이 되지 않는다는 것을 이미 안다. 사실, 도망치고 피해봐야 상황은 더 악화할 뿐이다. 우리가 피할수록 걱정 괴물은 우리 자신과 아이들을 위해서 더 피해야 한다고 목소리를 높인다. 회피하기는 불안을 더 증폭한다.

부모의 경우에는 좀 더 복잡하다. 우리는 회피하기를 그럴듯하게 포장할 줄 안다. 사회적인 불안을 피하려는 것이라고 굳이 인정할 필요가 없다. 단지 "몸이 좀 좋지 않다." "오늘 해야 할 일이 좀 많다." "내가 이쪽에 재능이 없다"라는 말로 상황을 무마할 수 있다. 이처럼 상황을 모면하기 위한 그럴듯한 변명을 댈 줄 안다. 당신이 자주 하는 변명은 무엇인가? 물론 필요한 상황에서는 거절할 줄도 알아야 한다. 이번 장 끝부분에서는 이런 식으로 자신을 챙기는 것에 관해 이야기하려고 한다. 하지만 내가 어떤 차이를 말하는 줄 직관적으로 알리라 생각한다. 자신을 챙기기 위한 선택과 불안으로 인한 회피는 엄연히 다르다. 불안은 우리를 제한하며, 우리가 할 수 없다고 말한다. 또 우리가 아직 준비되지 않았다고 말하며, 무언가를 하기에는 아직 충분하지 않다고 말한다. 불안이 속삭이는 이런 거짓말에 귀 기울이면 변화하기는 어렵다. 최근 불안 때문에 피한 것은 무엇인가? 약간 불안하더라도 참고 해내면 스스로 자랑스러워지고 용기를 얻을 수 있는데 결국 하지 못한 것은 무엇인가? 그것은 요리 강습이나 스카이다이빙이나 자원봉사 같은 사소한 일일 수도 있다. 혹은 아이나 친구와 함께 가기로 한 여행일 수도 있다. 새로운 직업에 도전하는 것일 수도 있고, 친구에게 먼저 여행하자고 제안하는 것일 수도 있다. 불안에 굴복하지 않는다면 해낼 수 있는 일을 생각해보라. 나는 당신이 그렇게 할 수 있다고 믿는다. 어떤 일이 생각난다면 지금이 그것을 시도할 때다.

불안은 통제, 확실성, 안위, 예측 가능성, 회피하기를 사용하여 우리를 제한한다. 불안은 이것들에 관한 거짓말로 우리에게 점점 더 많은 것을 요구할 뿐 아무런 도움도 되지 않는다. 이 거짓말에 넘어가면 결국 우리 자신에게 실망하게 된다. 궁극적으로 불안은 우리에게 더 많은 불안을 일으킨다. 당신이 이런 함정에 빠지지 않기를 바란다. 당신은 자신뿐 아니라 사랑하는 자녀가 이렇게 되기를 바라지 않을 것이다. 그러면 불안의 끝없는 요구를 잠재우기 위해 당신이 무엇을 할 수 있는지 이야기해보자.

불안한 마음을 다루기 위해 해야 할 다섯 가지

1. 불안보다 더 깊이 들어가라

허배너스 종인 나의 애견 루시는 밤마다 나와 함께 잔다. 이 책을 읽는 독자 중에는 개와 함께 자지 않는 사람도 있을 것이다. 아니, 아예 개를 키우지 않는 사람도 있을 것이다. 그래도 상관없이 우리는 친구가 될 수 있다. 루시는 내 옆에서 잘 뿐 아니라 매일 나와 함께 아이들을 상담해준다. 불안해하는 소녀들을 위해 내가 쓴 책에 루시가 소개되어 있다. 루시는 데이스타 안팎에서 꽤 유명인사가 되었다. 팬들에게 메일도 받는다. 루시는 나의 가장 좋은 친구다. 내가 앞서 말했던 수술을 받은 뒤 루시는 꼬박 2주 동안 내 침대 위에서 살았다. 내가 회복되는 동안 엄마가 내 곁에 머물며 간호해주실 때 루시를 밖에 내놓으면 루시는 금세 내 침대로 돌아왔다. 사실, 루시는 먹이를 침대 위로 갖다 줘야만 먹었다. 내가 샤워하면 녀석은 내내 화장실 앞에 앉아서 기다렸다. 내가 수술하고 나서 처음으로 집 밖으로 나갔을 때가 생생히 기억난다. 그때 루시는 그 작은 앞발로 내 다리를 감싸고서 나를 깨물었다. 나는 루시가 이렇게 말했다고 생각한다. "내 일은 아직 끝나지 않았어요. 아직 내 시야에서 벗어나면 안 돼요." 우리는 개들에게 분에 넘치는 사랑을 받는다. 그렇지 않은가? 루시는 내 이야기의 주된 맥락 중 하나다.

내가 이 책을 쓰는 지금, 루시는 열세 살이다. 며칠 전, 녀석이 한밤중에 숨을 이상하게 쉬었다. 그 소리에 깨어난 나는 녀석이 죽어가고 있다고 생각하여 공포에 사로잡혔다. 머릿속에서는 이미 녀석을 안고 동물병원 응급실로 달려가고 있었다. 하지만 10분 뒤 녀석은 괜찮아졌다.

여기서 하고 싶은 말은, 루시에 관한 나의 불안은 2차적인 감정이라는 것이다. 물론 루시는 나의 콘텍스트다. 나는 녀석을 사랑하기 때문에 녀석이 뭔가 잘못되었다는 생각이 들자 순식간에 내 안에서 온갖 감정이 용솟음쳤다. 하지만 공포에 사로잡히지 않고 차분히 기다린 적도 많았다. 다음 날이 되어서야 당시 내가 많은 슬픔을 품고 있었다는 사실을 깨달았다. 단지 가만히 앉아서 그 슬픔을 의식하고 인정하는 시간을 보내지 못하고 있었을 뿐이다. 그 슬픔이 나의 털북숭이 친구라는 콘텍스트 안에서 불안으로 표출된 것이었다.

우리의 감정은 언제나 또 다른 이야기가 있다는 사실을 보여주는 지표다. 심리학자 댄 알렌더는 이렇게 말했다. "우리 안을 들여다봐야 하는 이유는 부정적인 감정을 긍정적인 감정으로 바꾸기 위해서가 아니다. 우리의 감정에 귀를 기울이고 그 감정에 관해서 깊이 생각해봐야 하는 것은 하나님과 다른 사람들에 관한 우리 마음의 상태라는 훨씬 더 깊은 곳으로 들어가기 위해서다."[5]

데이스타에서 우리는 감정이 자동차의 경고등과 같다는 말을 자주 한다. 감정이 솟아난다는 것은 우리 안의 더 깊은 곳에서 뭔가가 일어나고 있음을 의미한다. 대부분 심리학자는 분노가 2차적인 감정이라고 말할 것이다. 그 뿌리에는 다른 감정들이 있다. 불안도 마찬가지다. 우리가 더없이 불안해하고 그 불안을 통제하기 위해 애쓸 때, 대개 그 불안보다 더 깊은 곳에서 뭔가가 벌어지고 있는 것이다. 그래서 그 감정에 관심을 가질 뿐 아니라 그것을 표출할 필요가 있다.

감정과 경고등이라는 개념을 처음 접했다면 내가 내담자들에게 추천하는 몇 가지 방식을 시도해보길 바란다. 이것은 나도 가끔 사용하는 방식이다. 나는 침대 위에 누웠을 때 이유를 모르게 불안을 느끼는 경우가 많다. 그럴 때 나는 그날 경험한 세 가지 감정과 그 이면에 어떤 일이 있었는지를 기억하려고 노력한다. 마음속을 헤아려 자신이 느끼는 감정을 적어보는 것도 좋다. 나는 아이들에게 불안이 0에서 10까지 범위에서 5를 넘어갈 때마다 불안 외에 느껴지는 다른 감정 두세 가지를 적게 한다. 대개 그 감정들이 불안의 뿌리다. 우리는 불안이나 분노 이면의 감정에 주목해야 한다. 하지만 여기서 멈춰서는 안 된다. 그런 감정을 이해하는 데서 더 나아가, 그것을 표출해야 한다.

2. 감정을 나누라

자신이 뭔가를 느끼고 있다고 인정하는 것의 정반대는 자기감정을 부인하는 것이다. 호기심을 갖는 것의 정반대는 관심을 끊는 것이다. 우리의 이야기를 부인하고 힘든 감정에 관심을 두지 않는다고 해서 그 감정이 사라지지는 않는다. 그 대신 그 감정이 우리를 지배하고 정의한다.
―브레네 브라운(Brené Brown)[6]

나는 불안해하는 것과 감정을 건강하게 표출하는 것이 서로 역관계에 있다고 생각한다. 감정을 주기적으로 나누는 습관을 기를수록 불안감은 줄어든다. 자신의 감정에 관해 이야기할수록 감정이 엉뚱하게 불안으로 표출되는 경우가 줄어든다. 감정을 표출하지 않으면 안에서 곪다가 불안이나 분노, 심지어 우울증으로 표출되는 경우가 많다.
하지만 감정을 다룰 시간이 어디 있는가? 우리는 아이들을 키우느라 바쁘다. 그리고 감정을 누구와 나눈다는 말인가? 우리 머릿속에서 맴도는 이 부정적인 생각을 듣고 싶어 할 사람이 있을까? 에드먼드 본은 우리가 감정을 표출하지 않는 이유로 두 가지를 제시한다. (1) 삶을 통제하려는 욕구가 강하다. (2) 너무 비판적인 부모 밑에서 자랐다.[7] 당신은 둘 중 하나, 혹은 둘 다에 해당하는가? 당신이 들은 모든 비판적인 목소리는 당신의 내적 대화 중 일부로 자리 잡았을 가능성이 크다. 이제 다른 사람들이 당신에게 어떤 감정을 느끼지 '말아야' 한다고 말할 필요도 없다. 이제 당신은 당신 자신에게 그런 말을 자주, 또 크게 하고 있다. 그리고 앞서 말했듯이, 불안을 느끼는 사람들은 친절하고 성실한 경우가 많다. 그렇다면 필시 당신은 특정한 감정, 특히 분노가 적절하지 않은 감정이라고 생각하고 있을 것이다.

리처드 로어에 따르면, 당신이 A형 성격이거나 완벽주의자이거나 에니어그램 1형이라면, 당신에게 뿌리가 되는 죄(root sin)는 분노일 가능성이 크다. "그들은 좀처럼 대놓고 분노하지는 않지만, '분노'는 그들(A, 1형)의 뿌리가 되는 죄다. 그 분노는 세상이 제대로 돌아가지 않고 있다는 생각에서 나온 낮은 수준의 분노다. 그들은 그 분노를 불완전한 것으로 보기 때문에 억누른다."[8] 우리는 분노가 적절하지 않은 감정이라고 생각한다. 우리가 분노하면 다른 사람들이 우리를 형편없는 사람으로 보리라고 생각한다. 그래서 분노를 깊이 묻어두고, (내가 상담하면서 관찰한 바로는) 사랑하는 아이들에게만 그 분노를 표출한다. 혹은 먼저 자신에게 분노를 쏟아낸 뒤 사랑하는 자녀에게 쏟아낸다. 그 과정에서 분노는 점점 더 커진다. 우리는 삶의 표면 아래에서 끓고 있는 분노가 싫기에 그 사실을 인정하지 않으려 한다. 그리고 인정하지 않기 때문에 분노는 점점 더 강하고 맹렬하게 우리를 장악하려고 한다. 분노를 부인하면 분노의 불길만 더 세차게 타오를 뿐이다.

내가 오랫동안 관찰한 결과에 따르면, 특히 여자아이의 불안은 직관과 연결되어 있다. 사실, 나는 불안이 직관의 다른 얼굴이라고 생각한다. 여자아이는 상대방이 이기적이거나 불친절하다는 것을 직관적으로 안다. 상대방이 분열을 일으키길 좋아하는 사람인지, 심지어 상대방이 쉬는 날인지도 알아챈다. 하지만 성실하고 친절한 여자아이는 다른 사람에 관한 부정적인 감정을 인정하기보다는 자신을 탓하기가 쉽다. '내게 무슨 문제가 있는 것이 분명해. 저 사람의 문제가 아니야.' 성실하고 친절한 어른도 마찬가지다. 우리는 자신의 직관과 감정을 모두 부인한다. 이런 감정이 사회적으로 용납되지 않는다고 생각한다. 그래서 괜히 이런 감정을 표출하여 부정적이거나 부적절하게 보이고 싶지 않기 때문에 그 감정을 마음속에 묻어 둔다. 하지만 이것은 자기 자신의 일부를 부인하고, 하나님이 우리에게 하시려는 말씀에 귀를 닫는 행위다. 그리고 그렇게 되면 불안의 굴레에 갇히고 만다.

흥미롭게도 성경에서 예수님이 느끼지 말라고 하신 감정은 오직 두려움밖에 없다. 다른 감정을 금하신 말씀은 성경 어디에도 없다. 분노도, 슬픔도, 실망감도, 좌절감도. 예수님은 오직 두려움만 금하셨다. 이 책의 마지막 3부에서 이 이야기를 다시 할 것이다. 예수님은 분노 가운데 죄를 짓지 말라고만 말씀하셨다(엡 4:26). 이는 우리가 분노한다는 것을 전제로 하신 말씀이다. 문제가 되는 것은 우리가 느끼는 감정이 아니라 그 감정으로 인해서 하는 행동이다. 감정은 성경 곳곳에서 발견된다. 시편에서 우리는 다양한 감정을 발견할 수 있다. 시편 기자들은 하나님께 그런 감정을 쏟아냈다. 하나님은 감정을 부인하면 어떤 결과가 발생하는지를 아시고서, 성경에 그분을 사랑하면서도 당신과 나처럼 자주 실패한 사람들의 이야기와 주기적으로 감정을 표출한 사람들의 이야기를 많이 담으신 것 같다.

다시 말하지만, 문제가 되는 것은 우리가 느끼는 감정이 아니라 그 감정으로 인해서 하게 되는 행동이다. 표출하지 않은 감정은 불안을 낳을 뿐 아니라 죄를 짓게 한다. 에베소서 4장을 봐도 그렇고 내 삶을 봐도 그렇다.

이렇게 하라. 불안과 분노가 모두 더 깊은 곳에서 벌어지는 일에 대한 경고등이라는 점을 기억하라. 마음 깊은 곳으로 들어가 감정의 뿌리에 무엇이 있는지 확인하라. 그 감정을 느끼고 고백하라. 그리고 기록하라. 믿을 만한 친구에게 전화를 걸라. 배우자와 산책하면서 내면에서 벌어지는 일에 관해 대화를 나누라. 당신을 사랑하는 사람들은 당신을 알고 싶어 한다. 그들은 당신의 짐을 함께 져주기를 원한다. 겉으로는 온갖 일로 바쁜 것처럼 보일 수도 있고(부모들은 가끔 이런 변명을 한다), 내적으로도 신경 쓸 일이 많아 정신이 없어 보일 수 있다(부모들은 이런 변명도 자주 한다). 그런데도 그들은 당신에게 관심이 있다. 세상에 부정적인 감정은 없다. 그것은 그냥 감정일 뿐이다. 그리고 감정은 나누라고 있는 것이며, 우리 안에서 벌어지는 더 깊은 무언가를 보여주기 위해 표출되는 것이다. 또

한 감정은 하나님이 우리를 통해 행하시려는 더 깊은 무언가를 가리킨다.

3. 두렵다고 생각하는 일을 하라

이제 실제로 연습해봐야 한다. '두려움을 극복하려면 두려운 일을 해야 한다'라는 문장을 읽고 어떤 기분이 드는가? 어떤 두려운 일이 생각나는가?

자, 아무런 도움도 없이 당신을 급류 속으로 던지지는 않을 것이다. 두려운 일들에 대해 일종의 보조 바퀴 방식을 사용할 것이다. 이것은 우리가 아이들에게 사용하는 방식과 비슷하다. 예를 들어, 집이 아닌 곳에서 한 번도 자본 적이 없는 아이를 우리 여름 수련회 프로그램인 호프타운에 덜컥 등록시키는 부모가 많다. 그렇게 했다가는 큰일이 난다. 아이와 우리 모두 곤욕을 치르게 된다. 그래서 아이가 수련회에 참석하기 전에 차근차근 연습을 시켜야 한다. 첫째, 부모가 하룻밤 동안 외출하고 할아버지와 할머니가 아이를 돌보게 한다. 둘째, 아이를 조부모님 집에 가서 하룻밤을 자게 한다. 그다음 이모나 사촌 등 친척 집에서 하룻밤을 보내게 한다. 그다음에는, 친한 친구네 가서 하룻밤을 자게 한다. 아이가 그 친구의 부모도 알면 더 좋다. 며칠 다른 곳에서 자보면, 수련회 장소에서 일주일 동안 자는 게 훨씬 덜 두려워진다. 이것이 보조 바퀴 접근법이다. 아이가 자기 방에서 자지 않으려 하거나 학교에 가기를 두려워하거나 그 밖에도 두려움을 느끼는 일에서도 이런 방법을 사용하면 좋다. 원하는 결과를 얻기 위해 특정한 행동을 점진적으로 늘리거나 줄이는 방식으로 차근차근 단계를 밟으면, 거의 모든 종류의 두려움을 극복할 수 있다. 밖에서 자는 것은 행동을 늘리는 것의 한 예다. 행동을 줄이는 것은 주로 부모와 더 관련 있다. 예를 들어, 십대 자녀의 인터넷 사용 기록이나 위치 추적 앱을 확인하는 횟수를 줄이는 것이다.

심리 치료 용어로 이것을 '노출 치료'(exposure therapy)라고 부른다. 노출 치료는 인지 행동 치료의 기초다.[9] 미국 심리학 협회에 따르면 치료사들은 "우리가 두려워하거나 회피하는 것에 우리는 '노출하기' 위한 안전한 환경을 조성한다. 안전한 환경에서 두려운 물체나 행동, 상황에 노출되면 두려움과 회피하기가 줄어든다."[10] 노출 치료는 상상 속에서도 이루어질 수 있다. 이것을 심상적 치료(imaginal therapy)라고 한다. 예를 들어, 사람들 앞에서 말하는 것이 두려운데 발표해야 한다면, 첫 단계는 다른 사람들 앞에서 성공적으로 발표하는 자신을 상상하는 것이다.

'몸을 위한 도움'이라는 장에서 편도체를 근본적으로 변화시키기 위한 유일한 방법이 경험이라고 했던 것을 기억하는가?[11] 두려운 일은 점진적으로, 그리고 도움을 받으면서 해야 한다. 학자들은 더는 두려워지지 않을 때까지 두려운 것 속에 머물러야 한다고 말한다. 하지만 처음에는 두려울 것이다. 편도체가 근본적으로 변화하려면 활성화되어야 한다. 발생시키기 위해 활성화한다는 말을 기억하는가?

그렇게 하기 위해 이런 방법을 사용해보라. 나는 『더 용감하게, 더 강하게, 더 똑똑하게』에 사다리 그림을 실어놓았다.

사다리 하나를 그려보라. 맨 위의 가로장 위에 당신이 극복하고 싶은 가장 두려운 것을 적으라. 그리고 다음 가로장 위에 그다음으로 두려운 것을 적는 식으로 사다리를 내려오라. 처음에는(맨 아래에 있는 두려움을 해결하기 위해) 심상적 치료를 해도 좋다. 각 단계에서 호흡과 접지처럼 몸을 위한 도구를 사용하라. 그다음에는 사고를 재구성하는 것 같은, 뇌를 위한 도구를 사용하라. 목표는 그런 활동이 더는 불안감을 일으키지 않을 때까지 각 가로장에서 충분한 시간을 머무는 것이다. 그 시간은 몇 주가 될 수도 있고 심지어 몇 달이 될 수도 있다. 시간은 중요하지 않다. 중요한 것은 뇌를 재배선하는 것이다.

또 다른 예를 들어보자.

당신이 자녀에 관한 불안감이 들 때 강박적인 행동을 한다고 해보자. 그 행동은 자녀의 성적이나 위치를 계속해서 확인하는 것이 아니라 집의 문이 잘 닫혀 있는지 계속해서 확인하는 것이다. 이 행동은 자녀에 관한 불안과 상관없어 보이지만, 때로 불안은 이런 식으로 작용한다. 노출 치료에는 '반응 저지'(response prevention)라는 기법이 있다. 이것은 우리가 강박적인 경향이나 실제 강박장애를 보일 때 유용한 도구다. 이것은 두려운 일을 일부러 하는 게 아니라 두려움을 느끼지 않게 막아주는 행동을 의도적으로 하지 않는 것이다. 예를 들어, 잠자리에 들기 전에 문이 잠겼는지 세 번 확인한다면, 첫 번째 노출은 계속해서 심호흡하며 잠자리에 들기 전에 문을 확인하지 않는 자신을 상상하는 것이다. 그다음에는 두 번 확인하는 것까지 허용한다. 그다음에는 한 번만 확인한다. 그다음에는 이틀에 한 번으로 줄인다. 무슨 말인지 이해했으리라고 생각한다. 노출 중에 편도체가 활성화되지 않고 불안이 거의 느껴지지 않을 때까지 문을 확인하는 횟수를 계속해서 줄여가라. 이 활동을 할 때마다 0에서 10까지 불안의 수치를 확인해도 좋다.

4. 노력하면 진전된다

이것은 우리가 부모들에게 계속해서 하는 말이다. 노력하면 완벽해지지 않는다. 내가 평생 노력해온 것 중에서 실제로 완벽하게 할 수 있는 것은 생각나지 않는다. 우리가 세운 목표는 완벽이 아니다. 노력하면 진전된다. 불안의 영역에서도 마찬가지다.

사실, 학자들은 우리가 불안을 극복하지 못하는 주된 이유가 노력하지 않는 것이라고 말한다. 아이들의 경우, 노력하지 않는 주된 이유는 게으름과 편안함이다. 이런 아이들은 두려운 일을 하는 게 너무 힘들다. 스스로 노력해서 힘을 기르지 않고 그냥 부모에게 기대는 편이 훨씬 더 쉽다. 이들에게는 새로운 친구에게 다가가거나 새로운 스포츠에 도전하는 것이 너무 큰 모험이다. 또는 너무 어려서 신경 가소성의 힘을 이해하지 못하고, 불안의 터널을 뚫고 나왔을 때 얻는 자유를 상상하지 못하는 것도 노력하지 못하는 한 요인이다. 이들은 노력하지 않고 편안한 현재 상태에 머물려고 한다.

하지만 노력이 만들어내는 차이를 이해해야 한다. 신경 가소성의 효과는 실로 놀랍다. 물론 누구나 달라지기를 원한다.

하지만 많은 사람이 변명만 대며 노력하지 않는다. 너무 바쁘다는 핑계를 댄다. 자신의 정신 건강은 방치하고, 자녀의 정신 건강만 챙긴다. 다른 일에 모든 에너지를 쏟는다. 하지만 연구에 따르면, 불안을 다루지 않고 방치하면 상황은 계속해서 더 악화한다.[12] 불안은 저절로 사라지지 않는다. 저절로 사라지면 얼마나 좋겠는가? 하지만 노력으로만 불안을 극복할 수 있다. 노력하면 진전된다. 불안을 극복하기 위해 흘린 땀방울 하나하나는 반드시 보상으로 돌아올 것이다.

5. 자신을 돌보라

스탠퍼드대학교 연구원 캐롤 드웩(Carol Dweck)이 성장형 마음가짐과 고정형 마음가짐의 차이에 관해 연구한 것을 읽어본 사람이 많을 것이다. 성장형 마음가짐을 지닌 사람은 "(노력, 좋은 전략, 다른 사람들의 조언을 통해) 자신의 재능을 계발할 수 있다고 믿는다…대개 그들은 고정형 마음가짐을 지닌 사람(재능을 타고났다고 믿는 사람)보다 많은 것을 이룬다."[13]

연구 결과, 마음가짐은 정신 건강에 영향을 미치는 것으로 드러났다. 청소년에 관한 한 연구에서, 고정형 마음가짐을 지닌 십대일수록 정신 건강에 문제가 많았다. 반면, 성장형 마음가짐을 지닌 십대는 우울증과 불안, 공격성을 경험하는 경우가 더 적었다. 대학생에게서도 성장형 마음가짐은 정신 건강에 긍정적인 영향을 미치는 것으로 드러났다. 성장형 마음가짐을 지닌 대학생은 우울증과 불안, 완벽주의에 빠지는 경우가 더 적었다.[14] 이처럼 노력하면 진전된다는 믿음만으로도 성장이 촉진되고 불안이 줄어든다.

최근 약간 생소한 또 다른 마음가짐에 관한 글을 읽었다. 그것은 바로 친절형 마음가짐이다. 〈모티베이션 앤 이모션〉(Motivation and Emotion)지에 소개된 한 연구에 따르면 "친절한 행위는 사회적 불안과 회피를 보이는 사람들에게 도움이 될 수 있다. 또한 이 행위는 자신감과 자존감을 끌어올리는 데 도움이 될 수 있다."[15] 친절형 마음가짐은 단순히 다른 사람들을 위해서 무언가를 하려는 마음이다. 친절한 행위가 꼭 거창한 것일 필요는 없다. 누군가를 격려하고, 집의 문을 열어두며, 자원봉사를 하고, 심지어 고맙다는 인사를 건네는 것처럼 간단한 일도 충분히 친절한 행위가 될 수 있다. 다른 사람들을 향한 친절이 불안을 줄여준다는 개념이 얼마나 기분 좋은가. 이 개념은 내가 상담하는 여자아이들과 자주 나누는 한 성경 구절을 생각나게 한다.

> 사랑하는 자녀 여러분, 사랑에 대해 말만 하지 말고 참된 사랑을 실천하십시오. 그것만이 우리가 참되게 살고 있으며, 실제로 하나님 안에 살고 있음을 알 수 있는 유일한 길입니다. 또한 그것은 스스로를 비판할 일이 생기더라도, 그 힘겨운 자기비판을 멈추게 하는 길이기도 합니다. 하나님은 우리의 근심하는 마음보다 크시며, 우리 자신보다 우리를 더 잘 아시기 때문입니다(요일 3:18-20, 메시지성경).

친절형 마음가짐도 같은 유익을 낳는다. 다른 사람들을 위해서 무언가를 하면 자신에 관한 뿌듯함으로 인해 불안과 스트레스가 줄어든다.

예수님이 복음서에서 말씀하신 '지극히 작은 자'가 사실은 우리 자신일 수도 있다는 브레넌 매닝의 말을 기억하는가? 친절한 마음가짐도 마찬가지다. 오늘 친절한 행위가 필요한 사람은 바로 우리 자신일지도 모른다.

부모, 특히 성실하고 열정적인 부모(이 책을 읽고 있는 부모)가 자녀에게 은혜를 베풀려면 무엇보다도 먼저 자기 자신에게 은혜를 베푸는 법을 배워야 한다. 나는 부모가 자신을 잘 돌보는 것이 좋은 부모가 되기 위해 노력하는 것보다 자녀의 삶에 훨씬 더 깊은 영향을 미치는 길이라고 믿는다. 1부에서 다룬 모든 개념과 마찬가지로, 좋은 부모가 되기 위한 노력은 소용이 없다. 그런 노력을 해봐야 더 경직되고 더 자주 화를 내며, 궁극적으로는 더 불안해질 뿐이다. 우리는 자신이 받은 것만 다른 사람들에게 줄 수 있다. 우리 안이 텅 비어 있다면 빈손밖에 내밀 수 없다.

세 가지 영역에서 자신을 돌보기를 바란다. 육체, 정서, 영적 영역이다. 육체 영역에서는, 운동하고, 몸에 좋은 음식을 먹으며, 건강 검진을 받고, 건강을 유지하는 것이 자신을 돌보는 일이다. 정서적 영역에서는 자신의 감정을 인식하고 다른 사람과 나누며, 양육 때문에 힘든 시기에(혹은 항상) 충분히 쉬고(예를 들어, 혼자 여행하거나 배우자 혹은 친구와 근사한 식사를 하는 것), 자신을 위해 상담받는다. 영적 영역에서는 하나님의 말씀을 읽고, 예배에 참여하며, 마음이 맞는 신자들과 만나는 공동체 활동에 참여한다.

최근 다섯 자녀에 관한 상담을 받기 위해 찾아온 부부를 만났다. 다섯 자녀 중 여덟 살 된 아이가 자폐증을 앓고 있었다. 그 부부는 집안에 가득한 혼란을 다룰 방법을 원했다. 하지만 내가 내린 처방은 그들 자신과 부부 관계를 돌보기 위한 처방이었다. 필시 그들은 내가 자녀와 관련한 개념이나 기법을 이야기하지 않아서 당혹스러웠을 것이다. 물론 자녀와 관련해서도 해줄 말이 많았지만, 그들 자신을 돌보는 일이 훨씬 더 중요했다. 나는 그들에게 매일 자녀 없이 10분간 산책하라고 권했다. 내 처방은 그토록 간단했다. 특히 그들이 혼자서든 둘이서든 그럴 시간이 없다며 쓴웃음을 지을 때 다섯 자녀를 키우는 일뿐 아니라 일상적인 삶의 속도가 견디기 힘든 수준이라는 것을 알 수 있었다. "그럴 만한 시간이 없어요." 그 말에 나는 그들이 아이들을 위해서 하고 있는 많은 일보다 혼자나 둘만의 산책이 아이들에게 더 큰 도움이 될 것이라고 말해주었다. 걸으면서 대화를 나눠도 좋고, 함께 기도해도 좋고, 그냥 조용히 걸어도 좋다. 이왕이면 이 셋을 다 하면 더 좋다. 부모로서 우리는 자신을 돌봐야 한다. 부모는 매일 정말 많은 것을 자녀에게 준다. 그래서 매일 새롭게 채워 넣을 시간을 내야 한다. 물론, 억지로 내지 않으면 시간은 당연히 없다.

『불안 공황장애와 공포증 상담 워크북』에서 본 박사는 이렇게 말한다. "쉬는 시간이 없으면 일이나 다른 책임을 감당하는 동안 느끼는 스트레스가 계속해서 쌓일 수밖에 없다."[16] 우리의 감정은 표면 아래에서 무슨 일이 벌어지고 있는지를 알려주는 지표다. 강한 감정은 충족되지 않은 욕구의 증상인 경우가 많다. 지금 어떤 욕구가 충족되지 않았는데 그냥 방치하고 있는가? 그 욕구를 충족하기 위해 하다못해 10분이라도 시간을 내서 무엇을 할 수 있을까?

세 가지 범주로 나누어보자.

—자신을 육체적으로 더 잘 돌보기 위해 할 수 있는 세 가지는 무엇인가?
—자신을 정서적으로 더 잘 돌보기 위해 할 수 있는 세 가지는 무엇인가?
—자신을 영적으로 더 잘 돌보기 위해 할 수 있는 세 가지는 무엇인가?

아마도 마지막 질문은 이렇게 바꾸는 것이 더 정확할 것 같다. "하나님의 돌보심에 나 자신을 맡기기 위해 할 수 있는 세 가지는 무엇인가?" 그것은 이것이 하나님이 하기 원하시는 일이기 때문이다. 하나님은 당신의 마음에 깊은 관심을 갖고 계신다. 하나님은 당신을 그분께로 이끌기 위해 당신에게 주신 모든 감정을 사용하기를 바라신다. 그분은 당신의 모든 상처를 싸매시고, 당신의 모든 눈물을 병에 담으시며, 당신이 품은 모든 걱정을 소망으로 바꿔주신다. 당신이 지금 어떤 두려움을 품고 있든, 하나님은 당신이 그 두려움 속에 홀로 있기를 원치 않으신다. 자녀에 관한 두려움, 양육에 관한 두려움, 당신 자신의 삶에 관한 두려움, 자녀나 당신의 미래에 관한 두려움, 그 모든 두려움 속에서 하나님은 당신과 함께 계시며 당신보다 앞서가신다.

내가 가장 좋아하는 성경 구절 중 하나는 스바냐 3장 17절이다. "너의 하나님 여호와가 너의 가운데에 계시니 그는 구원을 베푸실 전능자이시라 그가 너로 말미암아 기쁨을 이기지 못하시며 너를 잠잠히 사랑하시며 너로 말미암아 즐거이 부르며 기뻐하시리라 하리라." 우리를 기뻐하여 즐거이 노래를 부르시는 하나님. 생각만 해도 기분이 좋아진다. 그런데 지금까지는 "너를 잠잠히 사랑하시며"라는 부분을 한 번도 눈여겨보지 않았다. 바로 이것이 이번 장을 마무리하는 지금, 당신을 위한 나의 기도 제목이다. 하나님의 사랑으로 당신과 자녀에 관한 걱정이 잠잠해지기를 바란다. 하나님이 당신의 걱정보다 크시며, 당신과 자녀를 위해 수많은 복을 예비하셨다는 사실을 믿기를 바란다.

KEY POINT! **불안을 이기는 부모를 위한 조언**

1 부모가 되면 마음이 몹시 힘들다. 희망을 품기가 어렵다.

2 우리는 도구 이상의 것이 필요하다.

3 불안은 만족할 줄 모르는 거짓말쟁이다. 하나를 들어주면 둘을 요구한다.

4 불안은 통제를 요구한다. 그러나 통제로는 아무것도 할 수 없다.

5 불안은 확실성을 갈망한다. 확실성은 더 많은 확실성을 원하게 하고, 그것을 얻지 못할 때 우리는 불안해지거나 신뢰를 향한 길고 고된 가시밭길을 걷게 된다.

6 불안은 위안을 원한다. 위안은 일시적이다. 용기와 믿음이 오래간다.

7 불안은 예측 가능성을 요구한다. 우리 삶의 한결같음과 예측 가능성은 오직 하나님 안에서 그리고 그분을 통해서만 발견할 수 있다.

8 불안은 회피를 고집한다. 피하기는 불안을 가중한다.

9 불안보다 더 깊이 들어가라.

10 자신의 감정을 나누라.

11 두렵다고 생각하는 일을 하라.

12 노력하면 완벽해지는 것이 아니라 진전된다.

13 자신을 돌보라.

8장.
자녀를 위한 도움

지금까지 이 책을 읽어오면서 자녀에 관한 생각과 당신의 어린 시절에 관한 생각이 계속 교차했을 것이다. 당신이 어린 시절에 놓쳤던 부분들, 그래서 자녀에게 꼭 전해주고 싶은 것에 관한 생각이 들었을 것이다. 알다시피 이 둘은 서로 뗄 수 없이 연결되어 있다.

다음 질문에 관해서 생각해보라. 당신이 지금까지 읽은 내용 중에서 어릴 적에 알았다면 좋았을 감정과 불안에 관한 사실이 있는가?

나는 "우리 엄마는 항상 _____라고 말했어" 혹은 "우리 아빠는 항상 _____라고 말했어"라는 말에 관해 부모들과 자주 이야기를 나눈다. 우리는 모두 빈칸을 채울 수 있다. 그런데 대개 우리 부모는 깊은 고민 끝에 이런 말을 한 것이 아니다. 이런 말은 그들의 세계관, 삶이나 관계를 바라보는 그들의 시각에서 자연스럽게 흘러나온 것이다. 때로 그런 시각은 그들 속에 있는 풀리지 않은 문제에서 비롯하기도 한다. 내 친구의 어머니는 항상 이렇게 말씀하셨다고 한다. "모든 사람은 딴 속셈을 품고 있어." 바로 이것이 내면의 풀리지 않은 문제에서 비롯한 세계관을 보여주는 예다. 이런 시각은 내 친구에게 별로 도움이 되지 않았을 것이다.

당신은 빈칸을 뭐라고 채웠는가? 당신의 어머니나 아버지가 항상 하시던 말씀 두세 가지는 무엇인가? 그 말을 떠올리면 어떤 기분이 드는가? 그 말에 동의하는가, 동의하지 않는가? 당신도 그런 말을 자주 하는가? 아니면 최소한 속으로만 생각하는가?

지금 우리는 부모 세대보다 더 많은 것을 알고 있다. 부모님이 어릴 적에 알던 것보다 우리가 어렸을 때 알았던 것이 훨씬 더 많다. 우리는 더 많은 정보와 자료를 얻을 수 있다. 또 불안과 불안의 원인에 관해서도 더 많이 알고 있다. 우리는 건강한 부모의 첫 세대가 되기 위해 최선을 다하고 있다. 당신이 건강한 부모가 되는 길을 계속해서 걷기를 바라고 응원한다. 당신이 어릴 적에 무엇을 알았으면 좋았을 것 같은가? 당신은 어떤지 모르겠지만 나는 어릴 적에 다섯 가지를 알았으면 좋았을 것 같다. 내가 어렸을 때 누군가가 이 다섯 가지를 알려주었으면 좋았을 것 같다. 나는 당신이 그것을 지금이라도 알았으면 좋겠다.

당신을 위해
알아야 할 다섯 가지

1. 당신이 지금 느끼는 감정이 무엇이든, 그것은 적절하다

이 말은 내가 상담실에서 부모나 아이들에게 가장 자주 하는 말이다. 하지만 우리 중 이런 생각을 하며 자란 사람은 별로 없다. 어릴 적에 한 친구와 자동차 뒷좌석에 앉아 있는데, 친구가 아빠에게 슬프다고 말했던 순간이 지금도 생생히 기억난다. 그때 친구 아빠의 반응은 "뭔 이상한 소리를 해?"였다. 아빠가 딸에게 그런 말을 할 줄 생각지도 못했기 때문에 지금도 잊히지 않는다. 하지만 그 말만큼이나 그 안에 담긴 메시지가 해로운 것이라는 사실을 당시에는 전혀 몰랐다. '너의 감정 따위는 중요하지도 않을뿐더러 잘못되고 이상한 거야'가 그 메시지였다. 혹시 당신도 비슷한 말을 들은 적이 있는가? 당신의 감정이 무시당한 적이 있는가? "여보, 별것 아니야." "괜찮아." "걱정할 것 없어." 혹시 당신의 직관이 부정당했는가? "무슨 소리를 하는지 통 모르겠네." "그건 틀린 말이야. 너의 아버지라면 그런 말(혹은 행동)을 하지 않으실 거야." 심지어 너무 예민하다는 말을 들은 적은 없는가?

앤 라모트의 『나쁜 날들에 필요한 말들』(Stitches)이라는 책 2장에 '지나치게 예민한 아이'에 관한 대목이 있다.

당신이 50년대나 60년대에 어린 시절을 보내면서 버밍엄이나 베트남, 아빠가 술주정뱅이인 집안의 삶이 얼마나 무서운지를 알았다면 지나치게 예민한 아이라는 말을 들었을 것이다. 지나치게 예민한 아이라는 주제 하나로만 쓰인 책들도 있다. 그런 표현을 쓰는 이유는, 부모가 얼마나 기분이 안 좋은지 혹은 얼마나 화가 나 있는지를 아이가 잘 알아채기 때문이다…상황을 너무 깊이 들여다보고, 대부분 사람이 보지 못하는 것을 알아채기 때문이다 내가 기억하는 한, 나는 어른들에게 다음과 같은 말을 들어본 적이 없다. "둔감한 사람도 있지만, 너는 그렇지 않아. 네 마음은 진정으로 열려 있어. 그래서 상처를 받겠지만, 그것이 이 세상에 대한 적절한 반응이란다. 대가는 크겠지만, 연민을 품을 때 찾아오는 복은 상상을 초월한단다. 하지만 중학교에 가면 그 감정을 많이 느끼지 못할 거야. 그러니 그 감정을 꽉 붙잡아야 해."[1]

지금 당신이 느끼는 감정이 무엇이든, 그것은 적절할 뿐 아니라 중요하다. 당신이 그런 감정을 느끼는 것은 절대 무언가 문제가 있기 때문이 아니다.

2. 당신의 감정은 걸림돌이 아니라 당신과 하나님의 마음에 관해 중요한 무언가를 보여주는 이정표다

지난 장에서 말했듯이, 언제나 이면에 무언가가 더 있다. 나는 특히 불안 증세로 찾아온 내담자들에게 "실을 따라가라"는 말을 자주 한다. 매일 밤 침대에 누워 막연한 걱정이나 두려움에 시달리는 사람이 너무 많다. 그럴 때 그 막연한 느낌이면에 무엇이 있는지를 보는 것이 중요하다. 그래서 가끔 내 담자들에게 그날 경험한 세 가지 감정을 찾아보라고 한다. 세 가지 힘든 감정은 무엇이었는가? 슬펐는가? 분노했는가? 상처 받았는가? 실을 따라가 보면 대개 '다른 무언가'가 나타난다.

사실 나는 모든 집의 냉장고에 감정표를 붙여놓아야 한다고 생각한다. 『우리 아이가 잘하고 있는가?』에서 데이비드와 멜리사와 나는 아이들이 감정의 언어를 습득하도록 돕는 일이 얼마나 중요한지를 설명했다. 그것은 그 책에서 제시한 열두 가지 정서적, 사회적, 영적 이정표 중 첫 번째 이정표다. 우리는 모든 아이가 이 이정표에 도달해야 한다고 믿는다. 그 책에서 우리는 각 이정표를 근육처럼 다루었다. 어떤 아이는 어떤 분야에 더 많은 근육을 가졌고, 또 어떤 아이는 다른 영역에서 더 발달된 근육을 가졌다. 우리 어른들도 다르지 않다. 당신은 어떤가? 감정의 언어 근육을 키워야 하는가? 저녁 식탁에서 감정표를 돌려보며 대화를 나누면 도움이 될 수 있다. 물론 우리는 아이들이 듣지 않는 곳에서 감정을 처리하기를 원한다. 실제로 아이들은 우리가 자신의 감정에 관해서 말하는 동안 조용히 들을 인내심도 없고, 우리를 도와줄 능력도 없다. (자기 자신에 관심이 쏠려 있는 십대라면, 아예 관심이 없을 수도 있다.) 그런데도 그것은 좋은 활동이 될 수 있다. 아이들과 이야기를 나눈 다음 상담 치료사나 친구, 배우자와 감정을 본격적으로 다루는 시간을 보내라. 노트에 감정을 적으라. '감정 제시하기'(presenting emotion)라고 부를 수 있는 활동으로 표면 아래를 파헤쳐보라. 우리의 감정은 걸림돌이 아니라 이정표다. 그리고 이런 감정은 우리를 이 모습으로 지으신 하나님에 관해 말해줄 뿐 아니라 그분의 마음도 보여준다.

예를 들어, 나는 곧잘 분노의 마음을 품는다. 하지만 당신이 나를 아주 잘 알지 않는 한, 그 분노는 눈치채기 힘들다. 나는 리처드 로어가 말한, 좀처럼 대놓고 화내지 않는 사람이다. 내 분노는 실패했다는 생각 때문에 나 자신을 질책하는 형태로 나타난다. 아울러 불의나 기만, 혹은 단순히 체계적으로 일하는 능력의 부족(정말이지 나는 이 능력이 너무 부족하다)에 대해서도 분노를 느낀다.

나는 피곤하면 더 화가 나는 경향이 있다. 내성적인 사람으로서 혼자만의 시간을 보내지 못할 때도 더 쉽게 분노한다(내가 일하는 모습을 보면 외향적인 사람처럼 보이지만, 사실은 내향적인 사람이다). 사역의 최전선에서 활동할 때도 쉽게 분노한다. 그래서 여름에 호프타운에서 사역할 때 자주 분노한다. 몇 해 전 여름, 겉으로는 웃고 있지만 어떤 불의한 일로 속으로는 부글부글 끓던 중에, 하나님도 불의에 분노하신다는 사실을 처음으로 생각하게 되었다. 율법을 잘 지키는 사람이라고 자부하지만, 실상은 율법의 개념을 제대로 이해하지 못했던 바리새인에게 하나님은 매우 분노하셨다. 성전에서 예수님은 다른 사람들을 공정과 연민으로 대하지 않는 환전상의 상들을 뒤엎으셨다. 그분은 분노 때문에 죄를 짓지는 않으셨지만 분명 분노하셨다. 그런 의미에서 때로 나의 분노는 하나님의 마음을 보여준다. (물론 그렇지 않을 때도 있지만, 지금 나는 나 자신을 친절하게 대하는 법을 배워가고 있다.) 분노는 흠이 아니다. 분노는 죄가 아니다. 내가 그 분노로 하는 행동이 죄가 될 뿐이다. 이 진리를 깨닫고 나서 나 자신에게 좀 더 은혜를 베푸는 데 큰 도움이 되었다. 그리고 언제나 그렇듯, 그 은혜는 다른 사람들을 바라보는 나의 시각에 좋은 영향을 미쳤다. 당신의 분노도 마찬가지다. 자녀가 받은 상처를 보고 당신이 상처받는 것은 하나님의 연민을 보여준다. 아이들의 세상에 가득한 불의에 대한 당신의 분노는, 세상의 정의를 원하시는 하나님의 마음을 보여준다. 지금 당신의 감정은 하나님의 마음에 관해 무엇을 가르쳐주고 있는가?

3. 감정은 사실이 아니며, 감정에 휘둘려서는 안 된다

심리학자 수전 데이비드(Susan David)는 "감정은 지시가 아니라 데이터다"[2]라고 말했다. 내가 수년간 상담했던 한 여자아이의 지혜로운 아빠는 이렇게 말했다. "감정은 중요하지만, 감정이 열차의 엔진이 되어서는 안 됩니다. 감정은 열차 맨 끝에 붙은 승무원 칸이어야 합니다. 감정은 필수적인 부분이지만, 감정이 열차를 이끌어서는 안 됩니다." 열차에 승무원 칸이 없어서는 안 된다. 승무원 칸은 매우 중요하다. 하지만 요즘 많은 아이의 삶에서 승무원 칸이 열차를 이끌고 있다. 그리고 감히 말하건대, 이 감정적 각성의 시대에 우리 어른들도 감정에 이끌리는 경우가 너무도 많다. 이것이 내가 부모와 아이 모두에게서 가장 걱정하는 문제 중 하나다.

이것이 감정적 각성이라는 복과 함께 찾아오는 저주가 아닐까 싶다. 우리는 감정을 경험하는 것을 허용하지 않는 시대에 어린 시절을 보냈다. 그러다 갑자기 환한 빛이 비치며 우리 감정을 인식하기 시작했다. 그러자 모든 것이 달라졌다. 온갖 것이 느껴졌다. 마치 사춘기에 세상이 변하는 것과도 같았다. 어른들이 난생처음으로 상담받거나 마음껏 감정을 느끼면서 모든 것이 달라졌다. 감정을 받아들이면서 우리는 우리 자신과 하나님에 관해서 존재하는지조차 몰랐던 부분들을 발견했다. 『벨벳 토끼 인형』(The Velveteen Rabbit)에 등장하는 조랑말 인형의 표현을 빌자면, 우리는 처음으로 진짜가 되었다. 인식과 연결, 양육, 인간으로서 발전하는 우리의 여행에서 진짜가 되는 것은 꼭 필요한 과정이다. 감정은 데이터다. 감정은 다른 무언가를 가리키기 때문에 아주 중요한 데이터 중 하나다. 하지만 때로 우리는 감정의 굴레에 갇힌다. 그리고 그 감정을 그 아래에 있는 메시지보다 더 중요하게 받아들인다.

최근 자신의 감정을 각성했지만, 그 감정의 소용돌이 속에 갇힌 한 엄마를 만났다. 내가 딸에 관해 물으면 그녀는 계속해서 자신에 관한 이야기로 돌아갔다. 자신의 슬픔, 자신의 불안. 그녀가 딸과 나눈 대화를 들어보니, 그녀는 자신의 감정도 주체하지 못하는 터라 딸의 감정을 다룰 능력이 없었다. 그녀는 자신이 엄마로서 실패했다고 생각했다. 그런데 딸의 문제가 아니라 어디까지나 자신이 실패했다는 사실에만 초점을 맞추고 있었다. 내가 딸보다 그녀 자신의 상담에 비용을 들이는 편이 좋겠다고 말하자 그녀는 정중히 거절했다. 그녀는 딸이 문제를 극복하도록 돕고 싶었지만, 자신의 삶에서 반복되는 문제는 다루고 싶지 않았다. 딸이 회복되기를 바라는 마음이 아니었다면 그녀는 절대 내 상담실을 찾아오지 않았을 것이다. 이렇게 그녀는 자신의 감정에 갇혀 있었다. 한 십대 소녀는 내게 이렇게 말했다. "저는 자라고 싶지 않아요. 그냥 이해받고 싶을 뿐이에요." 감정이 이끄는 열차가 어떤 것인지를 정확히 보여주는 말이다.

성격에 따라서는 자기감정을 다루는 방식이 달라질 수 있다. 어떤 성격은 자신의 감정을 인식하기가 어렵다. 감정을 잘 표현하지 못하는 성격도 있다. 그런가 하면 사실과 감정을 잘 분간하지 못하는 성격도 있다. 감정을 잘 느끼는 사람일수록 사실과 감정을 잘 분간하지 못한다. 나 자신도 감정을 건강하게 다루는 법을 계속해서 배워가고 있다. 이 과정에 많은 은혜가 있다. 다시 말하지만, 지금 우리는 안내자 없이 새로운 길을 가고 있다. 우리 중에 감정이 더없이 귀하지만, 감정이 반드시 진실은 아니라는 사실을 배우며 자란 사람은 별로 없다.

당신의 감정을 사실과 혼동한 적은 언제인가? 최근 사춘기 딸이 당신과 시간을 보내려고 하지 않을 때였는가? 그때 당신은 딸이 당신을 좋아하지 않는 것처럼 느꼈을 뿐 아니라 그런 메시지가 사실인 것처럼 반응했다. 물론 감정은 필요하고 또 중요하다. 십대를 키우는 것은 때로 고통스러운 일이다. 아이가 친구들과만 시간을 보내려고 하면 부모로서는 속상할 수밖에 없다. 거부당하는 고통은 아프다. 하지만 당신의 감정은 당신을 향한 딸의 진짜 마음과 전혀 다르다. 당신의 딸과 같은 여자아이들을 수없이 상담해온 사람의 말이니 믿어도 좋다. 성경 공부 모임에서 다른 부모들이 가정 예배를 잘 드리고 있다고 하는 소리를 듣다가 감정과 사실을 혼동했는가? 당신이 아이의 영적 건강을 소홀히 했다는 생각에 점점 고개를 떨어뜨렸는가? 아이의 믿음이 부족한 것이 전적으로 당신의 잘못인 것처럼 느껴졌는가? 감정은 필요하고 또 중요하다. 자녀의 영적 상태를 걱정하고 자녀가 영적으로 더 성장하기를 바라는 마음은, 자녀와 함께 신앙에 관해 고민하고 성장해가는 원동력이 될 수 있다. 혹은 당신이 부모로서 실패했다는 '사실'에 점점 더 깊은 절망감에 빠질 수도 있다. 절망의 감정에 갇힐 수 있다.

내가 어릴 적에 감정을 표현하는 언어를 배웠다면 얼마나 좋았을까? 우리 부모님이 노력하지 않으셨던 것은 아니다. 단지 부모님의 부모님이 그들 앞에서 그런 언어를 사용하지 않았기에 잘 몰랐을 뿐이다. 우리 가족이 저녁 식탁에서 서로 감정에 관한 이야기를 했으면 얼마나 좋았을까? 부모님이 내 감정에 귀 기울이고, 내 감정을 이해해주셨으면 얼마나 좋았을까? 그리고 누군가가 내게 감정과 사실을 구분하는 법을 가르쳐주었다면 얼마나 좋았을까? 더 중요하게는, 감정과 진실을 구분하는 법을 알려주었다면? 그래서 지금 나는 매일 상담소에서 아이들에게 그렇게 해주려고 노력하고 있다. 나는 아이들에게 이렇게 묻는다. "그래서 어떤 기분이 들었니?" "무엇이 사실이니?" 단, 첫 번째 질문에 답할 시간을 충분히 준 다음에 두 번째 질문을 한다.

우리의 감정은 매우 중요하다. 감정은 우리가 누구이며 하나님이 누구이신지에 관해서 다른 어떤 것으로도 밝힐 수 없는 부분들을 밝혀준다. 그리고 감정보다 더 깊은 진실이 있다. 그것은 아이들과 우리를 위한 소망과 구속 그리고 큰 은혜에 관한 진실이다.

4. 자신을 돌보는 것은 이기적인 것이 아니다

지난주에 우리 상담실에서 한 엄마를 만났는데 딸을 한동안 학교에 보내지 않고 있다고 했다. 딸이 아픈 것은 아니었다. "딸에게 정신 건강을 챙길 휴식 시간이 필요할 것 같아서요. 학교에서는 그걸 할 수 없잖아요. 그래서 집에서 쉬게 하기로 했어요." 딸에게 자신을 돌볼 시간이 필요하다는 사실을 알고 실천하다니, 실로 지혜로운 엄마가 아닐 수 없다. 필시 그 딸은 충분히 회복된 심신으로 학교로 돌아가 친구들과 잘 지내고 학업에 정진하고 있을 것이다. 그리고 이 엄마는 자신의 정신 건강을 챙기기 위한 휴식 시간은 내지 않았을 것이다. 당신은 어떤가? 정신 건강을 위해 마지막으로 하루를 쉰 때는 언제였는가? 아직 그렇게 쉬어본 적이 없다면 한 가지 꼭 알아야 할 사실이 있다. 당신 자신이나 당신의 상담자 혹은 당신의 엄마 외에는 아무도 당신에게 쉬라고 말해주지 않을 것이다. 자신을 관리하려면 다른 사람의 허락을 기다리는 것을 그만두어야 한다.

나는 가끔 다른 사람들이 내가 세운 삶의 경계를 침범한다는 사실에 분노한다. 속으로 씩씩거리면서 생각한다. '왜 내 경계를 존중해주지 않는 거야?' 하지만 문제는 내가 애초에 다른 사람들에게 내 경계를 말해주지 않았다는 것이다. 내가 피곤해서 쉼이 필요하다는 사실을 아무도 알아주지 않는 것 같다. 아니면 내 경계가 너무 흐리멍덩한 것일까?

데이스타에서 양육 수업을 진행할 때마다 나는 시편 144편 12절을 인용한다. "우리 아들들은 어리다가 장성한 나무들과 같으며 우리 딸들은 궁전의 양식대로 아름답게 다듬은 모퉁잇돌들과 같으며." 나는 딸을 둔 부모들에게 여자아이들이 자신감에 관한 공격을 많이 받는다고 말해준다. 여자아이는 용기에 대한 공격도 많이 받는다. 그래서 통계를 보면 여자아이가 불안에 시달리는 경우가 남자아이보다 두 배나 높다.[3] 나는 시편 144편 12절에서 모퉁잇돌의 비유가 마음에 든다. 모퉁잇돌 하면 아름다움만이 아니라 비할 데 없는 강함이 떠오르기 때문이다. 모퉁잇돌은 엄청난 무게를 지탱한다. 여자아이들도 평생 수많은 것을 지탱해내야 한다. 나는 그 말을 하고 나서 그곳에 모인 엄마들을 보며 말한다. "여러분은 지금 정말 많은 것을 지탱하고 있습니다. 여러분의 삶에서 어떤 일이 벌어지고 있는지는 모르겠지만, 여러분이 정말 많은 것을 지탱하고 있다는 점만큼은 확실히 압니다. 오늘도 그럴 겁니다. 여러분은 사람들이 생각하는 것보다 훨씬 더 큰 무게를 지탱하고 계시죠. 여러분은 딸들을 자신감 있게 키우기 위해 막대한 짐을 감내하고 있습니다." 당신은 지금도 막대한 무게를 지탱하고 있다. 사람들은 1년 365일 당신의 힘에 의지하고 있다. 그리고 당신의 다섯 살짜리 아들이나 십대 딸, 심지어 당신의 배우자가 어느 날 "그 짐을 잠시 내가 대신 져줄 테니 내려놔요"라고 말할 가능성은 제로에 가깝다. 그러니 그 짐을 내려놓기로 당신 스스로 선택해야 한다. 그 짐을 지지 않는 순간에도 당신은 여전히 당신이다. 당신은 여전히 사랑받고 있다. 왜냐하면 그것이 진실이니까.

산책을 하라. 일기를 쓰라. 조금 늦게까지 잠을 자지 않고 재미있는 프로그램을 보라. 멋진 카페에 가서 당신 자신에게 맛있는 커피를 사주라. 당신 자신의 치료에 돈을 투자하라. 심호흡하라. 당신을 웃게 해줄 사람과 시간을 보내라. 당신은 그만한 대접을 받을 자격이 있다.

5. 당신은 사랑받고 있다

하나님께서 하시는 일 대부분은 여러분을 사랑하시는 것입니다. 그분과의 사귐을 지속하고, 사랑의 삶을 익히십시오. 그리스도께서 우리를 어떻게 사랑하셨는지 잘 살펴보십시오. 그분의 사랑은 인색한 사랑이 아니라 아낌없는 사랑이었습니다. 그분은 우리에게서 무언가를 얻으려고 사랑하신 것이 아니라 자신의 전부를 우리에게 주시기 위해 사랑하셨습니다. 여러분도 그렇게 사랑하십시오(엡 5:2, 메시지성경).

어릴 적에 사랑받지 못했다면 사랑하는 방식뿐 아니라 우리가 사랑받고 있음을 이해하기도 쉽지 않다. 우리의 부모가 일부러 그런 것은 아닐지 모르지만, 우리는 뭔가를 한 대가로 사랑을 받은 경우가 많았다. 늘 가정 안에서 할 일이 있었다.

다른 누군가를 돌보는 일, 가족을 웃게 해주는 일, 형제자매와 평화롭게 지내는 일, 책임감 있는 사람이 되는 일, 부모에게 자랑스러운 자식이 되는 일 등. 부모가 의도했든 의도하지 않았든, 사랑받기 위해 해야 한다고 생각하는 일이 무수히 많았다. 특별히 기억나는 일이 있는가? 부모에게 사랑받기 위해 혹은 부모의 사랑을 잃지 않기 위해 무엇을 해야 한다고 생각했는가? 하지만 하나님의 사랑은 그런 조건부가 아니며, 우리가 무슨 행동을 해도 그분의 사랑은 움직이지 않는다.

오늘 우리는 가정 안에서 수많은 역할을 감당하기 때문에 지금도 그런 역할을 의무 사항으로 혼돈하기가 쉽다. 하나님이 하시는 일 대부분은 우리를 사랑하시는 것이다. 하나님은 우리를 보시며 기뻐서 노래를 부르신다. 우리를 몹시 기뻐하신다. 하나님은 분노나 심지어 지혜도 아닌 사랑으로 우리를 진정시키신다. 그분은 우리를 있는 그대로 사랑하신다. 그분께는 은혜가 넘친다.

당신이 자녀를 위해 해야 할 다섯 가지

위의 마지막 문장을 다시 읽어보라. 은혜가 넘친다. 물론 당신이 자녀를 위해 해야 할 여러 가지 일이 있다. 하지만 그 일은 어디까지나 위에서 제시한 다섯 가지 전제 아래서 이루어져야 한다. (1) 당신이 지금 느끼는 감정이 무엇이든, 그것은 적절하다. (2) 당신의 감정은 걸림돌이 아니라 당신과 하나님의 마음에 관해 중요한 무언가를 보여주는 이정표다. (3) 감정은 사실이 아니다. 감정에 휘둘려서는 안 된다. (4) 자신을 돌보는 것은 이기적인 것이 아니다. (5) 당신은 사랑받고 있다.

이런 진실과 함께 당신이 들었으면 하는 것이 하나 더 있다. 아이가 불안과 싸우는 일에서 당신은 가장 큰 변화의 원동력이다.[4] 이 말이 너무 큰 부담으로 다가온다면, 한 가지를 더 들어보라. 댄 알렌더와 함께 참석한 세미나에서 그는 우리와 자녀의 관계가 우리 스스로 선택하지 않은 유일한 관계라고 말했다. 우리는 아이 수백 명 가운데 우리에게 맞는 아이를 고르지 않았다. 우리가 자녀를 고르지 않았다는 것은, 당신이나 나보다 훨씬 더 지혜로우신 분이 우리를 위해 골라주셨다는 뜻이다. 그분은 누가 우리의 자녀가 될지를 아셨다. 심지어 걸핏하면 우리를 화나게 만드는 자녀도 그분이 골라주신 것이다. 그분은 우리의 자녀가 어떤 일을 겪을지 아셨다. 그래서 그 아이에게 딱 맞는 부모로 우리를 선택하셨다. 따라서 우리는 이 일을 해낼 수 있다. 이번 장의 남은 부분에서는 불안해하는 부모들이 이 여정에서 가장 흔히 빠지는 몇 가지 함정을 피하도록 돕고자 한다.

불안은 우리에게 거짓말을 한다. 우리의 양육과 자녀에 관해서 거짓말을 한다. 불안은 우리를 제한한다. 불안은 우리가 하나님이 원하시는 부모가 되지 못하게 방해한다. 지금까지 나는 수없이 많은 부모를 상담했다. 문제의 패턴을 알 만큼 많은 부모를 상담한 것이다. 그래서 어떤 부분에서 불안이 자녀 양육에 열심인 부모의 길을 방해하는지 잘 알고 있다. 하나님은 새 일을 행하고 계신다. 하지만 우리는 불안할 때 상황을 스스로 통제하려다가 그 일을 보지 못할 때가 많다. 그리고 그렇게 스스로 상황을 통제하려고 하면 우리가 사랑하는 자녀의 삶에 악영향을 미치게 된다. 그래서 불안해하는 부모가 흔히 빠지는 함정을 다섯 가지로 간추렸다. 불안해하는 부모들과 그들이 사랑하는 자녀의 삶에서 변화를 일으킬 수 있는 점을 딱 다섯 가지만 추린다면 다음과 같다.

1. 당신 자신의 불안을 다루라

부모가 불안을 경험하고 있다면 자녀도 불안을 경험할 확률이 일곱 배나 높다는 말을 기억하는가? 물론 DNA는 큰 요인 중 하나다. 하지만 우리가 자녀에게 사용하는 언어도 중요하다. 불안에 휩싸인 말은 불안을 전해준다. 우리가 자녀 앞에서 세상과 상호 작용하는 모습도 중요하다. 우리가 두려움과 불신으로 행동하면 자녀에게 그 두려움과 불신을 전해주는 셈이다. 우리가 그들과 상호 작용하는 모습도 중요하다. 자녀에게 걱정 괴물이 좋아하는 도망치기와 회피하기를 해법으로 제시한다면, 자녀의 불안을 더 커지게 할 수밖에 없다. 이 책을 읽는 내내 다른 사람의 이야기 같지 않았다면 당신 자신의 불안을 다루기를 바란다.

자녀가 부닥친 상황에 관해서 자녀보다 더 불안해할 때가 많은가?

머릿속에서 최악의 시나리오를 상상할 때가 많은가?

혹시 일어날지 모르는 일에 관한 생각과 이미지를 떠올리며 밤새 잠을 이루지 못할 때가 많은가?

자녀 대신 나설 때가 많은가? 자녀가 어려운 일을 겪지 않도록 문제를 해결해주고 답해주며 보호해주고 구해줄 때가 많은가?

위의 예에서 내가 "많은가?"라는 표현을 사용했다는 점에 주목하라. 우리는 모두 이렇게 할 때가 있다. 하지만 이런 일이 항상 일어난다면 문제가 된다. 따라서 이렇게 할 때가 '많다면' 지금이야말로 당신 자신의 불안을 들여다보아야 한다.

내가 불안에 관해 앞서 펴낸 세 책(『걱정 없는 여자아이로 기르는 법』, 『더 용감하게, 더 강하게, 더 똑똑하게』, 『용감한』)은 부모나 여자아이들이 다른 도움을 받기 전에 먼저 그 책들을 읽었으면 하는 마음으로 썼다. 심지어 나는 상담받기 위해 찾아온 부모들에게도 이렇게 말한다. "먼저 그 책을 읽으세요. 그 책에서 추천하는 도구들을 사용해보세요. 그렇게 해서 3개월 안에 아무런 변화가 없다면 다시 찾아오세요." 당신에게도 똑같이 말하고 싶다. 『불안을 이기는 부모 워크북』을 구해서 읽으라. 불안이 당신이 원하는 부모가 되는 데 큰 걸림돌이 되고 있는가? 그렇다면 이 워크북을 대충 읽지 말고 충분히 시간을 내서 철저히 활용하라. 마음 챙김을 실천하라. 생각을 재구성하라. 당신의 마음을 주변 사람들에게 나누라. 그러고 나서도 상황이 나아지지 않거나 불안이 주체할 수 없을 지경에 이른다면, 상담사를 찾아가라.

믿을 만한 친구들에게 추천을 받는 것도 좋다. 교회에 전화해서 문의해보거나 의사와 상담하라. 보험 적용이 된다고 해서 아무 상담 센터나 찾아가는 것은 바람직하지 않다. 아는 사람이 직접 경험해보고서 추천하는 상담 치료사를 찾아가는 것이 좋다. 당신과 사랑하는 자녀의 마음을 아무에게나 털어 놓을 수는 없다. 실력이 검증된 치료사여야 한다. 많은 경험이 있거나 그런 사람에게 지도를 받은 치료사여야 한다. 또한 친절함과 강함을 겸비한 치료사가 좋다. 부드러우면서도 압박할 때는 압박할 줄도 알아야 한다. 그리고 이왕이면 이 불안한 세상에서 소망과 치유, 믿음을 찾는 데 신앙이 필수라고 믿는 치료사가 좋다. 마지막으로, 급한 상황이 아니라면 최고의 치료사를 찾을 때까지 기다리는 편이 낫다.

믿을 만한 치료사를 찾으라. 그리고서 그가 듣기 힘든 말을 해도 끝까지 상담받으라. 데이스타의 접근법 중 내가 가장 좋아하는 부분은 아이들(과 부모들)이 자신이 받은 상처뿐 아니라 다른 사람들에게 준 상처도 돌아보게 돕는 것이다. 우리는 모두 상처를 주고받으며 살아간다. 나 역시 나를 상담해주는 치료사들을 통해 나 자신, 내 과거, 그 과거가 현재의 내 모습과 다른 사람들과 맺은 관계에 미친 영향을 깊이 이해할 수 있었다. 그들은 내게 그 무엇보다, 통찰력이나 치료 도구보다 예수님과 그분의 은혜가 필요하다는 사실을 볼 수 있게 도와주었다. 당신도 계속해서 이런 사실을 발견하다 보면 짐이 점점 더 가벼워질 것이다. 그러면 사랑하는 자녀에게 짐을 덜 전해주게 될 것이다.

2. 자녀가 자라도록 풀어주라

길게 말하지 않아도 무슨 뜻인지 알 것이라고 생각한다. 우리가 좋은 뜻으로 하는 행동 이면에 도사린 불안으로 인해 사랑하는 자녀의 앞길을 막곤 한다. 우리는 자녀의 성장을 곧잘 방해한다. 자녀가 시행착오를 겪으며 배우지 못하게 한다. 생각해보라. 우리도 시행착오를 거쳐 성장했다. 어렸을 때 시련이나 실패를 통해 배운 점 한 가지를 떠올려보라. 당신이 어떻게 독립심을 기르게 됐는지 생각해보라.

지금 내 모습이 형성되기까지 가장 큰 영향을 미친 두 가지는 부모의 도움 없이 해낸 활동이다. 하나는 와이 틴스(Y-Teens) 활동이었다. 와이 틴스는 아칸소주 전역에서 운영되며, 청소년들에게 리더십과 자원봉사 정신을 길러주는 조직이다. 아마 아칸소주 밖에서도 운영될 것이다. 우리는 댄스파티를 열어 남자아이들을 초대하기도 했다. 나는 와이 틴스를 사랑해서 고등학교 2학년 때는 시 전체의 부회장을 맡기도 했다. 와이 틴스를 통해 나는 지역 사회에서 봉사할 기회를 얻었다. 또래 친구 수백 명 앞에 서서 우스꽝스러운 노래를 부르고 연설을 하기도 했다. 당시 나보다 어린 친구들을 돕고 싶다는 열정으로 불타올랐다. 지금 와서 돌아보면, 내가 어떻게 그런 일을 해냈나 싶다. 아마 우리 부모님도 그런 생각을 하며 걱정하셨을 것이다. 하지만 부모님은 내가 스스로 경험하며 리더십을 배워가도록 해주셨다. 특히 연설해야 할 때마다 불안감에 얼굴이 수척해져도 두 분은 묵묵히 봐주셨다.

다른 하나는 발데마르라는 멋진 캠프장에서 한 활동이다.

걱정하지 않는 척하시지만, 속으로는 누구보다 걱정이 많은 우리 엄마가 여름마다 텍사스행 비행기에 홀로 몸을 싣는 나를 볼 때 그 심정이 어떠했을지 상상이 가지 않는다. 엄마는 내가 수영하고, 골프를 치고, 양궁을 하고, 말 타는 것을 비롯해서 흥미도 없고 재능도 없는 온갖 활동을 하게 될 줄 아셨다. 하지만 나는 그 모든 것을 해냈다. 물론 몇 번은 실패해서 창피를 당하기도 했지만, 한 번은 골프 경기에서 홀인원(티 박스에서가 아니라 칩샷으로)으로 우리 팀을 승리로 이끌었다. 그때 정말이지 나도 놀랐다. 엄마는 내가 발데마르에서 평소의 나답지 않게 리더로 활동하고 연설하며 수백 명이 보는 앞에서 기타를 치느라 진땀을 빼게 될 줄 전혀 모르셨다. 하지만 그 모든 상황에 상관없이 부모님은 가서 성장하도록 나를 풀어주셨다.

지금 내 일상이 여자아이들을 인도하고, 전 세계 수천 명의 부모 앞에서 강연하는 것이라는 사실이 아이러니하다. 심지어 나는 호프타운에서 기타도 친다. 하지만 이 일들은 전혀 아이러니가 아니다. 이 일들에는 바로 하나님의 손길이 담겨 있다. 하나님은 내가 정확히 53세에 하게 될 일을 13세에 준비시키셨다. 만약 그때 우리 부모님이 불안을 이기지 못하고 나를 막으셨다면, 나는 지금과 같은 일을 하지 못했을 것이다.

오늘 당신의 자녀가 성장하도록 어떻게 풀어줄 수 있을까? 아이가 무엇을 하게 놔둘 것인가? 아이들은 힘든 일, 큰 용기가 필요한 일을 '전적으로 내 힘으로' 해냈다는 기분을 맛보아야 한다. 갓난아기만 그런 것이 아니다. 물론 이것이 갓난아기가 새로운 기술을 배우는 주된 방식이긴 하지만 말이다. 모든 나이의 아이는 이런 식으로 배워야 한다. 아이는 자신이 할 수 있다고 생각지도 못했던 일에 도전하고 그것을 해내면서 자신감과 목적의식을 얻는다. 무엇보다도, 힘든 일 속에서도 하나님이 자신과 함께 계시며, 그 힘든 일을 통해 그분이 원하시는 모습으로 자신을 성장시키신다는 사실을 배우게 된다.

3. 따스함을 품으라

이 사실을 타이핑하는 것조차 힘들다. 『걱정 없는 여자아이로 기르는 법』을 쓸 때 이 책의 앞부분에서 언급한 이야기를 처음 접하게 되었다. 그것은 불안이 따스하지 않은 부모와 연결되어 있다는 것이다.[5] 나는 그 이야기를 읽기가 정말 힘들었다. 그리고 내 상담소에서 그 말을 하기는 더더욱 어려웠다. 하지만 이 이야기는 엄연한 사실이다. 물론 항상 그렇지는 않다. 하지만 불안해하는 부모는 자녀를 따스하게 대하지 않는 경우가 많다. 그들이 노력하지 않는 것은 아니다. 자녀를 따스하게 대하기를 원치 않는 것도 아니다. 하지만 너무 노력하다 보니 따스함을 잃는 경우가 많다. 양육을 제대로 하는 데만 집중하다 보니 자신의 본모습을 잃어버린 것이다. 그리고 자녀에게 진정으로 필요한 연결을 잃게 된다.

1975년, 보스턴 매사추세츠대학에서 '유아-부모 정신 건강 프로그램'(Infant-Parent Mental Health Program)을 진행한 에드워드 트로닉(Edward Tronick)은 '무표정 실험'(Still Face Experiment)이라는 유명한 연구를 했다. 이 실험의 결과는 발달 심리학 분야의 여러 연구에서 계속해서 확인되고 있다. 실험 내용은 이러하다. "아기는 '반응도 표정도 없는 엄마'와 3분간 상호 작용한다. 갑자기 울음을 터트린 아기는 엄마에게 주의를 집중한다. 아기는 평소의 상호적인 패턴으로 돌아가기 위한 시도를 반복한다. 이런 시도가 실패하자 아기는 더는 시도하지 않고 포기한 표정으로 엄마에게서 얼굴과 몸을 돌린다."[6] 이 연구는 무엇보다도 애착 그리고 엄마와 자녀의 우울증을 파악하는 데 중요한 기초가 되었다. 가트맨 연구소(The Gottman Institute)에서 발표한 논문은 그 아기가 애착의 상실만이 아니라 행위 주체성의 상실을 경험했을 수도 있다고 덧붙였다.

행위 주체성이란 "이 세상에서 자신의 행동을 주도하고 실행하며 통제한다는 주관적인 의식을 말한다. 예를 들어, 우리가 아이들의 감정 표현을 무시하고 '무표정'을 보내면 아이들은 행위 주체성 상실을 경험한다."[7]

불안해하는 아이들은 행위 주체성이 부족하다. 하지만 부모의 따스함은 그 행위 주체성을 확립하는 데 도움을 줄 수 있다. 부모의 따스함은 아이를 이해하고 소중히 여긴다는 느낌을 줄 뿐 아니라 자신감을 키워줄 수 있다. 애착 이론 분야의 권위자인 가트맨은 아이들과 연결되기 위한 감정 코칭을 제시한다. 그 코칭의 다섯 가지 핵심 단계는 다음과 같다.

— 아이의 감정을 파악하라.
— 아이의 감정 표현을 친밀함과 가르침의 기회로 삼으라.
— 공감하는 마음으로 아이의 감정에 귀 기울이고 그 감정을 인정해주라.

─ 아이가 자신의 감정을 말로 설명하도록 도우라.

─ 아이가 문제를 해결하거나 속상한 상황을 적절히 다루도록 도와줄 때 한계를 설정하라.[8]

이 모든 단계는 따스함을 풍긴다. 하지만 우리는 너무 바쁘거나 너무 걱정이 많을 때 따스함을 잃기가 쉽다. 오래전 지독히 완벽주의적인 아빠를 만났다. 딸을 위한 상담에서 그의 주된 목표는 딸이 자기 조절 능력을 기르는 것이었다. 내가 만난 그 어떤 아빠보다도 노력하는 이 아빠와 마주 보고 앉았는데, 거기서 나는 따스함을 전혀 느낄 수 없었다. 또 도무지 진전이 없는 딸의 상태에 그가 짜증을 내고 있음도 느꼈다. 나는 딸도 만나봤기 때문에 그 아이가 무척 노력하고 있음을 잘 알았다. 아이들은 어른과 달리 인식이나 능력이 부족하기에 변화가 더딜 수밖에 없다. 나와 나눈 마지막 대화에서 이 아빠는 계속해서 아이가 변화되기를 원하는 모습만 이야기했고, 나는 계속해서 따스함과 연결의 중요성을 강조했다. 하지만 그것은 그가 듣기 원하는 말이 아니었다. 이것이 그날 이후 그가 다시는 내 상담소에 찾아오지 않은 이유라고 생각한다. 아무쪼록 지금은 그가 딸에 대한 따스함을 찾았기를 바란다. 부모의 따스함은 아이들이 자신을 바라보는 시각과 세상과 상호 작용하는 방식에 지대한 영향을 미친다.

혹시 이 글을 읽으면서 이런 생각을 하고 있는가? '음, 이것만은 힘들겠어. 나는 천성이 따스한 사람이 못돼.' 그렇다면 연습하라. 거울 앞에 서서 따스한 표정을 연습하라. 농담이 아니다. 따스한 어조를 연습하라. 그러고 나서 아이의 눈높이로 내려가 아이의 두 눈을 지그시 바라보라. 아이의 어깨를 만지라. 처음에는 어색하더라도 아이를 안아주라. 시간이 지나면 어색함이 덜해질 것이다. 아이에게 사랑한다는 말을 자주 해주라. 아이와 함께 웃으라. 그리고 기도하라. 로마서 15장 5-6절의 진리로 돌아가라. 하나님은 하실 수 있다. 하나님은 당신이 따스해지도록 도우실 수 있고, 그 따스함을 통해 아이가 당신에게 돌아오고 그 과정에서 용기와 자신감을 얻도록 도와주실 것이다.

4. 공감하고 질문하라

한 엄마와 상담을 마치고 문을 나서면서도 그녀에게 계속해서 이렇게 말했던 기억이 지금도 생생하다. "공감과 질문. 공감과 질문! 오늘 저한테 들은 이야기를 다 잊어도 이것만큼은 꼭 기억하세요. 아이에게 꼭 공감하고 질문하세요." 이 엄마도 열심히 노력하며 불안해하는 엄마였다. 그녀가 50분 내내 자신의 걱정과 두려움을 쏟아내는 바람에 내가 말할 틈이 거의 없을 정도였다. 그녀는 계속해서 자기 자신을 의심하고 부모로서 자신의 행동을 분석했다. 그러다 보니 아이보다 자기 자신에게 더 초점을 맞추고 있었다. 최근 누군가에게서 예전에는 '자녀 양육'이라는 표현을 썼지만, 요즘에는 '부모 양육'이라고 한다는 말을 들은 적이 있다. 흥미롭지 않은가? 오늘날 우리는 부모 자신의 성과와 실패에 더 초점을 맞춘다. 그래서 관심이 아이에게서 부모 자신에게로 넘어갔다. 이 책을 통해 부모의 초점이 아이에게로 돌아가기를 바란다. 초점을 부모 자신에게 맞추면 압박감이 너무 크다.

자, 공감과 질문 이야기로 돌아가보자. 이것은 내가 상담 사무실에서 매시간은 아니더라도 매일 강조하는 것이다. 데이비드와 나는 강연자로 참석하는 모든 양육 세미나에서 이 이야기를 한다. 명심하라. 불안해하는 아이는 자신의 능력을 믿지 못한다. 그리고 불안해하는 부모는 아이가 처한 상황에 대해 아이 자신보다도 더 감정적으로 반응하는 경우가 많다. 불안해하는 아이는 스스로 문제를 해결하기보다는 고민과 문제 해결을 부모에게 맡기기 쉽다. 그리고 부모는 강한 감정에 휩싸여 있기 때문에 성급하게 자신이 나서서 문제를 해결해버린다. 하지만 아이의 불안은 스스로 문제를 해결한 만큼 줄어든다. 아이는 문제에 대한 해법을 스스로 찾아내고 적용하는 법을 배워야 한다.

아들이 육상 감독에게 화가 나서 집에 돌아온다. "정말 힘들었겠구나. 어떻게 하고 싶니?" 딸이 운동장에서 더는 같이 놀지 않겠다는 절친의 말에 큰 상처를 받고 집에 돌아온다. "상처가 컸겠구나. 얼마나 힘드니? 어떻게 하면 좋을까?" 아이가 어떤 문제를 만나든 우리의 공감은 우리가 방금 이야기한 따스함을 전해준다. 아이는 우리가 자신의 말을 듣고 이해해준다고 느끼고, 우리에게 더 연결된 느낌을 받는다. 아이들은 대개 자신이 혼자 문제와 씨름하고 있다고 느낀다. 그렇지 않다는 것을 경험하기 전에는 말이다. 우리가 공감을 표시하면 아이는 그 문제를 고민하는 자기 곁에 우리가 있음을 깨닫는다. 그리고 우리의 질문은 아이가 스스로 해법을 찾아낼 수 있다고 믿어준다는 메시지를 함축한다. "어떻게 하면 좋을까?" "너의 계획은 무엇이니?" "이 상황을 어떻게 풀면 좋을까?" "이 상황에서 어떤 모습을 보이면 좋을까?" "하나님은 네가 어떻게 하기를 원하실까?" 이런 질문은 아이의 능력을 믿는다는 메시지를 전해주고, 공감은 연결을 강화한다. 이 둘은 똑같이 중요하다.

5. 하위 20퍼센트를 버리라

　이것은 3장에서 이미 한 이야기다. 하지만 한 번 더 이야기할 만큼 중요하다고 생각한다. 사실, 이것은 내가 상담실에서 매일같이 강조하는 이야기다. 어제도 한 엄마에게 이 이야기를 했다. 물론 그 엄마는 나와 같은 완벽주의자다. 우리 같은 사람들은 경중을 분간하지 않기 때문에 대수롭지 않은 일도 그냥 넘어가지 못한다. 그래서 때로 우리는 하위 20퍼센트가 있는지도 모른다. 또한 나는 '예스'보다 '노'부터 버려야 한다고 생각한다.

　조카가 태어났을 때 나는 남자아이에 관해 많은 조사를 했다. 오랫동안 수많은 아이를 상담했지만, 남자아이를 다루는 일은 내 전문 분야가 아니다. 어디선가 부모들이 아기에게 '노'보다 '예스'를 자주 사용해야 한다는 글을 읽은 적이 있다. '노'를 적게 사용하면 그 말이 더 큰 무게를 지니게 되고, '예스'를 자주 사용하면 사랑하는 아이와 더 깊이 연결될 수 있다는 것이다. 당신은 '예스'와 '노' 중에서 주로 무엇으로 시작하는가? '예스'로 시작하려고 의식적으로 노력해보라. 또한 지금 자녀와 갈등을 빚고 있는 일들을 나열해보길 바란다. 갈등의 횟수가 많거나 당신이 느끼는 분노의 강도가 큰 순서대로 정리하라. 자녀와 부딪히는 전투의 총 횟수를 줄이면 각 전투의 강도도 줄어든다. 다시 말해, 하위 20퍼센트를 버리면 상위 80퍼센트에서 갈등의 강도가 줄어든다.

내가 가장 좋아하는 저자 중 한 명인 켈리 코리건(Kelly Corrigan)은 이렇게 말한다. "사람을 키우는 것은 장난이 아니다. 이는 심각한 영향을 미치는 심각한 일이다. 항공 교통을 관제하는 것만큼이나 중요한 일이다. 단 일 분도 손에서 놓을 수 없다. 잠시 멈추고 무릎을 긁을 틈도 없다."[9] 그러니 불안할 수밖에 없다. 하나부터 열까지 세세하게 관리하고 어떤 날은 모든 문제와 씨름할 수밖에 없다. 하지만 이번 장에서 다룬 내용 중에서 당신이 꼭 마음에 새겼으면 하는 것이 있다. 필요하다면 종이에 적어 냉장고에 붙여놓으라.

① 당신 자신의 불안을 다루라.
② 자녀가 자라도록 풀어주라.
③ 따스함을 품으라.
④ 공감하고 질문하라.
⑤ 하위 20퍼센트를 버리라.

지금부터 몇 년 후 우리가 사랑하는 아이들은 이 문장의 빈칸을 채울 것이다. "우리 엄마는 항상 _____라고 말씀하셨어." "우리 아빠는 항상 _____라고 말씀하셨어." 혹은 "우리 이모는 항상 _____라고 말씀하셨어." 나는 그 아이들이 빈칸을 이렇게 채우게 되면 좋겠다. "우리 엄마와 아빠는 항상 나를 사랑하셨어. 두 분은 항상 나를 믿어주셨어. 두 분은 항상 내가 어떤 상황도 충분히 다룰 수 있을 만큼 똑똑하고 강하고 용감하다고 믿어주셨어. 그리고 내가 그렇지 않다고 생각할 때마다 이 이야기를 다시 해주셨어. 우리 엄마와 아빠는 희망을 품으셨어. 나에 대해서, 나를 향한 하나님의 사랑과 공급하심에 대해서 희망을 품으셨어." 다음 3부에서는 바로 이런 희망에 관한 이야기를 해보기로 하자.

> **KEY POINT!** 불안을 이기는 부모를 위한 조언
>
> 1 당신이 지금 느끼는 감정이 무엇이든, 그것은 적절하다.
> 2 당신의 감정은 걸림돌이 아니라 당신과 하나님의 마음에 관해 중요한 무언가를 보여주는 이정표다.
> 3 감정은 사실이 아니다. 감정에 휘둘려서는 안 된다.
> 4 자신을 돌보는 것은 이기적인 것이 아니다.
> 5 당신은 사랑받고 있다.
> 6 아이가 불안과 싸우는 일에서 당신은 가장 큰 변화의 원동력이다.
> 7 당신 자신의 불안을 다루라.
> 8 자녀가 자라도록 풀어주라.
> 9 따스함을 품으라.
> 10 공감하고 질문하라.
> 11 하위 20퍼센트를 버리라.

3부

미래를 위한 희망

9장.
실패를 인정하라, 은혜를 알라

(완벽주의자 부모를 위한 장, 하지만 다른 부모들에게도 도움이 되는 장)

나는 나와 같은 완벽주의자 혹은 에니어그램 1형 부모들을 만나기 좋아한다. 우리 같은 유형은 해야 할 일이 많고, 그 일들을 잘 해내야만 한다. 우리 안에서는 압박이 끊이지 않을 뿐 아니라 끊임없이 우리의 모든 발걸음을 통제하는 비평가의 목소리가 들려온다. 우리는 사랑하는 사람들에 관한 일을 제대로 하기를 원한다. 아니, 우리는 모든 일을 잘하기를 원한다. 일을 망치거나 다른 사람에게 상처 주거나 어떤 식으로든 실패하고 싶지 않다.

작은 내부 정보 하나를 공개하겠다. 데이스타 상담소의 다른 상담가들은 자신들이 담당한 아이들의 완벽주의자 부모를 내게 보내, 부모 상담을 받게 하곤 한다. 인정하기 싫지만, 그 이유가 우리 같은 부류는 피드백을 잘 받아들이지 않기 때문이다. 우리는 뭐든 잘하기를 원하기 때문에 잘못하고 있다는 말을 듣기를 좋아하지 않는다. 우리는 방어적이다. 그리고 이런 완벽주의와 방어적인 태도는 상대방에게 위압감을 준다. 물론 우리도 그러고 싶지 않다. 사실 누군가가 우리에게 그렇다고 말하면, 우리는 자신에게 크게 화가 나서 그것을 고치려고 미친 듯이 애쓸 것이다. 나 같은 사람은 피드백을 듣고 내 행동을 바꾸려고는 노력하되, 부정적인 피드백을 한 사람을 평생 미워할지도 모른다. (이 정도 말했으니 내게 부정적인 피드백을 하는 사람은 없겠지!) 하지만 나의 장점을 진심으로 믿어주는 사람이 그런 피드백을 했다고 하면 상황은 달라진다.

내가 얼마나 열심히 일하고 있는지 알아주는 사람, 내가 최선을 다하고 있다고 믿어주고 내가 잘되기를 진심으로 바라는 사람이 말하면 무슨 말이든지 귀를 기울일 수 있다. (사과도 내 사랑의 언어 중 하나다.) 이것이 다른 상담가들이 보낸 완벽주의자들을 내가 기쁘게 받아들이는 이유다. 나는 그들의 마음을 안다. 완벽주의자, 그러니까 당신은 정말 열심히 노력하고 있다. 매일, 매 순간 최선을 다하고 있다. 당신은 한밤중에도 깨어나서 어떻게 하면 더 열심히 할까를 고민한다. 완벽주의자들에게는 양육이 특히 어려울 것이다. 우리가 사랑하는 아이들은 우리 뜻대로 되지 않을 뿐 아니라 우리가 최선을 다하고 있다고 믿어주지도 않기 때문이다. 아니면 어렸을 때는 믿어주다가 청소년기에 가까워질수록 그런 믿음을 버리기도 한다. 그것이 십대 자녀를 둔 많은 부모가 이렇게 말하는 이유다. "아이들이 어렸을 적에는 키우기가 정말 쉬웠어요. 바닥에 함께 앉아 몇 시간이고 아이들과 게임을 할 수 있었죠. 그런데 지금은 힘들어요." 어린 자녀에게 완벽주의자 부모는 최고 인기 스타다. 방바닥에서 아이들과 놀아주고, 요리해주며, 숙제를 도와주고, 아이를 데려오기 위해 시간에 맞춰 축구장으로 간다. 이 모든 일을 완벽하게 해낸다. 하지만 아이가 열한 살(혹은 열 살, 심지어 여덟 살)쯤 되면 부모 말을 잘 듣지 않게 된다. 그들은 우리가 원하는 것과 다른 선택을 하기 시작한다. 불쾌한 표정을 짓고, 부모를 좋지 않게 본다. 한마디로, 양육이 힘들어진다.

이번에도 당신이 내 상담실에 앉아 있다고 상상해보라. 우리가 그렇게 마주 보고 앉아 있다면 당신은 무슨 말을 하겠는가? 몇 분간 그 말을 생각해서 노트에 적어보라. 당신이 짊어지고 있는 모든 짐에 관해서 듣고 싶다. 당신이 느끼는 모든 압박감, 도무지 변하지 않는 자녀, 자녀를 제대로 키우지 못하는 자기 자신에 대한 분노, 그런 것을 다 적어보라.

이번 장은 당신 같은 완벽주의자 부모를 위한 장이다.

당신이 어떤 기분을 느끼고 있는지를 더 알고 싶다. 물론 직접 만나는 것만큼은 못하겠지만, 책을 통해서 가능한 최대한 당신과 가까워지고 싶다. 그러니 최대한 우리가 한 공간에 있다고 상상해보라. (사실, 평온하고 안전한 곳에 있는 자신을 상상하는 것도 불안을 다루기 위한 인지 행동 치료의 한 종류다.) 자, 머릿속에 그려보자. 나는 내 책상에 앉아서 미소를 띤 채 당신 쪽으로 몸을 기울이고 있다. 당신은 내 상담실의 소파에 앉아 있다. 내 애완견 루시는 당신의 발치에 앉아 있다. 먼저 함께 심호흡을 세 번 하고서 시작하고 싶다. 그리고 당신에게 가장 먼저 하고 싶은 말은 이것이다. "저는 당신에게 깊은 관심이 있어요. 당신이 최선을 다하고 있는지 잘 알아요. 모든 일을 완벽하게 해내는 게 얼마나 힘든 일인지 잘 알죠. 모든 일을 완벽하게 해내는 부모가 되는 것은 더더욱 어려운 일이죠. 당신은 늘 노력하고 있어요. 그런데 때로는 혼자서만 노력하고 있어요. 때로 남들이 알아주거나 감사하지 않는 상황에서 노력하고 있어요."

오래전, 에니어그램을 연구하는 소그룹을 이끌던 한 친구에게서 내가 좋아하는 이론가 중 한 명이 에니어그램에서 1번이 가장 힘든 숫자라고 했다는 말을 들은 적이 있다. 그 친구는 우리 모두의 머릿속에는 내적 비판자가 있는데 1번 유형의 내적 비판자가 훨씬 크고 자주 비판을 퍼붓는다고 했다. 그 말을 듣고 나를 알아준다는 기분이 들었다. 그리고 한결 마음이 편해졌다. 그때부터 완벽주의자를 만날 때마다 이 사실을 말해준다. 1번 유형으로 사는 것은 힘들다. 그리고 1번 유형이 부모로 사는 것은 훨씬 힘들다.

내가 당신의 편이고 당신을 이해한다는 점을 충분히 설명했으니 좀 더 깊이 파헤쳐보자. 우리 자녀에게는 완벽한 부모가 아니라 지금의 부모가 필요하다. 그리고 부모인 우리가 완벽을 추구하면, 우리 아이는 도저히 따라 할 수 없는 모범이자, 도무지 다가갈 수 없는 부모를 얻게 된다. 우리가 완벽해지는 데만 정신이 팔렸으면, 자녀는 진정한 우리와 연결될 수 없다. 그리고 우리 자신에게 적용하고 결국 자녀에게도 적용하게 되는 불가능한 기준 때문에, 자녀는 낙심하고 자신감을 잃게 될 것이다.

자, 그러나 이제 희망에 관한 이야기로 넘어가자.

큰 희망이 있다. 당신을 위한 희망, 당신과 사랑하는 자녀의 관계를 위한 희망 말이다. 나는 이 희망이 이번 장의 제목에서 시작한다고 믿는다. 실패를 인정하라. 은혜를 알라.

지난주에 당신이 실패한 세 가지를 써보라. 농담이 아니다. 분명히 당신은 실패한 적이 있을 것이다. 왜냐하면 우리는 모두 실패할 때가 있기 때문이다. 아무리 실패의 기억을 지우려고 해도 당신은 그것을 똑똑히 기억하고 있을 것이다. 진정한 희망은 솔직함을 통해 발견된다. 실패를 인정하라. 은혜를 알라. 당신이 어떤 부분에서 실패했는지만이 아니라 그 실패 후에 자기 자신에게 어떤 말을 했는지도 기록하기를 바란다. 실패 자체보다도 그 실패에 관해서 자신에게 한 말이 당신에게 더 상처를 주었을 것이다.

나는 데이스타의 동료들에게 이렇게 물었다. "완벽주의자 부모에게 무슨 말을 해주고 싶으세요?" 이번 장의 남은 부분에서 그들의 답을 소개할 것이다. 자, 이제 시작해보자. 우리 같은 완벽주의자는 빨리 움직이고 본론부터 듣기를 좋아하니까 말이다. 진짜 희망이 있다. 실패를 인정하고 은혜를 알기만 하면, 이 희망은 당신 것이 될 수 있다.

모든 완벽주의자 부모가 알았으면 하는
다섯 가지 희망적인 사항

1. 열 번 중 다섯 번만 잘해도 좋은 부모다

아마도 처음 부모가 되었을 때 '애착'이란 단어를 들어보았을 것이다. 친구들에게서 애착에 관한 책을 소개받고, 애착 과정을 제대로 해내도록 도와주는 앱도 추천받았을 것이다. 심지어 부모와 자식 사이의 '애착을 강화할' 육아용품도 선물로 받았을 것이다.

지난 몇십 년 사이에 애착 이론은 발달 심리학의 중심으로 부상했다. 특히, 애착 이론을 빼놓고서는 아이의 생후 처음 1년을 논할 수 없게 되었다. 간단히 말해, 애착은 아이와 보호자의 상호 작용과 관계가 있다. 건강한 애착은 아이가 자신을 사랑하는 부모가 음식이나 잠, 위로 같은 기본적인 필요를 채워줄 것이라고 확실히 믿는 것을 의미한다. 2019년 리하이 대학교에서 진행한 한 연구에 따르면, "보호자가 애착에 대한 아기의 욕구에 50퍼센트만 제대로 반응해줘도 아기에게 긍정적인 영향을 미칠 수 있다."[1]

그렇다. 당신이 잘못 읽은 것이 아니다. 사실, 이것은 우리가 몇 장 전에서 소개한 통계다. 부모는 50퍼센트만 제대로 하면 된다!

50퍼센트는 그리 많은 것이 아니다. 필시 당신은 100퍼센트를 겨냥하고 있을 것이다. 완벽주의자는 모든 일을 완벽하게 하려고 하니까 말이다. 아이의 뇌 크기가 말 그대로 두 배가 되는 시기에도 50퍼센트면 충분하다면,[2] 발달 단계의 다른 시기에도 50퍼센트면 차고 넘친다.

이 획기적인 리하이대학교 연구의 보고서에는 이런 내용도 있다. "애착 형성이 잘된 유아는 어린 시절과 성인기에 더 좋은 성과를 낼 가능성이 크다."[3] 50퍼센트는 아이의 생후 첫해만이 아니라 생애 전체에 큰 차이를 만든다.

나는 학업에서 100점이 아니라 추가 학점까지 해서 102점과 104점을 받아야 한다고 스스로 압박하는 완벽주의자 여자아이들을 자주 만난다. 나는 그 아이들에게 "94점은 어떤 수준이지?"라고 묻는다. 그러고서 94점도 전국에 있는 모든 학교를 통틀어 여전히 A 학점이니, 94점을 목표로 삼으라고 최선을 다해 그 아이들을 설득한다. (아이가 완벽을 추구하도록 압박해주기를 바라며 딸을 내게 보내는 부모들에게는 미안하다.) 당신도 이 책을 통해 완벽을 추구하지 않아도 된다는 점을 이해할 수 있기를 바란다. 양육이라는 여행에 많은 은혜가 있음을 알았으면 좋겠다. 50퍼센트를 추구하면 많은 은혜의 여지가 생긴다.

오늘 당신의 양육에 퍼센티지로 점수를 매긴다면 몇 퍼센트를 줄 수 있을까? 몇 퍼센트를 목표로 삼았는가? 몇 퍼센트면 94점에 해당할까? 당신이 실수할 수 있는 인간이라는 사실을 겸손히 인정하면서도 스스로 노력하고 있다는 뿌듯함을 얻고 싶다면 몇 퍼센트를 추구하면 될까? 퍼센티지를 낮추면 압박감이 크게 줄어들 수 있다.

올해 내가 읽은 글 중에서 "불완전한 가족을 위한 팔복"이 가장 기억에 남는다. 그 글을 일부만 소개하면 다음과 같다.

아무런 일도 기도 책도 없이, 그저 모두가 잠든 집의 평온함과 미지근한 인스턴트커피 한 잔과 무릎 위에 웅크리고 자는 살진 강아지가 주는 위안만으로, 동트기 전에 일어나는 지친 엄마는 복이 있나니, 잠시뿐인 천국이 그의 것이요….

혼응지로 새턴 V 로켓을, 각설탕으로 이글루를, 아이스크림 막대기로 요새를 만드는 데 토요일을 헌납하는 아비 없는 아빠는 복이 있나니, 남을 위로하는 그는 위로를 받을 것이요.

집의 모든 방에서, 저렴한 영화관에서, 학교 연극 공연장에서 아무도 웃지 않는데 혼자 큰 종, 합창단, 취한 사람처럼 시끄럽게 웃어대는 엄마는 복이 있나니, 하나님의 자녀라 일컬음을 받을 것이요.

매일 자녀를 기독교 학교에 데려다주면서 키스하고 윙크하며 "본때를 보여줘"라고 말하는 아빠는 복이 있나니, 학부모 상담에 거의 불려 가지 않을 것이요.

앞머리에 핑크 헤어롤러를 말고 더러운 슬리퍼에 노브라 차림으로 학교 정문에 도착해서 필요하다면 주저 없이 차에서 내리는 엄마는 복이 있나니, 오래 기다리지 않아도 될 것이요.

집을 나서거나 차를 갖고 떠나거나 최소한 중요한 전화 통화를 하고 나서 마지막 말은 항상 "사랑한다"로 마

치는 부모는 복이 있나니, 잃어버려도 찾고, 망가져도 어떻게든 온전해지는 자녀를 남기게 될 것이요.[4]

내가 볼 때 이런 부모는 50퍼센트를 겨냥하는 부모처럼 보인다. 하지만 그 50퍼센트는 절대 작지 않다. 그들은 비록 노브라 차림의 불완전한 모습이지만, 자녀의 삶에 적극적으로 참여한다. 1993년부터 수만 가정을 상담해온 상담 치료사의 말이니 믿고 듣기를 바란다. 당신의 자녀는 완벽한 부모를 원하지 않는다. 당신의 자녀는 바로 당신을 원한다. 당신이 함께 웃어주고, 필요한 곳에 나타나 얼굴을 보여주며, 실패해도 자기 앞에서 실패하기를 바란다. 당신이 같은 실수를 몇 번이나 저질러도 그들은 당신을 원한다. 완벽주의의 꽉 쥔 손을 풀고 자기 자신에게 실패할 자유를 허락하면, 사랑하는 아이들과 연결되는 기쁨을 누릴 수 있다.

2. 같은 행동을 반복하고서 다른 결과를 기대한다면 정신 나간 것이다

내 벽난로 선반 위에 빨간 헛간을 그린 작은 그림이 있다. 그 그림은 책더미 위에 놓여 있다. 유심히 보지 않으면 발견하기가 어렵다. 한 친구가 중요한 사실을 늘 기억하라고 그려준 그림이다. 오래전에 메시지성경을 보다가 이 구절을 처음으로 읽게 되었다. 처음 읽은 게 아니었을 수도 있지만, 전에는 그 구절이 그렇게 강렬하게 다가오지 않았다.

혹시 우리가 아직 완전한 사람이 아니라는 것을 눈치챘습니까? (그리 놀랄 일도 아닙니다.)…내가 "자기 힘으로 선한 사람이 되려고" 한다면, 그것은 전에 헐어버린 낡은 헛간을 다시 세우는 셈이 되고…(갈 2:17-18).

내 힘으로 선해지고 성공하려고 시도함으로써 그 헛된 헛간을 다시 세울 때가 얼마나 많은가. 위에서 말한 정신 나간 사람은 다름 아닌 나다. 내가 결국 대중 앞에서 말 한마디도 실수하지 않고 강연을 마치는 경지에 이를 수 있을까? 종일 내담자의 가장 친한 친구의 이름을 까먹지 않고 상담을 마칠 수 있을까? 사랑하는 사람의 기분을 한 번도 상하게 하지 않고 하루를 지낼 수 있을까? 절대 그럴 수 없다. 하루는커녕 한 시간도 버티지 못할 것이다. 그런데도 나는 계속해서 노력한다. "자기 힘으로 선한 사람이 되려고" 하는 신경 경로가 내 뇌 전체에 깊이 형성되어 있다. 아마도 당신도 그럴 것이다. 양육에 대해서는 특히 더 그럴 것이다.

친절한 데이스타 상담사들은 줌아웃해서 양육의 큰 그림을 보라고 조언한다. 자녀가 (1) 당신이 자신을 사랑한다고 느끼고, (2) 당신을 믿을 수 있다고 느낀다면, 당신은 긴장을 풀라. 당신은 충분히 잘하고 있기 때문이다.

양육에서 줌아웃은 무슨 의미일까? 당신에게서 눈을 떼 자녀에게 초점을 맞추는 것이다. '당신'의 양육에서 눈을 떼 '자녀'를 키우는 데 초점을 맞추는 것이다. 줌아웃은 자녀 앞에서 본모습으로 살아갈 자유를 준다. 더 많은 내적 비판을 쏟아붓는 당신이 아니라 당신이 좋아하는 당신으로 살아가게 해준다. 참고로, 자신을 돌보지 않으면 비판의 목소리는 점점 더 커질 것이다.

당신이 갇혀 있는 쳇바퀴에 관해서 생각해보라. 부모로서 당신이 마침내 완벽하게 해내리라 기대하면서 계속해서 다시 세우고 있는 헛간에 관해 생각해보라. 당신이 자녀 양육에서 자유를 경험하기 위해 그만두어야 하는 세 가지는 무엇일까?

3. '제기랄'보다 '어이쿠'를 더 많이 사용하라

당신이 스스로 하는 말에 관해서 다시 생각해보자. 필시 당신은 주변 누구에게보다도 자신에게 훨씬 더 가혹하게 말할 것이다.

친절한 데이스타 상담사들은 자기비판을 그만두는 법을 배우지 못하면, 그 비판이 당신 아이들의 삶 속으로 흘러넘칠 것이라고 경고한다. 비판은 밖으로 표출되게 되어 있다.

실제로 그런 경험을 해봤는가? 나는 해봤다. 나 자신에게 화가 날수록 나도 모르게 남들에게 더 화를 낸다. 제대로 작동하지 않는 자동차 시트나 움직이지 않는 문짝 같은 사소한 문제를 두고 남들 앞에서 더 화를 내본 적이 있다. 이처럼 화는 결국 밖으로 분출된다. 그리고 다른 사람들은 내가 화를 내는 모습을 보게 되거나 그 화의 공격을 당하게 된다. 비판은 밖으로 표출되게 되어 있다.

우리는 내적 비판의 목소리를 잠재워야 한다. 최소한 94퍼센트를 추구함으로써 그 목소리의 크기를 줄여야 한다. 그러기 위해서는 내적 비판의 목소리를 인식한 뒤에 다른 뭔가로 맞서야 한다. 당신의 비판적인 목소리에 아직 이름을 붙이지 않았는가? 이번 주에 내가 아는 누구보다 착하고 사랑스러운 고등학생 여자아이(절대 나쁜 말을 사용하지 않을 것 같은 아이)에게 자신의 비판적인 목소리를 '멍청이'라고 불러도 좋다고 말했다. 그것은 그 목소리가 실제로 그렇기 때문이다. 나는 그 아이의 비판적인 목소리가 정말 밉다. 그래서 그 목소리에 내가 아는 모든 욕을 퍼부어주고 싶다. 당신의 비판적인 목소리에 대해서도 마찬가지다. 아마 당신도 같은 심정일 것이다. 친구들이 이 사실을 상기할 수도 있다. 하지만 이 과정의 중요한 부분은, 당신이 자신의 '멍청이' 같은 목소리를 잠재울 만큼 화가 나야 한다는 것이다.

앞으로 내적 비판의 목소리가 들리거든 강하게 반박하라. 6장에서 생각을 대체하는 방법에 관해 이야기했던 것을 기억하는가? 『더 용감하게, 더 강하게 더 똑똑하게』에서 나는 생각을 대체하는 것에 관해 "걱정 괴물에게 말로 반박하는 것"이라고 표현했다.[5] 당신의 내적 비판자에게 이름을 붙인 뒤에는 말로 반박하는 연습을 하길 바란다. 여자아이들에게 나는 눈을 부릅뜨고 평소에 허용되지 않는 말을 사용하고, 화를 내라고 말한다. 예를 들어, 여덟 살 소녀는 자신의 걱정 괴물에게 이렇게 말할 수 있다. "이 바보야, 너는 내 대장이 아니야. 네 말은 듣지 않겠어. 너는 틀렸어. 나는 이 일을 할 수 있어." 당신도 그렇게 하기를 바란다. 머릿속의 멍청이 같은 소리에 화를 내라. "네 말은 듣지 않겠어. 네 말은 전혀 사실이 아니야.

너는 내 아이들과 나 자신이 즐기지 못하도록 방해하고 있을 뿐이야. 너는 틀렸어." 내면의 목소리를 분노의 목소리로 상대하면 자기 자신에게는 오히려 부드러운 목소리로 말할 수 있게 된다.

나는 몇 주 전 성경 공부 모임에서 노트에 이런 글을 썼다. "성경 공부 모임에 참석하는 친구들은 내가 특정한 문제에서 나 자신에게 심하게 굴지 않도록 도와주었다. 어젯밤에 나는 실수로 뭔가를 잊어버렸다. 나의 첫 반응은 '제기랄!'이었다. 그리고 나서 한바탕 나를 꾸짖었다. 그때 내게 '제기랄'보다 '어이쿠'가 더 필요하다는 사실을 깨달았다. '어이쿠'는 내가 실수했다는 말처럼 들린다. 반면, '제기랄'은 내가 뭔가 잘못했다는 말처럼 들린다."

자, 나는 이제 준비가 되었다. 당신은 어떤지 모르지만 나는 나 자신에게 심하게 구는 것이 지긋지긋해졌다. 오십대에 접어든 뒤로 나는 옳은 방향으로 조금 발전했다. 그런데 알고 있는가? 이렇게 하면 기분이 정말 좋다. 훨씬 더 자유롭다. 남들에게도 더 친절하게 굴게 된다. 나 자신에게 은혜를 베풀수록 남들에게도 더 많은 은혜를 베풀 수 있다.

어떻게 하면 언어를 바꿀 수 있을까? 어떻게 똑같은 헛간을 계속해서 다시 세우는 짓을 그만둘 수 있을까? 어떻게 정말로 욕을 먹어 마땅한 놈에게 모든 화를 쏟아낼 수 있을까? 그놈은 당신의 자유를 훔치려고 할 뿐만 아니라 당신의 성장을 방해한다. 그가 당신에게 하라고 하는 행동은 진정한 자유, 기쁨, 영적 성장을 낳는 것과 정반대의 행동이다.

4. "우리는 잘할 때보다 잘못할 때 영적으로 더 성장한다."[6]

리처드 로어는 자신의 책 『위로 넘어지다』(Falling Upward)라는 책에서 위와 같이 말했다. 그런데 로어는 자신이 에니어그램 1형이라고 고백했다. 따라서 위의 말은 그의 실제 경험에서 나온 말이라고 봐도 무방할 것 같다. 왜 우리는 잘할 때보다 잘못할 때 영적으로 더 성장하는가?

내가 만난 모든 완벽주의자는 몹시 유능하다. 우리 같은 완벽주의자는 머리가 정말 빨리 돌아간다. 많은 사람이 일주일에 해내는 일보다 많은 일을 단 하루 만에 해낸다. 똑똑하다. 누구보다 열심히 일한다. 강하다. 믿을 만하다. 뭐든 제대로 해낸다. 많은 일을 동시에 하면서도 야무지게 해낸다.

따라서 우리에게 로어의 말은 틀린 것처럼 들린다. 하지만 수잔 스테빌은 이렇게 말한다. "온전한(건강한) 사람들은 모든 것을 완벽하게 해야 한다고 생각하지 않는다. 그들은 의무에서 열정으로, 제약에서 자유로 나아갈 줄 안다."[7] 놀라운 말처럼 들리지 않는가? "그들은 굳이 한 입장을 택하려고 하지 않고 상반되는 두 입장을 동시에 품는 게 평온해지는 길임을 이해하고 있다."[8]

우리는 수많은 것을 잘 해낸다. 그래서 뭐든 잘한다는 것이 우리 정체성의 일부가 돼버렸다. 그리고 주변 사람들이 우리를 계속해서 좋아하게 만들려면, 혹은 우리에게서 뭔가 건질 것이 있다고 생각하게 하려면, 뭐든 잘하는 모습을 계속해서 유지해야 한다. 무엇보다도 스스로 자신감을 잃지 않으려면 계속해서 잘해야만 한다. 하지만 우리는 두 가지 모습을 동시에 가질 수 있다. 많은 실수를 하면서도 많은 것을 잘할 수 있다.

우리는 정말 많은 것을 잘할 수 있다. 그런데 그것이 우리에게 은혜가 필요하다는 사실을 보지 못하도록 우리 눈을 가릴 수 있다. 우리는 자기 세상을 통제하기 원하고 실제로 어느 정도 통제하는 것처럼 느끼기 때문에, 은혜의 필요성을 깨닫지 못하기가 쉽다. 하지만 통제는 더 많은 통제를 요구한다. 이것은 우리가 앞서 말했던 불안을 낳는 악순환이다. 그리고 분노를 낳는 악순환이기도 하다. 진실을 말하자면, 우리는 모두 엉망진창이다. 우리는 자주 실패한다. 실수를 생각보다 훨씬 더 많이 한다. 하지만 그 실수를 인정할 수는 있다. 그렇게 하면 훨씬 큰 유익이 있기 때문이다. 실패를 인정하라. 은혜를 알라.

앤 라모트가 쓴 글 중에서 내가 정말 좋아하는 글을 또 하나 소개하고 싶다. "난생처음으로 오늘 하나님의 임재를 연습할 생각이라면, 우리 존재에 관한 세 가지 진실을 인정하면서 시작하는 편이 좋다. 그 진실은 우리가 몹시 망가졌고, 몹시 사랑받으며, 스스로 통제하기가 몹시 어렵다는 것이다."[9]

통제 욕구를 내려놓으라. 잘33못을 인정하라. 사랑하는 자녀에게 잘못을 인정하라. 그리고 당신의 마음이 가장 갈망하는 것, 곧 은혜를 받으라.

5. 은혜는 우리가 가장 깊은 곳에서부터 원하는 것이다

얼마 전에 세 살배기 조카인 헨리가 내게 무례한 말을 했다. 너무 심한 말까지는 아니었다. 헨리는 세 살이기 때문에 깊이 생각하지 않고 충동적으로 말한다. 또 힘을 갖기 위한 다양한 말을 내뱉으려고 한다. 예를 들어, "고약해" 혹은 "나빠"와 같은 말을 자주 사용한다. 그런 말을 사용하면 다른 사람을 통제할 수 있을 것으로 생각한다. 나는 녀석이 말의 무게를 깨닫도록 도와주고 싶었다. 그래서 이렇게 말했다.

"헨리야, 네 말에 이모는 상처받았어요. 그건 친절한 말이 아니야."

헨리는 고개를 푹 숙이고 어깨가 축 처진 채로 말했다.

"이모 미안해요."

물론 나는 녀석이 안쓰러워서 재빨리 "헨리, 널 용서할게"라고 말했다.

그때 헨리가 보인 반응을 평생 기억 속에 담아두고 싶다. 녀석은 벌떡 일어나 소리를 지르며 자기 엄마 아빠에게 달려갔다. "이모가 날 용서한대! 이모가 날 용서한대!"

혹시 이 이야기를 읽고 내가 헨리에게 자주 화낸다거나 헨리가 내게 자주 말썽을 부린다고 생각할지도 모르겠다. 하지만 전혀 그렇지 않다. 단지 헨리는 처음으로 은혜를 이해하고, 그런 반응을 보였던 것이다. 용서받는다는 것이 헨리에게는 큰 기쁨의 복된 소식이었다. 우리도 그런 경험을 할 수 있다. 우리는 모두 받을 자격이 없는 용서를 받았다. 그런데 우리의 실패를 인정할 때만이 그 은혜의 감격을 경험할 수 있다. 우리가 죄인이라는 사실을 알고 받아들여야 비로소 은혜를 알 수 있다.

나는 함께 모여 죄를 공개적으로 고백하는 전례적 교회에 다닌다. 우리가 드리는 기도는 다음과 같다.

지극히 자비로우신 하나님,
저희가 말과 생각과 행위로,
그리고 저희가 저지른 일로,
당신께 죄를 지었음을 고백합니다.
저희는 전심으로 당신을 사랑하지 않았습니다.
이웃을 저희 몸처럼 사랑하지 않았습니다.
진심으로 죄송하고, 겸손히 회개합니다.
당신의 아들 예수 그리스도로 인해
저희를 불쌍히 여기시고 용서해주십시오.
그래서 저희가 당신 이름의 영광을 위해
당신의 뜻을 기뻐하고
당신의 뜻대로 살게 해주십시오. 아멘.[10]

이어서 목사는 이렇게 선언한다. "전능하신 하나님이 여러분을 불쌍히 여기시고, 우리 주 예수 그리스도를 통해 당신의 모든 죄를 용서하시며, 모든 선한 일에서 당신을 강하게 하시고, 성령의 능력으로 당신의 영생을 지켜주십니다."[11] 목사가 이런 기도를 드리면 나는 고개를 숙이고 손을 펴고 심호흡한다. 내 전부를 열어 그 용서를 받아들이고 싶다. 나에게는 그 용서가 필요하다.

손을 펴는 것은 내가 내놓을 것이 아무것도 없다는 사실을 기억하기 위한 행위다. 통제 욕구, 헛간을 지으려는 노력, 모든 어리석은 결정을 내려놓고 하나님의 은혜를 받아들이겠다는 몸짓이다. 사실, 매일 이렇게 시작해야 옳다. 실패를 인정하면서 시작해야 한다. 은혜를 받아들이면서 시작해야 한다. 우리는 잘할 때보다 잘못할 때 영적으로 훨씬 더 성장한다. 그것은 잘못할 때 예수님이 필요하다는 사실을 깨닫기 때문이다.

실패할 때 예수님이 필요함을 절감한다. 우리 자녀도 마찬가지다. 자신에게 실패를 허용하라. 자녀 앞에서 실패하라. 우리가 주최했던 "요즘 부모, 오래된 가치"(Modern Parents, Vintage Values)라는 양육 세미나에서 멜리사는 이렇게 말했다. "우리가 아이들에게 예수님이 되어줄 수는 없지만, 아이들 앞에서 예수님이 필요하다는 사실은 보여줄 수 있습니다." 우리는 부모로서 종종 실패할 수밖에 없다. 그럴 때 내적 비판의 목소리가 아닌 하나님의 음성에 귀를 기울여야 한다.

하나님은 우리를 보신다. 그분은 우리가 상상하는 것보다도 더 우리를 사랑하신다. 우리가 얼마나 열심히 노력하는지 아신다. 또 그분은 우리를 위하시며 우리 자녀를 위하신다. 하나님은 우리가 그분의 은혜가 불러오는 모든 자유와 연결을 경험하기를 원하신다.

모든 완벽주의자 부모가 행하기를 바라는 희망적인 일 열 가지

(당신이 다섯 가지 이상을 할 수 있다고 믿기에 열 가지를 제시한다)

열 가지를 더 제시하면서 이번 장을 마무리하고 싶다. 이것은 그냥 실천해야 할 열 가지다. 당신이 아는 것보다 행하는 데 더 많은 시간을 쏟기를 바라기 때문에, 이 열 가지에 관해서 많이 설명하지는 않을 것이다. 어차피 당신은 행동으로 옮기려고 할 것이기 때문이다. 은혜의 진리를 알고, 그 진리와 씨름하는 편이 더 어렵다. 그러나 완벽주의의 큰 특징 중 하나가 성장하기를 원하는 것이기 때문에 완벽주의자 부모가 행해야 할 열 가지를 나누도록 하겠다. 여기서 100퍼센트가 아니라 94퍼센트를 겨냥하라. 부담을 느낄 필요는 없다. 그냥 이런 사항을 고민하고 나서 실패를 경험하며 차근차근 실천해가면 된다. 하나님의 은혜로, 희망을 품고서.

1. 속도를 늦추라

완벽주의자들은 빛의 속도로 움직인다. 우리 같은 완벽주의자는 모든 면에서 능률적이고 생산적이다. 누구나 우리를 자기 팀으로 데려오고 싶어 한다. 하지만 우리를 상사로 두고 싶어 하지는 않는다. 우리는 자신이 이룰 수 있는 능률성과 생산성을 남들에게도 기대하는 경향이 있다. 나는 아이들과 슈퍼히어로의 능력에 관한 이야기를 많이 하는데, 당신이 특정한 기술을 가진 슈퍼히어로라면 다른 기술을 가진 슈퍼히어로들에게 짜증을 내서는 안 된다.

우리 아이들은 빠르게 움직이지 않는다. 우리가 움직이는 속도는 이미 불안해하는 아이를 더 불안하게 만든다. 동생이 네 살 때 혀 짧은 소리로 귀엽게 내뱉은 말이 지금도 잊히지 않는다. "언니는 왜 그렇게 맨날 서둘러?" 왜냐하면 우리는

1형이기 때문이다. 그리고 당시에는 그 사실을 잘 몰랐다. 속도를 늦추라. 너무 속도를 내면 많은 것을 놓친다. 그리고 아이들도 천천히 갈 수 있게 해주라.

아이는 천천히 움직일 뿐 아니라 천천히 자란다. 당신이 원하는 변화를 아이에게 재촉하지 마라. 아이가 당신의 시간표대로 특정한 수준에 이르고 특정한 기술을 터득하며 특정한 특성을 기르기를 바라지 마라. 이 모든 데는 시간이 걸린다. 아이가 지금보다 낫기를 바라면 아이는 압박감을 느낀다. 부모가 자신을 인정하지 않는다고 느낀다. 아이의 지금 상태를 있는 그대로 즐기라.

2. 과정을 믿으라

친절한 데이스타 상담사들은 결과보다 의미에 초점을 맞추라고 조언한다. 항상 완벽하게 하려고 하지 말고 그냥 자신이 하는 일에서 의미를 찾으려고 노력하면 된다.

의미보다 결과에 초점을 맞추면 의미를 놓친다. 사랑하는 아이에게 지나치게 간섭하고 우리 자신에게 가혹하게 굴게 된다. 내적 비판의 목소리가 점점 커지고, 우리 자신은 점점 작아진다. 과정을 믿으라. 하나님의 타이밍은 절대 틀리는 법이 없다. 하나님은 우리 자녀에게 무엇이 언제 필요한지를 정확히 아신다.

전도서 3장 11절은 이렇게 말한다. "하나님이 모든 것을 지으시되 때를 따라 아름답게 하셨고."

그분의 때. 우리 눈에 보이지 않아도 지금, 이 순간에도 일어나고 있다. 과정을 믿으라. 하나님은 그분의 때에 풍성한 열매를 아름답게 맺어주신다. 바로, 그분의 때에. 우리가 걱정한다고 해서 그분은 더 속도를 내지 않으신다. 우리 일은 그저 과정을 믿고 즐기는 것이다.

3. 현재를 만끽하라

불안은 과거나 미래 속에 산다. 반면, 우리 아이들은 현재 속에 산다. 사랑하는 자녀 옆에 앉아서 우리가 과거에 저지른 실수를 곱씹거나 우리(혹은 자녀)의 미래에 관해 걱정하고 있으면 현재 순간을 놓친다. 자녀와 함께하는 시간을 놓쳐버리고 만다.

부모일 때보다 조부모일 때가 더 좋다는 말이 있다. 아이를 혼내는 일을 직접 하지 않고 부모에게로 돌리면 된다는 것이 한 이유가 아닐까 싶다. 하지만 더 큰 이유가 따로 있다.

나이를 먹으면 시간을 보는 관념이 달라진다. 시간이 얼마나 빨리 가는지 실감하게 된다. 우리의 날과 시절이 덧없다는 점을 실질적으로 이해하게 된다. 지혜로운 조부모는 기저귀와 젖꼭지가 필요한 시절, 어린이 야구단이나 학교 연극부에서 활동하는 시간, 운전면허를 취득하고 첫 데이트를 하는 시절은 오래가지 않는다는 사실을 잘 안다. 그래서 그들은 눈앞의 순간을 맛본다. 하던 일을 멈추고서, 자신들에게 큰 기쁨을 안겨주는 이 작고 큰 아이들에게 시선을 고정한다.

물론 훈육의 끈을 놓을 수는 없다. 하지만 20퍼센트 정도는 내려놓을 수 있다. 최소한 현재에 집중하지 못하게 방해하는 걱정 괴물을 잠재우는 방법을 알게 되었기 때문이다. 현재를 음미하라. 지금, 이 순간과 자녀는 그만한 가치가 있다. 물론 당신 자신에게도 그럴 만한 가치가 있다.

4. 좋게 봐주라

내가 하나님의 사랑을 받아들이고 다른 사람을 더 사랑하는 법 외에 꼭 배우고 싶은 것이 있다면 그것은 좋게 봐주는 것이다. 이 둘은 서로 맞닿아 있는 것 같다. 내가 자연스럽게 하지 못하는 일 중 하나이고, 당신도 마찬가지일 것으로 생각한다. 우리는 너무 많은 것을 본다. 물론 이것을 우리의 또 다른 슈퍼파워라고 볼 수도 있다. 우리는 세상 그리고 그 안의 사람들에 관해서 언제나 좋은 점을 보기 전에 나쁜 점부터 본다. 그런데 사람들에게서 나쁜 점을 보기 시작하면 나쁜 모습이 먼저 나온다. 나쁜 점을 보면, 그를 나쁜 사람인 것처럼 대하기 때문에 나쁜 모습이 나올 수밖에 없다. 그러나 좋게 봐주면 그에게서 좋은 모습이 나온다.

당신은 어느 쪽인가? 자신을 어떻게 보는가? 다른 사람을 어떻게 보는가? 당신을 좋게 봐주는 사람은 누구이며, 그것이 당신에게 어떤 영향을 미치는가? 어떻게 자신을 좋게 볼 수 있을까? 어떻게 자녀를 좋게 보기 시작할 수 있을까? 나는 은혜에 관해서도 낙수 효과가 있다고 생각한다. 내적 비판의 목소리에 넘어가지 않고 우리 자신을 좋게 보면 남들도 좋게 봐주기가 쉬워진다. 당신 자신과 자녀를 좋게 봐주라.

5. 자녀 앞에서 실수하라

앞서 말했듯이, 많은 아이가 완벽주의에서 비롯한 불안을 안고 있다. 이 점을 알면 조기에 문제를 다룰 수 있다. 부모인 우리를 오랜 세월 동안 옭아매고 있던 내적 비판자를 미리 몰아내서 자녀에게 악영향이 가지 않도록 예방할 수 있다.

나는 완벽주의자 부모들에게 자녀 앞에서 실수하라는 말을 자주 한다. 저녁 식사 자리에서 이렇게 말하라. "오늘 회사에서 정말 멍청한 짓을 했어." "친구의 기분을 상하게 했어." 심지어 일부러 컵을 넘어뜨리거나 물건을 떨어뜨렸을 때도 말이다. 실수했을 때 미안하다고 말하는 것도 자녀에게 좋은 영향을 끼친다. 영웅으로만 생각했던 엄마나 아빠도 실수한다는 사실을 알면, 아이는 자기 실수를 더 용납할 수 있게 된다. 실수가 삶의 일부라는 사실을 배우게 된다.

당신의 자녀는 완벽주의자든 아니든 상관없이, 당신을 실수하지 않는 사람으로 볼 가능성이 있다. 오래전 내가 상담했던 17세 여자아이는 이렇게 말했다. "저는 아무리 노력해도 엄마처럼 될 수 없어요. 엄마는 저보다 친구가 많아요. 정말 크게 성공했고요. 엄마는 정말 똑똑하고 모든 사람에게 항상 친절해요."

당신과 나는 그 아이의 엄마가 모든 사람에게 항상 친절하지 않다는 사실을 안다. 우리는 그 엄마가 그 아이가 본 것처럼 완벽하지 않다는 사실을 안다. 그 엄마는 불완전한 인간이다. 동시에 완벽주의자. 그래서 그 아이가 본 것은 엄마가 세상에 보여주려고 노력한 모습이었다. 그리고 그런 이미지는 두 사람 사이에 담을 만들었다. 그로 인해 아이는 자신을 의심하게 되었다. 자신은 절대 엄마처럼 될 수 없다고 믿었다. 자신도 엄마가 보여준 이미지처럼 친절하고 강하며 똑똑하고 성공해야 한다고 믿었다. 엄마가 그것을 기대하고 있다고 믿었다. 이것은 전혀 사실이 아니다. 엄마는 단지 딸이 잘되기를 원했을 뿐이다. 하지만 완벽을 위한 그녀의 노력은 자기 자신에게만이 아니라 딸에게까지 큰 압박으로 작용했다.

자녀 앞에서 실수하라. 우유를 쏟으라. 창피한 이야기를 하라. 우리의 실수와 죄에 관해서 이야기하면, 자녀는 우리의 부족함을 보게 될 뿐 아니라 감사할 거리를 보게 된다. 그 과정에서 함께 웃으라.

6. 실수를 웃어넘기는 법을 배우라

이것은 내가 어린 완벽주의자들의 부모에게 자주 하는 말이다. 우리는 자녀 앞에서 실수할 뿐 아니라 자신이 잘하지 못하는 일을 자녀와 함께해야 한다. 야구 연습장에 가거나 암벽 등반, 볼링, 도자기 굽기, 춤 배우기 등 뭐든 좋다. 우리가 진땀을 빼고, 그런 상황을 너무 심각하게 받아들이지 않는 모습을 아이에게 보여줘야 한다. 그런데 완벽주의자들은 항상 심각하게 구는 경향이 있다.

당신이 완벽주의자라면 당신의 자녀도 완벽주의자일 가능성이 매우 크다. 아이 앞에서 실수하라. 아이와 함께 진땀 빼는 활동을 하라. 한 아빠에게 이렇게 권했더니 바로 이런 말이 돌아왔다. "제가 형편없이 못하는 일을 아이와 함께하라는 말씀인가요?" 바로 그렇다. 아이와 함께 웃고 성장하고 실수하면서 서로의 관계와 은혜에 관해 더 많이 배워가길 바란다. 웃음은 완벽주의의 압박을 완화한다.

7. 아이의 재능을 봐주라

친절한 데이스타의 상담사들은 이렇게 조언한다. 차이를 존중하라.

에니어그램에 관해 내가 가장 좋아하는 설명은 우리가 세상을 보는 방식을 파악할 수 있다는 것이다. 수잔 스테빌은 이렇게 말한다. "누구도 보는 방식을 바꿀 수 없다는 점을 염두에 두면, 보는 방식에 자기 행동을 맞추는 수밖에 없다."[12]

에니어그램 1번 유형은 무조건 자기 시각이 옳다고 생각하는 경향이 있다. 그렇게 해서는 스테빌이 말하는, 두 가지를 한 번에 품었을 때 찾아오는 평온함을 경험할 수 없다. 우리의 시각이 옳다고 생각하면 다른 사람이 나와 같은 시각을 갖기 전에는 그 사람이 틀린 것이다. 이렇게 고정된 마음가짐으로 살아가면, 우리 시각은 제한될 수밖에 없다. 상황을 특정 방식으로만 볼 뿐 아니라 오직 자신이 보는 것만 보게 된다. 우리와 다른 시각을 가진 사람들, 특히 우리 아이들의 재능은 보지 못하게 된다.

완벽주의자(에니어그램 1형)인데 창의적인 개인주의자(에니어그램 4형)인 딸을 키우는 엄마를 상담했던 기억이 난다. 한마디로 말해, 딸은 이 엄마를 미치게 했다. 그녀가 이렇게 말했던 기억이 난다. "그냥 제가 아이에게는 4형처럼 행동하면 되지 않을까요?" 하지만 1형이 4형처럼 행동하면 스트레스를 받을 수밖에 없다. 이 엄마는 딸처럼 행동하겠다고 생각하다 큰 스트레스를 받고 있었다. 딸은 매번 이 엄마의 분노를 유발했다. 치료사로서 내 바람은 그녀가 딸의 재능을 인정하도록 돕는 것이었다. 개인주의자는 매우 창의적이다. 그들은 공감 능력과 직감이 뛰어나고 남들은 상상도 못 하는 아름다움을 만들어낸다. 하지만 이 엄마는 자기 시각에 갇혀 딸의 다른 시각을 인정해줄 수 없었다.

친절한 데이스타 상담사들은 또 이렇게 조언한다. 자녀는 우리의 기대에 부응하라고 창조된 존재가 아니다.

이 말을 한 상담사는 완벽주의자 부모들과 힘겨운 대화를 해본 경험이 많다. 그는 건강하지 못한 상태에 있는 완벽주의자 부모에게 이런 말을 해준다고 한다. 완벽주의자는 사랑하는 자녀를 포함해 다른 사람의 재능을 봐주지 못하고, 타인에게 자신의 기대를 강요한다. 그들은 차이를 인정할 줄 모른다. 그저 남들을 바꾸려고만 한다. 에니어그램 1형의 한 아빠를 상담했던 기억이 난다. 그의 딸은 에니어그램 8형인 도전가였다. 그가 내게 한 말을 평생 잊지 못하리라. "우리 딸 안에는 강한 투사가 있어요. 저는 녀석이 옳은 종류의 싸움을 하도록 도와주고 싶어요." 차이를 인정할 줄 아는 멋진 아빠가 아닌가. 그는 딸을 자신이 원하는 모습대로 키우는 게 아니라 딸의 고유한 잠재력을 최대한 꽃피우게 도와주고 싶었다. 차이를 인정하라. 아이의 재능을 보라. 그러고서 그 재능을 꽃피우도록 격려하라.

8. 격려하라

비판에 관한 이야기가 이제 좀 지루해졌으리라 생각하지만 조금 더 이야기해보자. 우리는 안에 비판자를 품고 있을 뿐 아니라 남들의 삶 속에서도 비판자가 될 수 있다. 물론 그럴 의도는 없다. 그래서 남들을 비판한 것에 대해 나중에 후회한다. 혹은 그 일을 비판하는 내적 목소리에 굴복한다. 우리에게서 자연스럽게 나오는 것은 "노"라는 말만이 아니라 부정적인 말이다. 우리는 세상과 남들에게서 부족한 것을 주로 본다. 그래서 좀처럼 남의 재능을 보고 칭찬해주지를 못한다.

우리 자녀는 격려가 필요하다. 잘하고 있다는 말이 필요하다. 부모가 마음에 들어하는 점을 칭찬해주는 말을 듣고 싶다. 큰 잠재력을 갖추었다고 인정해주는 말이 필요하다. 재능이 충분하다고 격려해주는 말이 필요하다. 사랑한다는 말 그리고 믿는다는 말이 필요하다. 자녀를 응원해주고 있는가? 자신이나 남들을 비판하며 살아간다면 누구도 응원하기 힘들다. 하지만 응원은 우리 자녀에게 꼭 필요한 것이다. 자녀의 장점을 봐줘야 한다. 자녀가 잘못할 때보다 잘할 때를 주목하고 인정해야 한다. 자녀의 시각이 우리와 크게 다르더라도 잘한 점에 주목해야 한다. 우리 자녀는 우리의 격려에 목말라 있다. 또한 우리의 공감을 갈망하고 있다.

9. 차분히 앉아서 부정적인 감정을 들어주라

'자녀가 자기 문제에 관해서 이야기할 때 얼마나 오랫동안 들어주는가?' 대개 부모에게 이런 질문을 던져보면 그가 완벽주의자인지 아닌지를 알 수 있다. 『우리 아이가 잘하고 있는가?』을 토대로 한 양육 세미나에서 나는 조절에 관한 강연을 맡았다. 그런데 요즘 1에서 10까지에서 항상 감정이 10까지 치솟는 아이들이 얼마나 많은지 모른다. 그 아이들은 감정을 크게 느끼고, 그 감정을 표현할 때 강한 언어를 사용한다. 대개 이런 아이는 자신에게 관심을 너무 많이 쏟거나 너무 적게 쏟는 부모 밑에서 자라고 있다. 뭐든 우리가 가장 많은 관심을 쏟는 것이 강화된다. 한 십대 여자아이는 평소보다 자신이 공황 발작을 일으킬 때 엄마가 더 신경을 써준다고 말했다. 그래서 그 아이는 관심을 못 받는다고 느끼거나 스트레스를 받을 때 자주 공황 발작을 일으켰다. 반면, 우리 완벽주의자는 타입 A다. 앞서 말했듯이, 우리는 많은 일을 빨리 해낸다. 그래서 자기감정에 신경 쓸 겨를이 없다. "얘야, 오늘 꼭 머리를 잘라야 해. 질질 짜고 있을 시간이 없어. 자, 어서 뚝 그치고 가자!" 익숙한 말처럼 들리는가? 그래서 우리가 사랑하는 아이들은 우리가 삶의 속도를 늦추고 관심을 기울이도록 때로 강한 언어를 사용할 수밖에 없다.

공감과 질문의 중요성에 관해서는 이미 이야기했다. 감정을 추스르는 아이를 얼마나 오랫동안 기다려야 할까? 필시 당신은 충분히 오래 기다리지 않는 쪽일 것이다. 나도 마찬가지다. 나도 강한 감정을 잘 참아주지 못한다. 우습지만 명색이 치료사인데도 그렇다. 나는 큰 감정에 휩싸여 있는 아이의 말에 잘 귀를 기울이지 못한다. 계속해서 징징거리는 아이는 성장하지 않고 주저앉아 있는 편을 좋아하는 것 같아 답답하다.

영화 〈인사이드 아웃〉(Inside Out)에서 슬픔이가 "너무 슬퍼서 걸을 수 없어"라고 말한다. 기쁨이가 자신을 질질 끌고 가기 시작하자 슬픔이는 "그냥 이렇게 있는 게 더 좋아"라고 말한다.[13] 나는 세상의 슬픔이들을 잘 참아주지 못한다. 물론 그들의 재능을 존중한다. 하지만 동시에 내가 보는 것을 그들도 최대한 빨리 보기를 원해서 참지 못하고 짜증을 낼 때가 많다. 다행히 세월이 흐르면서 차분히 앉아서 듣는 법을 배웠다. 때로는 시계를 보면서 충분한 시간 동안 기다리려고 노력한다. 조바심이 느껴질 때면 내 안을 들여다본 뒤에 더 오래 기다린다. 상당히 오래 기다린다. 나는 상담 시간의 최소한 절반 동안은 아이들이 자신의 감정을 쏟아내도록 귀를 기울이려고 한다. 하지만 참을성 없고 생산성만 따지는 자아가 또다시 고개를 쳐든다. 그래서 성급하게 이렇게 묻는다. "그래서 어떻게 해야 할까?" "어떻게 해야 이 감정을 극복할 수 있을까?" 지난주에 또 한 여자아이에게 이렇게 물었다. "어떤 감정을 느껴야 '옳을까?'" 그러고서 이렇게 말했다. "아무래도 너는 기분이 나아지고 싶지 않은가 보구나." 그나마 친절하고 부드러운 어조로 그 말을 했었어야 했는데, 그렇게 했는지 모르겠다. 그 덕분에 아이의 기분은 결국 나아지지 않았다.

내가 공감 없이 질문하면 아이들은 재촉한다는 느낌을 받는다. 내가 속으로 생각하고 있는 해법만 빨리 제시하고 싶을 뿐, 자신의 감정은 인정하지 않는다고 느낀다. 내가 기대 수준을 정해놓고 있으며, 자신이 그 수준에 미치지 못한다고 느낀다. 또 내가 자신을 좋아하지 않는다고도 느낀다. 반면, 공감은 연결의 여지를 준다. 부정적인 감정을 토로하는 아이들 곁에 차분히 앉아 있어 주면 그들은 우리가 자신의 감정을 헤아린다고 느낀다. 슬픔이처럼 감정을 크게 느끼며 오랫동안 주저앉아 있기를 좋아하는 아이를 키우고 있는가? 참고 기다려주라. 좀 힘들어질 때까지 오래 들어주라. 그러고서 아이가 토로한 감정에 관해서 깊이 생각해보라. 이것이 심리학의 기본이다. "너 지금 슬픈 것 같구나." "정말 힘들겠구나." "네가 그렇다니 마음이 아프구나." 힘들어하는 아이 곁에 함께 있어 주라. 그럴 때 둘 사이에 더 많은 연결이 이루어진다. 아이의 감정을 인정해준 뒤에는 그 감정에 관한 질문을 던지라.

그런데 내가 이런 강한 감정에 관해서 기술하면서 '부정적인'이라는 표현을 여러 번 사용한 것 같다. 하지만 나는 부모들에게 부정적인 감정은 없다는 점을 늘 강조한다. 감정은 더 깊은 뭔가를 가리키는 지표일 뿐이다. 하지만 여기서 나의 완벽주의자 기질이 다시 표출되고 말았다. 역시나 나는 94퍼센트만 겨냥할 수밖에 없다. 우리는 모두 여전히 목적지를 향해 가고 있다. 함께 가고 있다.

10. 당신이 충분히 잘하고 있다는 사실을 기억하라

이것은 친절한 데이스타 치료사들의 마지막 조언이다. 그리고 당신이 받아들이기 가장 어려운 진실 중 하나일 것이다. 나도 마찬가지다. 하지만 이것은 엄연한 사실이다. 당신은 지금도 충분히 잘하고 있다. 인간으로서, 부모로서 충분히 잘하고 있다.

최근 이런 밈을 봤다. "자신이 나쁜 부모처럼 느껴지는가? 쿼카(호주에만 서식하는 캥거루과 소형 동물)는 도망치기 위해 새끼를 포식자에게 던진다." 마음에 드는 또 다른 밈도 생각난다. "자신이 나쁜 부모처럼 느껴질 때마다 영화 〈나 홀로 집에〉에서 엄마가 파리로 반쯤 날아간 뒤에야 비로소 아들이 없어졌다는 사실을 깨달았다는 점을 기억하라." 당신은 이 정도까지는 아니다. 사실, 완벽주의자로서 당신은 웬만한 부모보다 더 노력하고 있을 것이다. 당신이 잘하고 있는 것이 정말 많다. 장담컨대 나중에 당신의 자녀가 가장 생생하게 기억하는 것은 당신이 잘못한 일이 아닐 것이다.

당신의 자녀는 당신이 자신과 함께해주었다는 사실을 기억할 것이다. 당신이 자기 말에 귀를 기울였다는 사실을 기억할 것이다. 당신이 함께 웃어주었다는 사실도 기억할 것이다. 당신이 저녁 식사 후에 주방에서 춤을 추었다는 사실을 기억할 것이다. 당신이 잘못한 일을 사과했다는 사실을 기억할 것이다. 당신이 예수님에 관해서 가르쳐주었다는 사실도 기억할 것이다.

댄 알렌더는 이렇게 말한다. "소망은 언젠가 이루어질 상태에 대한 약속으로 현재를 이겨내는 능력이다."[14] 언젠가 당신은 완벽한 부모가 될 것이다. 하지만 지금은 당신에게 완벽한 부모가 있다는 사실을 믿고 의지해야 한다. 그리고 당신의 자녀도 그 사실을 믿게 도와줘야 한다. 나처럼 그분은 당신의 장점을 믿어주신다. 그분은 양육을 위한 당신의 노력에서 최대한 많은 열매를 거두어주실 것이다. 그분은 그분의 영광을 위해, 그리고 당신의 자녀를 성장시키기 위해 당신 안에 있는 좋은 것을 사용하고 계신다. 또한 그분은 당신의 실수도 사용하고 계신다. 당신의 실수를 통해 자녀만이 아니라 당신을 성장시키고 계신다. 우리의 말보다 우리 삶이 자녀에게 은혜를 더 분명하게 보여준다. 따라서 우리는 자녀 앞에서 예수님이 필요한 모습을 보여주어야 한다. 실수를 인정하고 은혜를 경험해야 한다. 그럴 때 우리가 가장 깊은 곳에서 원하는 진정한 자유와 기쁨을 발견할 수 있다.

KEY POINT! 불안을 이기는 부모를 위한 조언

1. 완벽주의자가 부모로 사는 것은 힘들다.
2. 실패 자체보다도 그 실패에 관해서 자기 자신에게 한 말이 더 상처가 될 수 있다.
3. 50퍼센트만 잘해도 좋은 부모다.
4. 같은 행동을 반복하고서 다른 결과를 기대한다면 정신 나간 것이다.
5. "제기랄"보다 "어이쿠"를 더 많이 사용하라.
6. 우리는 잘할 때보다 잘못할 때 영적으로 훨씬 더 성장한다.
7. 속도를 늦추라.
8. 과정을 믿으라.
9. 현재를 만끽하라.
10. 좋게 봐주라.
11. 자녀 앞에서 실수하라.

12 실수를 웃어넘기는 법을 배우라.
13 아이의 재능을 봐주라.
14 격려하라.
15 차분히 앉아서 부정적인 감정을 들어주라.
16 당신이 충분히 잘하고 있다는 사실을 기억하라.

10장.
조금 적당히 노력하라

내가 만난 불안해하는 부모들은 하나같이 지독히 열심히 노력한다. 나는 불안해하는 부모들이 조금 적당히 노력하면(포기하는 것이 아니라 자신을 너무 심하게, 너무 지속해서 밀어붙이지 않으면) 아이들과 훨씬 더 즐겁게 지낼 수 있으리라고 생각한다. 극심한 압박을 받으며 살면, 자신과 아이 모두에게 상처만 줄 뿐이다. 아무쪼록 당신이 이 사실을 이미 알고, 많은 은혜를 경험했기를 바란다.

"조금 적당히 노력하라"는 수년 전 헤더(Heather)라는 지혜롭고 사랑스러운 친구가 함께 점심을 먹다 말해주었다.[1] 그녀는 다른 사람에게 직접적으로 그렇게 하라고 말하는 사람이 아니기에, 나에게 대놓고 "조금 적당히 노력하라"고 말하지는 않았다. 그녀는 누구보다도 온유하고 사려 깊은 사람으로, 그런 품성은 나도 정말로 배우고 싶다. 나는 어떤 말이 머릿속에 떠오르면 나 자신과 주변에 큰 소리로 말하는 사람이다. 그렇다. 나는 나 자신에게 엄격한 편이다. 항상 그런 것은 아니지만 자주 그런다. 스트레스를 받으면 특히 더 그런다.

재활 분야에서 흔히 사용되는 '정지'(할트, HALT)라는 두문자어를 들어봤는지 모르겠다. 이 말은 너무 심한 굶주림(Hungry), 분노(Angry), 외로움(Lonely), 피곤(Tired)을 피하라는 뜻이다. 이런 상태일 때 우리 안에서 더 열심히 하라는 자기비판적 목소리가 더 크게 울리기 때문이다. 그래서 특히 그런 상태일 때 나는 친구 헤더의 말을 다시 떠올린다. 그녀는 다음 두 가지를 배우려고 애쓴다고 말했다.

① 조금 적당히 노력하는 법
② 충분한 것을 충분하게 여기는 법

나도 이것을 배우고 싶다. 그리고 당신도 이것을 배우도록 돕고 싶다. 아울러 다른 두 가지도 배울 필요성이 있다. 이번 장에서는 다섯 가지를 다루지 않을 것이다. 짐작했겠지만, 조금 적당히 노력하는 법을 배우기 위해서다. 그래서 네 가지에 관해 생각하며 조금 적당히 노력해보고자 한다. 이 네 가지가 불안에서 해방되어 우리가 원하는 부모로 변화하는 과정에 도움이 되리라 믿는다.

조금 적당히 노력하기 위해
배워야 할 네 가지

1. 조금 적당히 노력한다는 것은 구체적으로 다음과 같이 하는 것이다

조금 적당히 노력해야 하는 이유에 관해 좀 더 이야기해보자. 열심히 노력하는 것이 당신에게 어떤 영향을 미친다고 생각하는가? 당신의 자녀에게는? 열심히 노력해서 오히려 상황이 나빠진 때가 있었는가? 어떤 때였는가?

나는 열심히 노력할 때 자주 화를 낸다. 내게 열심히 노력하는 것은 관계에서 혹은 직업적으로 남들보다 많은 노동을 쏟아붓는 것을 의미한다. 하지만 그 노동은 내 관계에 도움이 되지 않는다. 때로는 상대방을 지치게 만들고, 장기적으로는 결국 나 자신도 '무조건' 지친다. 노력은 기대를 수반하며, 기대는 필연적으로 분노를 낳는다. '왜 내가 항상 이 역할을 맡아야 하지? 왜 아무도 나만큼 노력하지 않는 거야?'라는 생각이 들면, 무조건 내가 건강하지 못한 상태에 빠진 것이라고 봐도 무방하다. (아, 이런 생각을 타이핑하기가 정말 싫다.) 나는 베풀고 배려하고 싶기 때문이라고 스스로 말한다. 하지만 사실 그렇게 하는 것은 보답받고 싶기 때문일 때가 많다. 적당히 노력하는 것은 덜 나서는 것이다. 적당히 노력하는 것은 내가 항상 주도하지 않는 것이다. 적당히 노력하는 것은 다른 사람이 먼저 말하도록 기다리는 것이다. 적당히 노력하는 것은 상대방이 기여할 여지를 남겨두는 것이다. 적당히 노력하는 것

은 상대방도 나만큼이나 이 일에 신경 쓰고 있다고 믿어주는 것이다. 다만 상대방이 신경 쓰는 방식이 나와 다를 뿐이다.

당신은 어떤가? 여기서 한 가지를 연습해보자. 지금 당신이 불안으로 인해 열심히 노력하고 있는 점이 최소한 세 가지가 있다고 해보자. 우리가 6장에서 배운 개념으로 돌아가서 한번 생각해보겠다.

재구성이라는 개념을 기억하는가? 자, 시작해보자. 당신이 열심히 노력하는 것은 부모로서 제대로 하지 못하고 있다는 뜻이 아니다. 내가 열심히 노력하는 것은 친구나 동료로서 제대로 하지 못한다는 뜻이 아니다(비록 이 글을 쓰는 지금 그렇다고 느껴지기는 하지만). 열심히 노력한다는 것은 자기 삶 속의 사람들에게 신경을 많이 쓰고 있고, 그들과 연결되기를 바란다는 뜻이다. 나는 일에서나 관계에서나 최대한 좋은 모습을 보이려고 한다. 당신의 경우에서도, 열심히 노력한다는 것은 부모로서 잘하지 못한다는 뜻이 아니다. 또 당신이 자녀를 지나치게 보호하고 지나치게 통제하는 사람이라는 뜻도 아니다[정지(HALT) 상태에서는 그럴 때도 있지만]. 오히려 당신이 정말 훌륭한 부모라는 뜻이다. 당신은 자녀를 깊이 사랑하고 있다. 자녀가 잘되기를 바라고, 좋은 가정을 꾸리기를 원한다. 당신은 자녀가 행복하고 온전하며 자신감 넘치고 사랑받는다고 느끼며 자라도록 최선을 다하고 있다. 단지, 당신이나 나 너무 심하게 노력하지는 말아야 한다.

그래서 당신이 조금 적당히 노력하기를 바란다.

① 『불안을 이기는 부모 워크북』, 혹은 당신이 최근 써온 노트를 펴라.

② 당신이 열심히 노력하고 있지만, 사실은 그냥 놔둬도 되는 것 세 가지를 적으라.

③ 그것에 관해서 조금 적당히 노력하는 것이 어떤 것인지를 적어보라.

④ 그러고서 그렇게 할 때 걱정 괴물이 뭐라고 말할지 적어보라.

⑤ 마지막으로, 당신이 가장 친절하고 온유한 음성을 사용한다면 어떻게 말할 수 있는지 적어보라.

당신이 평소 자녀에게 쏟는 사랑을 당신 자신에게 쏟기를 바란다. 쉽게 되지 않아도 괜찮다. 그냥 연습해보라. 다음 몇 달간 일주일에 한 번씩 이런 연습을 하길 바란다. 그렇게 하면 뇌에 적당히 노력하고 자기 자신에게 친절하게 구는 회로가 형성될 것이다. 쉽지 않겠지만, 장담컨대 노력한 만큼 당신과 사랑하는 자녀에게 좋은 결과가 나타날 것이다.

2. 충분한 것을 충분하게 여기라

불안에 휩싸여 있으면 뭘 해도 충분하다는 생각이 들지 않는다.

─너무 많이 걱정하게 된다.
─너무 많이 노력하게 된다.

―너무 많은 질문을 던지게 된다.
―너무 많이 생각하게 된다.
―너무 철저히 준비하려고 한다.
―모든 것에 대해서 지나치게 된다.
―심지어 남들에게 너무 친절하게 굴려고 한다.
―충분해도 충분한지 모르고 지나치게 하다 지치고 만다.

충분한 것을 충분하게 여기는 것이 무슨 의미일까? 나는 지능이 뛰어나서 전부 A를 받지만, 불안에 빠진 아이들을 자주 만난다. 그 아이들은 필요하지 않은데도 시험 준비를 하느라 새벽 2시까지 공부한다. 나는 그런 아이들에게 이런 말을 자주 한다. "시간제한을 두렴. 매일 밤 ___시까지만 공부해. 그 시간이 되면 바로 멈춰. 그때까지 하고 나면 네가 충분히 했다고 믿어." 그런 아이들은 어차피 더 한다고 해서 성적이 오르지도 않는 상황에서도 너무 큰 노력을 쏟아붓는다.

대다수 부모는 학생이 아니다. 그래서 이런 식으로 과도하게 공부하지는 않지만, 그 대신 가족 휴가를 계획하고, 아이들의 숙제를 돕는다. 돌잔치를 준비한다. 선물을 받지 못하는 사람이 한 명도 없도록 성탄절 선물을 다시 확인한다. 갈등을 빚고 있는 친구와의 관계를 고민한다. 자녀가 덜 불안해하거나 덜 슬프도록, 자신감을 얻고 행복해질 방법을 고민한다. 교회에서 봉사하고 일이나 아르바이트하면서, 네 아이를 키우면서도 자녀 한 명 한 명의 학부모 활동에 다 참여하려고 애쓴다. 내가 상담하는 아이들에게 권하는 것처럼, 당신은 어떤 식으로 시간제한을 둘 수 있을까? 어떻게 하면 충분한 만큼만 할 수 있을까?

내가 상담소에서 사용하는 또 다른 인지 행동 치료 기법은 '담아두기'(containment)다. 어린아이에게는 입에 지퍼가 달린 걱정 인형을 사용한다. (징그러운 기분이 들지는 모르겠지만, 실제로는 귀엽다.) 이 인형의 용도는 아이가 걱정이 생길 때마다 그 걱정을 종이에 적어서 인형의 입에 담는 것이다. 그런 다음, 매일 정해진 '걱정 시간'에 부모와 함께 앉아서 걱정을 꺼내 그것에 관해 충분히 이야기를 나눈다. 담아두기를 통해 아이는 자기 걱정이 중요하지만 계속해서 그것에 사로잡힐 필요는 없다는 점을 배운다. 나중에 다루기 위해 걱정을 인형이나 상자, 심지어 기도하는 장소에 '담아둘' 수 있다. 그렇게 하면 아이는 걱정이 자신을 통제하는 것이 아니라 자신이 걱정을 통제할 수 있다는 사실을 배울 수 있다. 걱정이 많은 아이와 함께, 혹은 당신의 걱정에 대해서 담아두기를 해보라. 꽤 재미있다.

충분함의 개념을 이해하는 것도 같은 효과를 낸다. 해야 할 일이 더 있다고 속삭이는 걱정의 목소리에 통제받는 게 아니라 자신이 걱정을 통제할 수 있다는 사실을 배울 수 있다. 단순히 "이만하면 충분해"라고 말하기만 해도, 지나친 준비와 지나친 계획, 지나친 생각을 멈출 수 있다.

이 책의 초고를 쓴 후에 『나는 아직도 배우지 못했습니다』(I Guess I haven't Learned that Yet)라는 샤우나 니퀴스트(Shauna Niequist)의 멋진 책을 읽었다. 제목만 봐도 삶과 나에 대해서 조금은 더 편안해진다. 전혀 몰랐는데 읽고 보니 그 책에도

'조금 적당히 노력하라'는 제목의 장이 있었다. 유명한 저자가 나와 같은 생각을 하고 있다니 그렇게 반가울 수가 없었다. 그 장에서 저자는 아들의 교사 중 한 명이 한 말을 전하는데, 그 말에는 이 충분함이라는 개념이 잘 담겨 있다. "아들의 담임 교사 도나는 우리가 배워야 할 가장 중요한 기술 중 하나를 격렬함을 관리하는 법, 적시에 강도를 내리고 올리는 법을 배우는 것이라고 말했다. 그녀는 아침 7시에 출근해서 저녁 6시에 퇴근하는 교사가 최고가 아니라고 했다. 최고의 교사는 미술관에 가거나 미술 수업을 받고, 공원에서 산책하거나 파티를 즐기는 사람이다. 평소에 이런 활동을 해야 교실에서 전할 거리가 생기기 때문이다."[2] 이런 교사는 충분한 것을 충분하게 여길 줄 안다. 그리고 당신도 그렇게 할 수 있다.

당신이 충분한 것을 충분하게 여기지 못하는 삶의 영역에 관해 생각해보라. 너무 많은 일을 벌여놓았는가? 너무 많은 관계를 잘 유지하려다 보니 큰 부담감에 시달리고 있는가? 그렇다면 이제 어떤 것이나 어떤 사람을 내려놓아야 할 때다. 생각이 너무 많은가? 그렇다면 생각을 줄이라.

친구의 도움이 필요할 수도 있다. 자신이 진이 빠지는 악순환에 빠졌는지도 모를 때가 있다. 배우자나 믿을 만한 친구에게 당신이 충분한 것을 충분하게 여기는 삶에서 벗어나 있을 때 알려주고 도와달라고 요청하라. 시각적인 도구를 사용하는 것도 도움이 된다. 포스트잇에 "충분해"라고 써서 거울에 붙이거나 그것을 특별한 팔찌에 새겨서 차고 다녀라. 다음 몇 주간 자기 자신에게 부드러운 음성으로 "충분해"라고 말하는 습관을 시작해보라. 당신이 쏟고 있는 모든 노력을 충분한 정도의 수준으로 줄이기를 바란다.

당신은 너무 많은 것을 해왔다. 당신 자신 외에 누구도 당신에게 더 많이 해달라거나 더 많이 생각하라거나 더 많이 준비해달라고 하지 않았다. 그리고 십중팔구 노력하기를 좀 줄여도 성과는 전혀 달라지지 않을 것이다. 당신은 50퍼센트를 훌쩍 넘어 있다. 당신이 이 책을 집었다는 것은 정말 잘하고 있는 부모라는 증거다. 그리고 이것은 '너무 많이 생각하지' 않아도 알 수 있는 사실이다.

3. 평범함을 받아들이라

우리가 진행하는 양육 수업 중 하나에서는 오늘날과 예전의 차이점을 보여주기 위해 드라마 영상 두 개를 틀어준다. 오늘날의 드라마는 〈페어런트후드〉(Parenthood)다(물론 현재 방영되는 드라마는 아니지만, 그래도 꽤 최근에 나온 좋은 드라마다). 옛날 드라마는 〈비버는 해결사〉(Leave It to Beaver)다. 아마 아직 젊어서 이 드라마 이름을 들어보지 못한 사람도 있을 것이다. 〈페어런트후드〉의 한 장면에서 로렐라이, 그러니까 사라 브레이버맨(Sarah Braverman)이 딸 앰버와 함께 있다. 앰버의 머리카락은 검은색인지 자홍색인지 검푸른색인지 모를 색으로 염색되어 있다. 딸은 남자애와 밤을 보낸 것처럼 보인다. 유일하게 분명한 점은 로렐라이는 몹시 화가 나 있고, 앰버는 무척 반항적이라는 것이다. 장면은 빠르게 진행된다. 카메라 앵글이 급속도로 돌아가고 음악은 시끄러우며 고함치는 소리가 가득하다. 약 45초 정도의 짧은 시간에 많은 상호 작용이 벌어진다. 반면 〈비버는 해결사〉는 6분간 느리게 진행되며 한 가지 메시지를 전달한다. 먼저 비버 가족 네 명이 모두 식탁보 위에 도자기가 놓인 거실 식탁에 모여 있다. 카메라가 천천히 돌아가면서 학교생활에 관한 느린 대화, 아빠의 농담, 녹음된 웃음소리를 담아낸다. 〈비버는 해결사〉는 편안한 안도의 한숨처럼 느껴진다. 반면, 〈페어런트후드〉는 격렬하고 정신없는 핀볼 기계처럼 느껴진다.

치료사로서나 인간으로서 지난 몇십 년간의 세상을 한마디로 표현하라면 '격렬한'이라는 단어를 사용하고 싶다(우리 부모들만 격렬함의 강도를 줄여야 하는 것은 아니다. 우리 문화도 그래야 한다). 한 엄마와 오늘날 학업의 격렬함과 그것이 아이들에게 가져오는 불안에 관해 이야기한 적이 있다. 좋은 유치원에 들어가야 한다는 압박감, 초등학교 숙제 시간, 대학까지 계속 이어지는 시험과 선행 학습. 치료사로서 볼 때 이것은 아이들에게 너무 가혹한 환경이다. 심지어 학교에서 요구하는 수준만큼만 노력해도 너무 힘들다. 학교에서 요구하는 학업만 해도 이미 과중하다. 이 현실에 관해서 내가 할 수 있는 일이 있었으면 좋겠다는 생각을 자주 한다. 학업에 대한 압박이 아이들 사이에서 불안 수치가 증가하는 원인 중 하나라고 생각한다. 나는 계속해서 해법을 내놓으려고 노력하고 있다. 공부를 심하게 시키지 않는 학교가 많이 나오도록 로비하기도 하고, 이 상황을 바꾸어달라고 당국에 탄원서를 제출하기도 한다. 해법은 잘 모르겠지만, 우리 아이들을 위해서 계속 노력할 것이다. 하지만 안타깝게도 학업의 압박만 있는 것이 아니다. 스포츠에서 놀이, 미술, 리더십 활동까지 아이들이 참여하는 모든 일에서 압박이 심하다. 사방에서 압박이 가해진다. 너무 격렬하다.

아이들의 정서적 삶도 격렬해졌다. 앞서 말했듯이, 아이들은 더는 걱정된다는 표현을 사용하지 않는다. 그들은 이제 '불안'이란 단어를 사용한다. 더는 슬프다고 말하지 않고 '우울증'에 걸렸다고 말한다. 인터넷에서 진단을 검색해보고 찾아오는 아이를 매주 한 명씩은 꼭 본다. 아이들은 내가 같은 진단을 해주기를 바라면서 증상을 나열한다. 이 아이들은 이렇게 생각한다. (1) 정확한 진단 없이는 자신들의 감정이 합당하지 않다. (2) 진단 없이는 아무도 자신들의 감정에 관심을 기울이지 않을 것이다. 그리고 우리 부모들도 문제가 있다. 최근 만난 한 아빠는 자기 아들이 '거절 민감성 위화감'(rejection sensitivity dysphoria)에 걸렸다고 말했다. 그것은 나도 처음 들어본 병명이었다. 그렇게 따지면 모든 중학생이 어느 정도 거절 민감성 위화감을 겪는다고 말할 수 있다. 이처럼 우리 부모들은 모든 것을 병으로 여긴다. 모든 것과 모든 사람에 명칭을 붙여 심각하게 여기고, 모든 상황을 극단적으로 판단한다. 아이가 조금만 자신감이 부족하거나 어색해하거나 슬퍼하는 것도 봐주지 못한다. 아이의 하루가 그냥 좋게 흘러가는 것도 내버려두지 못한다. 왜냐하면 '최고의 하루'가 돼야 하기 때문이다. 조금만 부족해도 문제로 여긴다. 아이의 생일 파티와 여행을 준비하거나 졸업 댄스파티에서 파트너를 구하도록 돕는 것에 관해 당신이 느끼는 압박감을 생각해보라. 심지어 이것에도 명칭이 있다. 이를 프러포즈 대신 댄스포즈(prom-posal)라고 한다. 이처럼 우리 문화는 충분함의 개념을 이해하지 못한다. 우리는 평범함의 가치를 잃어버렸다. 나는 이것이 오늘날 우리가 마주한 가장 큰 문제라고 생각한다.

알다시피, 나는 전례적 교회에 다닌다. 또 우리 교회는 대림절, 유월절, 부활절 같은 교회력도 지킨다. 그런데 내가 교회력에서 가장 좋아하는 점은 유월절과 대림절 사이에 '평상절'(Ordinary Time)이 있다는 것이다. 이 시간은 말 그대로 평범한 시간이다. 우리가 아이들이나 다른 학부모들과 이 시간에 관한 이야기를 자주 했으면 좋겠다. 평상절은 격렬하지 않으며 극단적이지도 않다. 평상절에는 화려한 행사를 준비하지 않는다. 그냥 평상시에 만족을 누려야 한다는 점을 기억하기 위한 평범한 시간이다.

마더 테레사(Mother Teresa)는 이렇게 말했다. "사랑이 진정한 사랑이 되기 위해서 특별한 일을 해야 한다고 생각하지 마십시오. 우리에게 필요한 것은 지치지 않고서 사랑하는 것입니다…작은 일에 충성을 다하십시오. 그 일들 속에 당신의 강함이 있기 때문입니다."[3] 당신의 자녀가 평범한 일과 평범한 날 속에서 만족을 배우도록 돕기를 바란다. 꼭 열대의 낙원(물론 이것도 근사하지만)으로 가지 않고도 뒷마당에서 가족끼리 모인 시간에도 충분한 만족을 얻도록 가르치라. 반 아이들 전체와 디제이를 부른 화려한 생일 파티가 아닌 그저 피자를 시켜 세 친구만 모인 조촐한 파티에서 충분한 만족을 얻도록 알려주라. 꼭 진단을 내놓지 않아도 관심과 사랑을 받을 수 있다는 점을 가르치라. 중학생이니 거부에 민감한 것은 지극히 자연스러운 현상이라고 가르치라. 평범한 것은 그냥 괜찮은 것이 아니라 좋은 것이다. 보통과 평균만으로 충분하다. 하지만 우리가 사랑하는 아이들에게 이것을 가르치기 위해서는, 우리 자신도 이런 영역에서 만족할 줄 알아야 한다. 평범함 속에는 정말 많은 유익과 영광이 있다. 그리고 평범함 속에는 압박과 불안이 훨씬 더 적다.

4. 쉬라

마지막으로 진정한 쉼을 누려본 적이 언제인가? 작년에 이국적인 열대 낙원에서 휴가를 보냈을 때인가? 아이들이 모두 동시에 여름 수련회에 갔을 때인가? 아니면 아이를 갖기 전인가? 이런 생각도 바꾸기를 바란다.

우리는 너무 노력하고 있다. 충분한 것을 충분하게 여기지 못하고 있다. 격렬하게 살고, 특별함을 너무 추구하고 있다. 우리에게는 쉼이 필요하다. 당신에게는 쉼이 필요하다.

앞서 자신을 돌보는 것에 관해서 많은 이야기를 했다. 하지만 내가 생각하는 쉼은 훨씬 더 깊은 것이다. 그것은 조금 적당히 노력하는 것과 충분한 것을 충분하게 여기는 것과 평범함을 받아들이는 것을 합친 것에 한 단어를 더하는 것이다. 그 단어는 믿음이다. 이 책의 마지막 두 장에서 믿음에 관한 이야기를 할 것이다. 나는 믿음이 있을 때만 진정한 쉼이 가능하다고 믿는다. 자신을 믿고 하나님을 믿으라. 하나님이 당신과 당신의 자녀를 돌봐주시리라고 믿으라. 곧 이 이야기를 해보자.

하지만 여기서는 당신의 삶에 조금 더 많은 쉼을 불어넣는 방법에 관해서 생각해보기를 바란다. 교회력에도 쉼이 포함되어 있다. 이것은 교회가 아니라 하나님이 직접 정하신 쉼이다. 바로 안식일이다. 필시 당신의 안식일은 대개 축구 경기 관람과 마트 장보기, 그리고 마지막 순간에 급하게 학교 숙제하기와 등교 준비를 하는 것으로 이루어져 있을 것이다. 이것은 진정한 안식일과 거리가 멀다. 마지막으로 참된 휴식을 해본 적은 언제인가?

이번 주에 쉬기 위한 시간을 한 시간 정도 내기를 바란다. 이것을 치료 숙제로 생각하라. 밖에서 산책하며 찬양을 듣는 것도 좋다. 아니면 잠깐 낮잠을 자도 좋다. 자기 계발이나 생산성과 관련 없는 책을 읽는 것도 좋다. 뭐든 당신에게 쉼을 주는 활동이 있을 것이다. 이번 주에 그 일을 하라. 그리고 이왕이면 다음 주에도 하는 것이 어떤가? 나는 쉬는 시간을 조금만 더 보내면, 마음속 압박감이 줄어들고 덜 격렬하게 살아갈 수 있다고 분명히 믿는다. 쉼은 당신의 불안한 마음에 진정제가 돼줄 것이다. 그리고 쉼은 놀이와 믿음을 위한 더 많은 여지를 만든다.

너희 관용을 모든 사람에게 알게 하라 주께서 가까우시니라 아무것도 염려하지 말고 다만 모든 일에 기도와 간구로, 너희 구할 것을 감사함으로 하나님께 아뢰라 그리하면 모든 지각에 뛰어난 하나님의 평강이 그리스도 예수 안에서 너희 마음과 생각을 지키시리라(빌 4:5-7).

마음을 졸이거나 염려하지 마십시오. 염려 대신 기도하십시오. 간구와 찬양으로 여러분의 염려를 기도로 바꾸어, 하나님께 여러분의 필요를 알리십시오. 그러면 여러분도 모르는 사이에, 하나님의 온전하심에 대한 감각, 곧 모든 것이 협력하여 선을 이루게 된다는 믿음이 생겨나서 여러분의 마음을 안정시켜 줄 것입니다. 그리스도께서 여러분 삶의 중심에서 염려를 쫓아내실 때 일어나는 일은 실로 놀랍기 그지없습니다(빌 4:6-7, 메시지성경).

우리는 조금 적당히 노력할 수 있다. 충분한 것을 충분하게 여길 수 있다. 평범함 속에서 하나님을 볼 수 있다. 하나님이 가까이 계신다. 그래서 우리는 지극히 사랑하는 이 작은 사람들과 함께 쉬면서 놀 수 있다.

> **KEY POINT!** 불안을 이기는 부모를 위한 조언
>
> 1 내가 만난 불안해하는 부모들은 하나같이 지독히 열심히 노력하고 있다.
>
> 2 나는 불안해하는 부모들이 조금 적당히 노력하면(포기하는 것이 아니라 자신을 너무 심하게, 너무 지속해서 밀어붙이지 않으면) 아이들과 훨씬 더 즐겁게 지낼 수 있으리라고 생각한다.
>
> 3 조금 적당히 노력하라. 당신은 정말 훌륭한 부모다.

당신은 자녀를 깊이 사랑하고 있다. 자녀가 잘되고, 좋은 가정을 꾸리기를 바란다. 또 자녀가 행복하고 온전하며 자신감 넘치고 사랑받는다고 느끼며 자라도록 최선을 다하고 있다. 단지, 당신이나 나나 너무 심하게 노력하지는 말아야 한다.

<u>4</u> 충분한 것을 충분하게 여기라. 그렇게 하면, 해야 할 일이 더 있다고 속삭이는 걱정의 목소리에 통제받는 게 아니라 우리가 걱정을 통제할 수 있다는 사실을 배울 수 있다. 단순히 "이만하면 충분해"라고 말하기만 해도 지나친 준비와 계획, 생각을 멈출 수 있다.

<u>5</u> 평범함을 받아들이라. 우리 문화는 충분함의 개념을 이해하지 못한다. 우리는 평범함의 가치를 잃어버렸다. 나는 이것이 오늘날 우리가 마주한 가장 큰 문제라고 믿는다.

<u>6</u> 쉬라. 나는 쉬는 시간을 조금만 더 보내면, 마음속 압박감이 줄어들고 덜 격렬하게 살아갈 수 있다고 분명히 믿는다. 쉼은 당신의 불안한 마음에 진정제가 되어줄 것이다. 그리고 쉼은 놀이와 믿음을 위한 더 많은 여지를 남긴다.

11장.
당신의 직관을 믿으라

최근 데이스타 상담소에서 열다섯 살 여자아이를 만났다. "아빠가 바람을 피우는 것 같아요." 그 아이는 첫 만남에서 내게 조용히 속삭였다. 아이의 부모가 작성한 서류에서는 그런 내용을 보지 못했기에 좀 더 자세히 듣고 싶었다. "그렇다면 정말 큰일이구나. 무슨 일인지 좀 더 자세히 이야기해줄 수 있겠니?"

아이는 아빠가 예전에는 꽤 갔지만 더는 가지 않는 열대 지방으로 자주 출장을 간다는 이야기를 엄마에게서 들었다. 아이의 아빠는 용무를 본다고 나가서 예상보다 훨씬 늦게 들어왔다. 아이는 아빠의 차에서 엄마의 것이 아닌 빗을 발견했다. 최근 아빠는 몸치장에 부쩍 신경을 쓰기 시작했고, 온라인에서 많은 시간을 보냈다. 많은 증거가 있었다. 내 직관은 이 아이의 직관이 옳다고 말하고 있었다.

나중에 아이의 부모가 내 상담소에 왔다. 자리에 앉자마자 아빠는 변명하기 시작했다. "아이가 말도 안 되는 이유로 제가 바람을 피운다고 생각하고 있어요. 왜 그런 말을 하는지 도무지 이해가 안 돼요." 그러자 엄마도 거들었다. "이이는 세상에서 제일 좋은 아빠이자 남편이에요."

나는 남은 시간 동안 그 부부를 자세히 관찰했다. 그 결과, 남편이 바람을 피우고 있다는 강한 직관이 들었다. 말하는 방식이나 아내와의 관계, 딸의 말을 종합해보면 내 직관이 확실했다. 하지만 매우 용감한 이 아이가 엄마에게 자신의 의심을 말하면, 즉시 엄마는 잘못된 생각이라고 꾸중했다. 그러고서 더 딸과 대화하지 않았다. 그 일에 관해서 진지하게 고민해보지도 않는 것이 분명했다. 엄마는 딸의 직관과 자신의 감정을 모두 억누르고 있었다.

우리는 아이를 사랑하면서도 아이의 감정이나 생각은 무시할 때가 많다. 그것은 곧 아이의 직관을 무시하는 것이다. 우리는 아이의 직관이 틀렸다고 말한다. "기다려." "멈춰." "뭔가 수상해." "이건 안전하지 않아"라고 말하는 자기 안의 목소리에 귀를 기울일 필요가 없다고 말한다. 나는 오랫동안 아이들을 상담하면서 그들의 직관을 무시하는 것이 그들에게 매우 해롭다는 사실을 발견했다. 이 아이가 나중에 커서 남자를 사귈 때 어떻게 될지 몹시 걱정되었다. 이 아이는 가장 믿는 사람들에게 자신을 믿지 말라는 말을 듣고 자란 셈이기 때문이다.

직관은 삶을 헤쳐 나가도록 도와준다. 직관은 무엇과 누가 안전한지 판단할 수 있게 해준다. 직관은 언제 멈추고 언제 움직이며 언제 조심히 나아갈지를 알게 해준다. 직관은 특정한 상황에서 무엇을 하고 누구를 받아들여야 할지를 말해준다. 하지만 우리가 그 직관과 우리 자신을 믿지 않으면 아무런 소용이 없다.

이번 장을 쓰던 중 나는 SNS에서 부모들에게 부모로서 자기 자신을 믿는지 물었다. 그러자 무려 82퍼센트가 그렇다고 대답했다. 여기서 내 직관을 말하자면, 나는 그들 대부분의 대답을 믿지 않는다. 지금 당신이 "그렇다"라고 대답했다면 그 대답도 인정할 수 없다. 왜냐하면 내가 직접 부모들과 마주 앉아서 상담해보면, 대개 자신의 직관을 진정으로 믿지 못하고 있기 때문이다. 나는 부모의 82퍼센트가 자기 직관을 믿지 못한다고 생각한다. 물론 그것은 내가 주로 불안을 안고 있는 부모들을 상담했기 때문일 수도 있다. 그들의 경우에는 불안의 목소리가 직관의 목소리보다 특히 더 크게 울린다. 그들은 불안한 생각을 남들보다 더 많이 한다. 그리고 상담실이 인터넷보다 더 안전한 환경이기 때문에 자신에 관해서 솔직하게 털어놓는 과정에서, 자신도 모르게 잘못된 점을 더 강조했을 수도 있다. 그래도 자기 직관을 믿지 못하는 부모가 많다는 것은 엄연한 현실이다.

나는 하나님에 대한 믿음 다음으로, 직관이 부모로서 가진 가장 중요한 도구라고 생각한다. 그것은 부모의 초능력이다.

나는 부모들에게 자신을 신뢰하냐는 질문 외에도, 왜 신뢰하지 못하는지 그 이유도 물었다. 그러자 어린 시절 부모에게 받은 상처 때문이라고 말한 응답자가 압도적으로 많았다.

사실, 자신을 믿는 부모나 믿지 않는 부모나 어릴 적의 경험이 중요하다고 답했다. 간단한 대답 두 개가 특히 내 눈에 들어왔다. 한 엄마는 자신을 믿지 못하는 이유를 이렇게 설명했다. "좋은 부모 밑에서 자라지 못했어요." 다시 말해, 그녀는 자기감정과 생각을 인정받지 못했다. 그래서 스스로 자신을 믿지 못하고 있었다. 내가 아는 훌륭한 엄마이자 할머니(내 사촌) 중 한 명은 부모로서 자신을 믿는다고 대답했다. 이유는 이러했다. "부모님이 훌륭하신 분들이었고, 그 두 분 밑에서 잘 배워서 그래." 물론 그녀의 부모는 완벽하지 않았다. 내 친척이기 때문에 잘 알고 있다. 하지만 그녀의 부모는 그녀의 생각과 감정이 중요하다는 점을 알려주기 위해 최선을 다했다. 그들은 그녀의 말을 들어주려고 애썼다. 그 덕분에 그녀는 자기 안의 목소리가 중요하다고 믿게 되었다. 부모가 그 목소리를 중요하게 여겼기 때문에 그녀도 그 목소리를 중요하게 여길 수 있었다.

자신의 직관을 믿는 법을 배우기 위한 다섯 가지 방법

1. 걱정의 목소리를 잠재우라

직관의 소리를 듣는 법을 배우는 데는 시간이 걸린다. 그리고 연습이 필요하다. 직관을 계발하는 연습이 필요한 것이 아니다. 직관의 소리를 듣는 연습이 필요하다. 걱정의 목소리는 몹시 시끄럽다. 걱정의 목소리는 우리의 관심을 사로잡고, 우리 자신의 목소리가 하는 말을 의심할 뿐 아니라 우리 자신의 목소리가 있다는 사실조차 의심하게 만든다. 그래서 여기서부터 시작하자. 끊임없이 떠들며 우리의 관심을 빼앗는 걱정의 목소리를 잠재워야 한다.

걱정 괴물을 잠재우는 데 도움 되는 방법을 기억하는가? 지금쯤 이미 그 방법을 실천하고 있기를 바란다. 몸을 진정시키라. 편도체를 재설정하라. 걱정에 이름을 붙이라. 걱정의 목소리에 반박하라. 생각을 재구성하라. 감정을 나누라. 말하기 힘든 부분까지 다 나누라. 자신을 채워주는 활동을 하라. 용감한 일을 하라. 쉬라. 가족과 시간을 보내라. 실패를 인정하라. 은혜를 알라. 조금 적당히 노력하라. 현재 속에서 살라.

2. 현재 속에서 살라

우리 삶의 진짜 적은 '해야 한다'와 '만약 ~라면'이다. 이것은 우리를 바꿀 수 없는 과거로 끌어당기고 예측할 수 없는 미래로 끌고 간다. 하지만 진짜 삶은 지금 이곳에서 이루어진다. 하나님은 현재의 하나님이시다. 하나님은 현재 순간이 어렵든 쉽든, 즐겁든 고통스럽든 언제나 그 순간 속에 계신다…이것이 예수님이 과거의 짐과 미래에 관한 걱정을 없애기 위해 오신 이유다. 예수님은 지금 우리가 있는 이곳에서 하나님을 발견하기를 원하신다.

―헨리 나우웬(Henri Nouwen)[1]

작년에 내가 수년간 알고 지낸 한 엄마를 만났다. 나는 그녀와 그녀의 남편뿐 아니라 자녀 중 두 명과 상담해왔다. 그녀는 남편이 갑작스럽게 세상을 떠난 뒤에 나를 찾아왔다. 당시 네 명의 자녀 중 한 명이 그녀가 상상도 못 했던 우려스러운 행동을 하고 있었다. 또 다른 자녀는 신앙을 떠나 파괴적인 삶에 빠져들었다. 당연히 이 엄마는 몹시 힘들어하고 있었다.

그녀는 자신과 아이들이 어떻게 지내고 있는지 이야기한 뒤에 이렇게 말했다. "선생님, 최근 제 잘못을 깨달았어요. 걱정이 제 생각과 마음을 사로잡고 있다는 것을 깨달았어요. 저는 하나님을 믿지 못하고 자꾸만 아직 일어나지도 않은 일을 걱정하고 있어요. 제가 내일의 만나를 꾸어오고 있다는 것을 알았어요." 그녀가 계속해서 출애굽기 17장의 이야기를 한 것으로 보아 내 얼굴에서 물음표를 읽은 것이 분명했다. 이스라엘 백성은 광야를 헤매고 있었다. 그리고 필시 굶주림에 관해서 많은 걱정을 하고 있었을 것이다. 하나님은 그들을 돌봐주시려고 필요한 만나를 충분히 공급해주셨다. 단, 매일 하루치 만나만 주셨다. 하나님은 그들을 계속해서 돌보고 계셨지만, 하루만 지속되는 만나를 주셨다. 그들은 하나님이 다음 날에도 충분한 만나를 주실 줄 믿어야 했다. 내일의 만나를 꾸어오고 있다는 말은 하나님이 오늘 이후에도 계속해서 돌봐주시리라고 믿지 못한다는 뜻이었다. 그녀는 미래에 대한 두려움 속에서 살고 있었다. 그래서 현재 순간에 집중하지 못하고 있었다. 직관의 목소리를 들으려면 현재 속에 있어야 한다. 사실, 바로 이것이 그녀의 직관(혹은 성령님)이 그녀에게 하는 말이었다.

3. 기도하라

새로운 상담가를 훈련할 때 가장 중요한 일이 자기 직관을 믿는 법을 배우는 것이라는 말을 자주 한다. 직관은 내담자들에게 무슨 질문을 던져야 할지, 어떻게 반응해야 할지, 다음번에는 어느 방향으로 가야 할지를 알려준다. 나는 그들이 수년간의 훈련 경험보다도 자기 직관을 더 믿기를 바란다. 그것은 내면의 목소리가 역사상 그 어떤 상담자보다도 훨씬 더 지혜로우신 분에게서 온다고 믿기 때문이다. 그 목소리는 가장 지혜로운 상담자(Counselor)의 목소리다. 그 상담자는 요한복음 14장에서 예수님이 자신이 떠나고 난 뒤의 삶을 걱정할 수밖에 없는 제자들을 떠나시면서, 분명히 오신다고 약속하신 분이다.

> 내가 아버지께 구하겠으니 그가 또 다른 보혜사(Counselor)를 너희에게 주사 영원토록 너희와 함께 있게 하리니 그는 진리의 영이라 세상은 능히 그를 받지 못하나니 이는 그를 보지도 못하고 알지도 못함이라 그러나 너희는 그를 아나니 그는 너희와 함께 거하심이요 또 너희 속에 계시겠음이라(요 14:16-17).

나는 새로운 상담자들에게 단순히 자신의 직관을 믿으라고 하지 않는다. 자신의 직관을 인도해달라고 성령님께 간절히 기도하라고 말한다. 당신에게도 그렇게 하라고 권하고 싶다.

우리는 올해 초에 성경 공부를 시작하면서 성령님에 관해 많은 이야기를 나누기로 했다. 서로 돌아가면서 성령님에 관해 어떤 경험을 했으며, 그분과 어떤 관계를 맺고 있는지를 이야기했다. 그 대화 덕분에 나는 성령님에 관해 더 깊이 이해할 수 있었다.

당신도 나와 같다면, 자신보다 다른 사람과 관련해 진리를 믿고 소망을 품기가 더 쉬울 것이다. 나는 상담 중에 성령님이 나를 이끄신다고는 믿지만, 내 삶과 관련해서는 이 사실이 잘 믿기지 않을 때가 더러 있었다. 그런데 어느 날 아침 성경 공부를 하다가 갑자기 나를 향한 성령님의 인도하심을 새롭게 깨달았다. 밤에 나를 깨워 무언가를 깨우쳐주는 목소리, 기도할 때나 운전할 때 혹은 샤워할 때 진리를 상기시키는 목소리가 떠올랐다. 그 목소리는 내가 어떻게 반응하고 다음번에는 어느 방향으로 가야 할지를 알려주는 성령의 음성이었다.

성령님과 이야기하라. 하나님께 존재의 깊은 곳에서부터 말씀해달라고 기도하라. 내가 상담 중에 부모에게 듣기 좋아하는 말은 바로 이것이다. "제가 아이에 관해 알아야 할 부분이 있다면, 그것을 꼭 알게 해달라고 기도해요. 그런데 마음속에서 당장 아이의 휴대전화를 확인해보라는 음성이 들렸어요." 하나님은 우리 기도에 응답해주신다. 나는 하나님이 자녀에 관한 부분을 알게 해주실 뿐 아니라 우리보다 훨씬 지혜로우신 분에게서 온 깊은 통찰을 얻게 되었다는 이야기를 수없이 들었다. 우리는 그저 귀를 기울이기만 하면 된다.

4. 귀를 기울이라

기도는 무엇보다도 하나님께 귀를 기울이는 것이다. 기도는 자신을 여는 것이다. 하나님은 항상 말씀하고 계시며, 항상 무언가를 행하신다. 기도는 그 활동으로 들어가는 것이다…우리 생각을 기도로 전환해야 한다. 우리는 끊임없이 생각하고 있다. 따라서 끊임없는 기도로 부름을 받았다. 차이점은 기도가 다른 것들에 관해 생각하는 것이 아니라 대화 속에서 생각하는 것이라는 점이다. 기도는 자기중심적인 독백에서 하나님과의 대화로 이동하는 것이다.

―헨리 나우웬[2]

듣기는 어렵다. 우리가 원하는 모든 것을 아뢰며 기도하기는 훨씬 더 쉽다. 심지어 기도가 걱정 괴물이 큰 소리로 떠드는 목소리로 변질할 수도 있다. 끊임없이 생각하는 것은 놀이동산에서 빙빙 도는 롤러코스터와 같다. 하지만 하나님은 그렇게 우리의 머릿속을 빙빙 맴도는 생각을 끊임없는 기도로 전환하라고 말씀하신다. 기도는 하나님께 우리의 생각을 아뢰는 것이기도 하지만, 그분과의 대화 속에서 그 생각을 열린 손으로 드리는 것이기도 하다.

지금 바로 10분간 이런 활동을 해보기를 바란다. 타이머를 10분 뒤로 맞춘다. 이제 두 눈을 감으라. 세 번 천천히 심호흡하라. 이제 말로 혹은 말없이 걱정을 하나님께 드리라. 지금 자녀에 관해 걱정하고 있는 점을 떠올리라. 그 걱정을 꽉 쥐어서 당신의 마음에서 꺼내는 상상을 해보라. 이제 손바닥을 위로 해서 손을 펴고 그 걱정을 하나님께 드리라. 당신이 무엇을, 왜 두려워하는지 하나님께 아뢰라. 그러고 나서 앉으라. 최소한 5분간 앉아서 하나님이 어떤 음성을 주시는지 귀를 기울이기를 바란다.

어떤 사람을 자주 만나면 그 사람과 더 가까워지듯이 하나님의 음성은 자주 들을수록 그것을 더 빨리 알아챌 수 있다. 열린 손으로 귀를 기울이며 기도하는 시간을 주기적으로 보내라. 필요하다면 타이머를 사용하라. 조용히 앉아서 기다리라. 하나님의 음성이 들리거나 혹은 그분이 당신에게 하시려는 말씀이 작게나마 느껴질 때까지 기다리라.

신학자 곰돌이 푸는 이렇게 말했다. "너랑 이야기하는 사람이 네 말을 듣지 않는 것 같아도 참아줘. 귀에 작은 솜털 조각이 들어가서 그럴지도 몰라."[3] 다른 목소리들을 잠재우고, 귀에서 솜털을 빼서 귀를 기울이라. 그분의 음성을 알아들을 수 있을 때까지 계속해서 귀를 기울이라. 그리고 계속해서 믿으라.

5. 계속해서 믿으라

내 주변에는 에니어그램 6번 유형이 여럿 있다. 그들의 특징은 질문을 던지고 충성을 다하는 것이다. 어느 옷을 입을까? 어느 식당에 갈까? 자녀를 어떤 학교에 보낼까? 이 모든 문제에서 6번 유형은 다른 사람 한 명만이 아니라 모든 사람의 의견을 듣기 원한다. 내가 그들에게 꼭 해주고 싶은 말은 성령님은 우리에게 가장 직접적으로 말씀하신다는 것이다. 성령님이 우리를 위해 위원회를 통해 말씀하시는 경우는 별로 없다. 내면의 목소리보다 다른 사람의 의견에 더 귀를 기울이는 편인가? 그렇다면 당신도 이 점을 꼭 기억하기를 바란다.

자기 목소리보다 다른 많은 목소리를 더 믿는 편인가? 자녀를 정확히 어떤 학교에 보내야 하는지 말해주기를 좋아하는 위원회에 둘러싸여 있는가? 당신 자녀의 행동을 바꾸기 위해 어떻게 해야 하는지 주로 부모님의 조언에 의지하는가? 오히려 자녀가 당신에게 어떻게 행동을 바꾸라고 말하는 편인가? 또래 자녀를 키우는 다른 부모에게서 언제 아이에게 휴대전화를 사주거나 SNS 계정을 만들어도 되는지에 관한 의견을 듣고 그대로 따르는가? 행복한 아이를 키우기 위해 내일까지 무엇을 해야 하는지 알려주는 양육 전문가의 의견에 의존하고 있는가? 아니다. 당신 자신을 더 믿어야 한다. 위원회보다, 다른 부모들보다, 당신의 부모보다 그리고 당연히 당신의 자녀보다도 당신 자신을 더 믿어야 한다. 지금까지 상담하면서 부모에게 이런 말을 얼마나 많이 들었는지 모른다. "아니에요. 우리 아이가 친구가 숨겨달라고 부탁한 술이라고 했어요." 단언컨대, 당신 아이의 방이나 차에 있는 술은 절대 친구의 술이 아니다. 사실, 나는 이 머리가 잘 굴러가는 자녀를 둔 부모가 이미 사실을 알고 있다고 생각한다. 단지 그들은 자기 직관보다 아이의 말을 더 믿으려 할 뿐이다. 주변 사람들, 심지어 매우 훌륭한 양육서를 쓰는 양육 전문가의 목소리보다도 당신 자신의 목소리를 더 믿으라. 하나님은 당신의 삶과 자녀의 삶에 관해 당신에게 가장 직접적으로 말씀하실 것이다. 물론 나는 다른 목소리들의 힘도 믿는다. 당신이 믿는 그 목소리들을 통해 하나님이 당신에게 큰 통찰과 진리를 알려주실 수 있다고 믿는다. 하지만 귀에서 솜털을 빼서 하나님의 음성에 귀를 기울이면, 그분이 우리 자신의 삶과 가족에 관해 가장 크고도 분명하게 말씀하시리라고 믿는다.

내가 가장 좋아하는 저자이자 C. S. 루이스의 멘토였던 조지 맥도널드(George MacDonald)는 이렇게 말했다. "나의 하나님, 저의 기도는 진짜 제가 아닌 곳에서 흘러나옵니다. 하지만 당신의 응답은 저를 진짜 저로 만들어주는 것 같습니다."[4] 하나님은 당신에게 직관이라는 초능력을 주셨다. 직관은 당신이 부모로서, 인간으로서 받을 수 있는 가장 큰 선물 중 하나다. 직관의 소리에 귀를 기울이라. 직관을 믿으라. 하나님은 그 직관을 사용하여 당신의 자녀와 당신 자신, 그리고 둘 모두를 향한 그분의 크신 사랑을 더 깊이 이해할 수 있게 해주신다.

> **KEY POINT!** 불안을 이기는 부모를 위한 조언
>
> 1 나는 하나님에 대한 믿음 다음으로 당신의 직관이 부모로서 가진 가장 중요한 도구라고 생각한다.
> 2 걱정의 목소리를 잠재우라.
> 3 현재 속에서 살라.
> 4 기도하라.

<u>5</u> 귀를 기울이라.

<u>6</u> 계속해서 믿으라.

<u>7</u> 하나님은 당신의 삶과 자녀의 삶에 관해 당신에게 가장 직접적으로 말씀하신다.

12장.
하나님을 믿으라

오래전 나는 밴쿠버 리젠트대학에서 나의 두 영웅인 매들렌 렝글(Madeleine L'Engle)과 루시 쇼(Luci Shaw)에게서 글쓰기 수업을 받는 놀라운 기회를 얻었다. 나는 평생 렝글의 글을 사랑했고, 그 수업을 받기 얼마 전부터 쇼의 글도 사랑하게 되었다. 그 수업은 내 인생 최고의 경험 중 하나였다. 그때 그들이 말해준 많은 것이 지금까지도 내 머릿속에 생생하게 남아 있다.

매들렌 렝글은 잠에서 깨는 순간과 잠드는 순간이 거룩하다고 말했다. 그런 순간에는 우리의 걱정, 의식, 바쁨이 하나님의 음성을 걸러낼 수 없기에 그분의 음성을 더 분명히 들을 수 있다고 한다. (자기 직관에 귀를 기울이는 법을 배우라는 말처럼 들리지 않는가?) 내가 직접 경험해보니 맞는 말이었다. 그래서 가장 창의적 생각(책의 개념이나 제목, 다른 사람을 위한 창의적인 선물, 단순히 내 삶에 관한 통찰)이 그런 순간에 나타난 경우가 많았다. 내게는 어떤 책임도 맡지 않고 그저 경청하기만 하는 시간도 거룩한 순간이다. 당신도 마찬가지가 아닐까 싶다. 지난여름 호프타운에서 나는 그런 순간을 경험했다.

어느 날 아침, 건물 밖 울창한 나무들 아래서 멜리사가 아이들을 가르치는 소리를 듣고 있었다. 그 시간은 내가 책임을 맡고 진행하는 시간이 아니라서 마음이 그렇게 편할 수가 없었다. 솔직히 진정으로 경청하고 있지는 않았다(멜리사가 몰랐으면 좋겠다). 나는 작년에 있었던 일들을 회상하고 있었다. 작년에 배웠고, 여전히 배워가는 것들을 노트 한쪽에 쭉 적기 시작했다. 그것은 다음과 같다.

① (큰 부담을 느끼지만) 중요하지 않은 것이 정말 많다.
② 좌절감은 품을 가치도 없고 재미있지도 않다.
③ 바삐 서두르는 나는 최상의 내가 아니다. 속도를 줄이라.
④ 남들이 노력하지 않는 것이 아니다. 단지 그들은 다른 것을 볼 뿐이다. 그리고 그것은 좋은 일이다.

나는 이런 부분을 지금도 여전히 배워가고 있다. 앞서 과정을 믿는 것에 관한 이야기를 했는데, 나는 이 과정에 오랜 시간이 걸린다는 것을 몸소 체험하고 있다. 바삐 서두르는 내가 최상의 내가 아니라는 사실을 51세가 된 지금도 여전히 배우고 있다. 배움의 과정은 느리지만, 그 과정에서도 나는 많은 믿음을 품고 있다.

몇 년 전 여름, 호프타운에서 멜리사의 말을 경청하고 있을 때 그녀가 아이들에게 한 말을 평생 잊지 못할 것 같다. 그녀는 용기가 불안의 해독제가 아니라고 했다. 불안의 해독제는 바로 믿음이다. 여기서 나는 피상적이고 상투적인 믿음을 말하는 것이 아니며, 그녀도 그런 믿음을 말한 것이 아니었다. 여기서 내가 말하려는 믿음은 삶의 시련과 슬픔, 고난, 좌절을 통해 나타나는 믿음이다. 걱정의 층, 걱정될 때 발동하는 통제 욕구의 층, 하나님의 뜻을 가로막는 우리 자신의 뜻의 층이 걷힐 때 나타나는 믿음이다.

최근 (여전히 무명으로 남아 있는) 한 SNS 계정에서 이런 글을 발견했다. "내 결과를 하늘에 맡기고 모든 일이 내게 좋은 쪽으로 이루어질 줄 믿으라." 그 순간 이건 아니라는 생각이 들었다. 이것은 우리가 이번 장에서 이야기하는 종류의 믿음이 아니다. 모든 일이 내게 유리한 쪽으로 이루어질 줄 믿을 수 있으면 좋겠지만 현실은 그렇지 않다. 내가 볼 때 여기서 '내게 좋은 쪽'은 내가 일어나기를 바라는 일이라는 의미를 함축한다. 내가 내 삶과 남들의 삶에서 이루어져야 한다고 생각하는 일 말이다. 예를 들어, 내일 조카를 디즈니월드에 데려간다든지, 로또에 당첨되는 것 같은 일. 이왕이면 이 두 가지가 동시에 이루어졌으면 좋겠다. 사실 실제로 이런 일이 생기면 좋겠지만, 모든 일이 내게 좋은 쪽으로 풀릴 것이라는 보장은 없다. 최소한 내 근시안적인 시각에서 좋아 보이는 쪽으로는 이루어지지 않는다. 나는 그런 결과를 바랄 때가 많지만 일이 그렇게 되지는 않는다. 그 대신 하나님이 모든 것을 합력되게 하서서 궁극적으로 나의 선과 그분의 영광을 이루실 것으로 믿는다. 그리고 그 믿음 덕분에 나는 전심으로 항복할 수 있다.

내가 항복할 수 있는 이유는 전적으로 하나님 덕분이다. 하나님 없이는 그렇게 할 수 없다. 나는 내 것을 너무 꽉 움켜쥐고 통제하려고 든다. 하지만 내가 항복할 수 있는 것은 내가 믿는 분이 나보다 훨씬 더 지혜로우시고, 내가 그분께 맡긴 것과 사람들을 지켜주실 수 있다고 굳게 믿기 때문이다. 이 믿음 덕분에 항복할 수 있다. 다시 말해, 다음과 같은 것을 믿지 못하면 항복할 수 없다. (1) 나는 선하시고 믿을 만한 분께 항복하는 것이다. (2) 그분이 내 사람들을 돌봐주실 것이다. (3) 그분이 선하시기 때문에 나를 돌봐주실 것이다. 그분의 선하심은 내 삶이나 다른 사람의 삶에서 기대하는 바와 전혀 다를 수도 있다. 하지만 그분이 여전히 선하시다고 믿을 수 있다. 그리고 그분이 내가 자주 빠지는 압박, 두려움, 걱정, 욕심, 고통에서 나를 꺼내주신다고 믿을 수 있다. 내가 믿는 법을 배워가는 동안 그분은 나를 천천히 움직이고 계신다.

믿는 법을 배울 때 얻는 다섯 가지, 그리고 그 과정에서 닮아가고 다가가게 되는 한 분

예수님이 요한복음 14장에서 성령께 붙이신 이름을 다시 보자. "보혜사 곧 아버지께서 내 이름으로 보내실 성령 그가 너희에게 모든 것을 가르치고 내가 너희에게 말한 모든 것을 생각나게 하리라"(요 14:26).

여기서 예수님은 다가올 일에 관해서 제자들과 토론하시다가 성령을 언급하신 것이다. 제자들은 이 말씀을 이해하지 못했다. 왜냐하면 예수님이 아직 그분과 함께 계셨기 때문이다. 하지만 누가복음 24장에 이르면, 예수님이 돌아가셨다가 무덤에서 살아나셨는데, 슬퍼하는 제자들은 그 사실을 모르고 그분이 돌아가신 줄로만 알고 있었다.

막달라 마리아, 요안나, 야고보의 어머니를 비롯한 여러 여인은 제자들에게 가서 빈 무덤을 발견했다고 알렸다. 누가복음에서 베드로는 즉시 달려가 빈 무덤을 보고서 혼란에 빠진 채로 집으로 돌아왔다.

> 이 말을 할 때에 예수께서 친히 그들 가운데 서서 이르시되 너희에게 평강이 있을지어다 하시니 그들이 놀라고 무서워하여 그 보는 것을 영으로 생각하는지라 예수께서 이르시되 어찌하여 두려워하며 어찌하여 마음에 의심이 일어나느냐 내 손과 발을 보고 나인 줄 알라 또 나를 만져 보라 영은 살과 뼈가 없으되 너희 보는 바와 같이 나는 있느니라 이 말씀을 하시고 손과 발을 보이시나(눅 24:36-40).

그 뒤에 예수님은 그분이 진짜임을 증명해 보이시려고 그들 앞에서 떡을 잡수셨다. 그리고 자신이 하신 말씀과 그들 눈앞에 이루어지고 있는 약속을 그들에게 상기시키셨다. 그러고서 다시 성령에 관해 언급하신다. "내가 내 아버지께서 약속하신 것[성령]을 너희에게 보내리니"(49절). 이것이 예수님이 하늘로 올라가시기 전 제자들과 나누신 마지막 대화다.

이 장면으로 들어가기를 바란다. 당신이 그 부활절 아침에 현장에 있었던 제자 중 한 명이라고 상상해보라. 그분의 죽음에 대한 슬픔과 그분의 시신이 사라진 데 대한 두려움을 느끼는가? 물론 다른 사람을 탓하기가 쉽다. 누군가가 그분의 시신을 훔쳐 갔다고 주장하는 편이 쉽다. 그러면 통제 불능이고 비현실적으로까지 보이는 상황에서 잠시나마 스스로 상황을 통제하는 느낌을 얻을 수 있다. 그러다 유령처럼 보이는 것이 눈앞에 나타난다. 예수님의 유령처럼 보인다. 우리는 자신이 예수님의 유령을 보면 바로 엎드려서 예배할 것이라고 착각하기 쉽다. 하지만 십중팔구 두려워서 벌벌 떨 것이다. 그래서 예수님은 그 두려움을 직접적으로 다루신다. 그분은 우리에게 콘텍스트(일의 전후 사정 혹은 맥락)을 주신다.

1. 콘텍스트에서 콘텍스트로

한 달 전쯤, 이 책을 쓰려고 한창 조사를 진행하다가 한 팟캐스트에 초대받았다. 아만다 바이블 윌리엄스(Amanda Bible Williams)와 레이첼 마이어스(Raechel Myers)가 자신들의 팟캐스트인 〈그녀는 진실을 읽는다〉(She Reads Truth)에서 "두려워하지 마라"(Do Not Fear) 시리즈를 진행하고 있으니 나더러 게스트로 출연해서 불안에 관한 이야기를 해줄 수 있는지 물었다. 나는 큰 영광으로 생각하여 즉시 그 제안을 수락했다. 하지만 이메일 보내기 버튼을 누르자마자 긴장감이 밀려왔다. 성경에 관한 팟캐스트에서 무슨 말을 해야 한단 말인가? 불안에 관해서는 온종일 말할 수 있지만 나는 신학교에 다닌 적도 없고, 성경학자도 아니다. 나는 지혜롭고 놀랍도록 은혜로운 이 여성들처럼 성경을 가르치는 일에 평생을 바치지 않았다. 하지만 하나님은 언제나 우리를 돌봐주신다.

방송을 시작한 지 5분쯤 지났을 때 아만다가 '콘텍스트'라는 단어를 이야기했다. 그때부터 우리 둘은 성경에서 "두려워하지 말라"는 말씀이 나타날 때마다 이어서 어떤 맥락이 나타난다는 사실에 관해 이야기하기 시작했다. 다시 말해, 예수님은 두려워하지 말아야 할 이유를 주셨다. 매번 그렇게 하셨다. 내가 불안에 관해 조사하면서 수없이 읽었던 단어를 그들이 사용했을 때 깜짝 놀랐다. 그 순간, 예수님은 나에게 새로운 콘텍스트를 주셨다.

불안은 항상 콘텍스트, 즉 맥락을 찾는다. 걱정은 우리에게 가장 중요한 것들에서 맥락을 찾아, 거기에 들러붙는다. 그 맥락은 우리의 실패, 최악의 시나리오, '나는 이 팟캐스트에서 할 말이 없어'라는 생각, 사랑하는 자녀에 관한 두려움 같은 것이 될 수 있다. 하지만 예수님은 우리를 콘텍스트에서 콘텍스트로 이끄신다. 우리가 두려움을 느끼는 콘텍스트에서 그분의 진리의 콘텍스트로 대체해주신다. 은혜로우신 그분은 걱정하지 말라고 명령하실 때마다 변함없이 그 이유를 알려주신다.

확인하고 싶다면 직접 읽어보라.

천사가 이르되 무서워하지 말라 보라 내가 온 백성에게 미칠 큰 기쁨의 좋은 소식을 너희에게 전하노라(눅 2:10).

적은 무리여 무서워 말라 너희 아버지께서 그 나라를 너희에게 주시기를 기뻐하시느니라(눅 12:32).

두려워하지 말라 너희는 많은 참새보다 귀하니라(마 10:31).

두려워하지 말라 내가 너와 함께함이라 놀라지 말라 나는 네 하나님이 됨이라 내가 너를 굳세게 하리라 참으로 너를 도와주리라 참으로 나의 의로운 오른손으로 너를 붙들리라(사 41:10).

너는 두려워하지 말라 내가 너를 구속하였고 내가 너를 지명하여 불렀나니 너는 내 것이라(사 43:1).

내가 사망의 음침한 골짜기로 다닐지라도 해를 두려워하지 않을 것은 주께서 나와 함께하심이라(시 23:4).

여호와는 나의 빛이요 나의 구원이시니 내가 누구를 두려워하리요 여호와는 내 생명의 능력이시니 내가 누구를 무서워하리요(시 27:1).

하나님은 우리의 피난처시요 힘이시니 환난 중에 만날 큰 도움이시라 그러므로…우리는 두려워하지 아니하리로다(시 46:1-3).

이는 나 여호와 너의 하나님이 네 오른손을 붙들고 네게 이르기를 두려워하지 말라 내가 너를 도우리라 할 것임이니라(사 41:13).

평안을 너희에게 끼치노니 곧 나의 평안을 너희에게
주노라 내가 너희에게 주는 것은 세상이 주는 것과 같지
아니하니라 너희는 마음에 근심하지도 말고 두려워하지
도 말라(요 14:27).

그가 너를 그의 깃으로 덮으시리니 네가 그의 날개
아래에 피하리로다 그의 진실함은 방패와 손 방패가 되
시나니 너는 밤에 찾아오는 공포와 낮에 날아드는 화살
과 어두울 때 퍼지는 전염병과 밝을 때 닥쳐오는 재앙을
두려워하지 아니하리로다(시 91:4-6).

너희는 그들을 두려워하지 말라 너희의 하나님 여
호와께서 친히 너희를 위하여 싸우시리라 하였노라(신
3:22).

겁내는 자들에게 이르기를 굳세어라, 두려워하지 말
라, 보라 너희 하나님이 오사 보복하시며 갚아 주실 것이
라 하나님이 오사 너희를 구하시리라 하라(사 35:4).

당신들은 두려워하지 마소서 내가 당신들과 당신들의
자녀를 기르리이다 하고 그들을 간곡한 말로 위로하였더
라(창 50:21).

보다시피 매번 예수님은 두려워하지 말라고 명령하신 뒤에
이유를 알려주신다. 맥락을 주신다. 그분의 말씀을 믿고 그분
이 말씀하시는 맥락을 믿으면, 우리가 붙들고 있는 맥락은 흩
어지기 시작한다. 우리는 불안한 마음속에서 끝없이 맴도는
걱정의 생각 대신 그분이 은혜롭게 말씀해주시는 진리를 우리

자신에게 선포해야 한다.

아이들을 상담할 때는 주로 두려움에 관해서 좋아하는 성경 구절을 고르게 한 뒤 암송하게 한다. 그러면 그 구절의 진리로 걱정의 생각들을 대체할 수 있다. 당신도 위의 구절 중 하나로 그렇게 해보기를 바란다. 그러면 걱정의 생각이 밀려올 때마다 참된 콘텍스트가 저절로 생각나서 그 생각이 뿌리를 내리지 않도록 막아준다.

2. 욕심에서 감사로

우리는 가지면 안전할 것 같은 것에 집착한다. 우리는 개념에 집착한다. 재물에 집착한다. 또 사람들에게 집착한다. 우리는 움켜쥐고 꽉 쥔다. 불안할수록 더 꽉 쥔다. 더 많은 통제력을 가지려고 한다. 하지만 그럴수록 손해다. 재물이나 감정, 사람 등, 당신이 과거에 꽉 쥐고 살았던 것을 생각해보라. 놓치기 싫은 것을 움켜쥐면 그것이 찌그러지면서 생명력과 좋은 것만 빠져나간다. 강하게 움켜쥘수록 그것을 더 망가뜨린다. 하지만 하나님은 우리를 욕심에서 감사로 이끄실 수 있다. 믿음을 통해, 그리고 많은 연습을 통해 그렇게 될 수 있다.

십대 자녀를 키우는 삶에 관해서 내가 좋아하는 이야기 중 하나는 앤 라모트가 전해주는 이야기다. 그 이야기에서 라모트는 고난에 관해 이야기할 뿐 아니라 어디에서 희망과 도움을 발견했는지도 알려준다.

평범한 것들이 도움이 되었다. 예를 들어, 어느 정도 거리를 두는 것과 기도, 초콜릿 같은 것들 말이다. 내 경우, 우리 아이보다 더 나이가 많은 아이를 키우는 부모들과 이야기하는 것이 유익했다. 아이의 또래를 키우는 부모들을 만나면, 자기 자식이 얼마나 끔찍한지를 인정하려고 하지 않기 때문이다…지나갈 때마다 볼 수 있도록 내 마음에 빛을 비추는 것들을 벽에 테이프로 붙여놓았다. 한 핑크 카드에는 "숨을 쉬라, 기도하라, 친절하게 굴라, 움켜쥐기를 그만하라"고 썼다. 다른 카드에는 최근에 들은 말을 적어놓았다. 그 말은 자기 옳음을 주장하는 연습을 하든가 친절하게 구는 연습을 하라는 것이다. 자동차 안에서 소리를 지르는 것도 도움이 되었다.[1]

움켜쥐기를 그만하라. 친절하게 굴라. 숨을 쉬라. 기도하라. 하나님의 콘텍스트로 돌아가라. 창세기는 하나님이 우리의 자녀를 길러주시리라는 사실을 상기시킨 뒤에 그분이 요셉의 입을 통하여 "그들을 간곡한[친절한] 말로 위로하였더라"고 말한다. 친절은 꽉 쥔 주먹을 펴는 데 항상 도움이 된다. 친절은 감사로 돌아가는 데 도움이 된다. 그리고 감사는 걱정의 생각을 재구성하는 하나의 방법이다.

'내 아들이 그렇게 많은 시간과 노력을 쏟아붓고도 이번 시험에서 낙제할까 봐 걱정이야. 내가 녀석을 꽉 쥐고서 도와주어야겠어.' 이 생각을 이렇게 바꾸라. '내 아들이 학업에 진지하게 임해서 얼마나 감사한지 몰라. 아이가 학업에 이토록 노력하는 모습을 전에는 보지 못했어. 우리 아이를 믿겠어. 그리

고 학교도 나만큼 우리 아이의 학업에 진심이라고 믿겠어.'

'내 딸이 친구를 사귀지 못할까 봐 걱정이야. 지금 딸과 이야기를 나누는 사람은 나뿐이야.' 이 생각을 이렇게 바꿀 수 있다. '내가 딸과 이토록 가까워서 얼마나 감사한지 몰라. 우리 딸 또래 여자아이들은 엄마랑 거의 대화를 나누지 않을 텐데.' 이 두 가지 예에 모두 상담소에서 부모들과 실제로 나눈 대화다.

감사는 걱정스러운 상황을 부정하는 것이 아니다. 다만 걱정이 감사를 뒤덮을 정도가 되어서는 안 된다. 걱정의 생각을 감사의 생각으로 바꾸면 감사가 걱정보다 커진다. 우리가 꽉 쥔 손을 풀고서 눈을 열면 하나님이 베풀어주시는 선이 여전히 너무도 많다는 사실이 눈에 들어온다.

욕심은 우리를 망가뜨린다. 감사는 할수록 는다. 즉, 감사할수록 덜 움켜쥐고 더 감사하는 사람으로 계속해서 변해간다. 감사는 더 많은 감사를 끌어내며, 심지어 실제로 불안을 줄여주는 효과가 있는 것으로 알려져 있다. 이것은 내가 『걱정 없는 여자아이로 기르는 법』에서 자세히 다룬 내용이다. 감사와 불안은 공존할 수 없다.[2]

> 감사하는 것은 하나님이 주신 모든 것에서 그분의 사랑을 깨닫는 것이며, 그분은 우리에게 모든 것을 주셨다. 우리가 들이쉬는 모든 숨은 그분이 주신 사랑의 선물이다. 우리 존재의 모든 순간은 은혜다. 모든 순간이 그분의 막대한 은혜와 함께 찾아온다. 따라서 감사는 아무

것도 당연하게 여기지 않고, 반응하지 않는 것도 아니며, 늘 새로운 경이를 깨닫고, 하나님의 선하심을 찬양하는 것이다. 감사하는 사람은 하나님의 선하심을 풍문이 아닌 경험으로 안다. 바로 이것이 결정적인 차이점이다.

―토머스 머튼(Thomas Merton)3)

3. 두려움에서 하나님의 신실하심을 기억하는 곳으로

"주님의 선하심"(Goodness of God)이란 찬양을 들어본 적이 있는가? 씨씨 와이넌스(CeCe Winans)가 부른 버전은 작년에 내가 많이 들은 찬양 중 하나다. 이 곡은 호프타운에서 가장 자주 부르는 찬양이기도 하다. 들어보지 않았다면 지금 찾아서 들어보라. 하나님의 선하심을 노래하는 씨씨 와이넌스의 아름답고도 강력한 목소리는 정말이지 꼭 들어봐야 한다. "내 평생 신실하신 주."4) 이 찬양은 평생 하나님의 신실하심을 경험해온 데서 나온 고백이다. 머튼의 말이 옳다.

감사하는 사람은 하나님의 선하심을 풍문이 아닌 경험으로 안다.5)

당신의 경험은 어떠한가? 작년에 당신이 걱정했던 일 중에 몇이나 현실로 이루어졌는가? 당신이 상상도 못 했던 좋은 일은 얼마나 많이 일어났는가? 지금 이 두 가지 일들의 목록을 만들어보라. 어떤 목록이 더 긴가? 작년 한 해를 돌아보니 무엇이 보이는가?

몇 장 전에서 우리는 인지 행동 치료 도구로서 좋은 탐정이 되는 것에 관해 이야기했다. 좋은 탐정이 되면 과거에 일어난 일을 토대로 미래에 일어날 법한 일을 판단할 수 있다. 그렇다면 우리는 확실한 사실을 기억함으로써 불안한 생각들을 몰아낼 수 있다. 즉, 과거에 확실히 나타났던 하나님의 신실하심을 돌아보면 미래를 두려워하지 않을 수 있다. 내 평생 하나님은 신실한 모습을 보여주셨다. 물론 그 신실하심은 내가 상상했던 것과 달랐지만 말이다. 그 신실하심이 지금도 분명히 보인다. 그래서 나는 과거에 대한 감사와 현재의 경이감 속에서 살 수 있다.

4. 걱정에서 경이로

묵은 슬픔이 인간 삶의 위대한 신비를 통해 점점 조용하고 부드러운 기쁨으로 변해간다.
―표도르 도스토옙스키(Fyodor Dostoevsky)[6]

우리 엄마는 내가 본 누구보다도 걱정이 많은 분이었다. 엄마의 세상에서는 항상 하늘이 무너지고 있어서 우리는 농담 삼아 엄마를 '치킨 리틀'(Chicken Little)이라고 불렀다. 2년 전 엄마는 만성 폐쇄성 폐질환(chronic obstructive pulmonary disease)으로 돌아가셨다. 그때부터 나는 도스토옙스키가 『카라마조프가의 형제들』(The Brothers Karamazov)에서 말하는 "조용하고 부드러운 기쁨"을 기다려왔다. 가끔 그런 기쁨을 맛보긴 하지만 기껏해야 감질날 정도다. 여전히 엄마가 몹시 그립다. 조용하고 부드러운 기쁨은 아직 찾아오지 않았다. 하지만 그것을 볼 수 있다. 내면 깊은 곳에서는 도스토옙스키가 말한 것이 사실임을 알고 있다. 다만 내게 그것은 미래의 약속처럼 느껴진다. 지금 나는 여전히 현재 속에 있다.

엄마 인생의 마지막 8개월을 돌아보면 두 가지 서로 다른 주제가 눈에 들어온다. 때로 이 둘은 나란히 펼쳐졌다. 때로는 서로 만나 하나로 엮였다. 하나의 주제는 나와 동생 캐슬린(Kathleen)이 끊임없이 걱정했다는 것이다. 걱정이란 말로도 모자란다. 공포라는 말이 더 어울릴지도 모르겠다. 그해 4월에 우리는 엄마가 죽어가고 있고, 성탄절을 넘기기 힘들 것이라는 청천벽력과도 같은 소식을 들었다. 우리는 당연히 충격에 휩싸였다. 하지만 엄마와의 남은 시간을 최대한 값지게 보내기로 했다. 얼라이브 호스피스(Alive Hospice)의 친절한 간호사 리사(Lisa)에게 엄마의 시간이 얼마나 남았냐고 계속해서 물었던 기억이 난다. 나는 정확한 날짜를 알고 싶었다. 물론 그것이 불가능한지 알면서도 말이다. 정말로 원했던 것은 내가 상황을 통제하고 있다는 느낌이었다. 작은 것에 관해서 걱정했던 기억이 난다. 예를 들어, 엄마 없이 어떻게 그림을 걸 수 있냐고 투정을 부리며 흐느꼈다. (엄마는 내가 가장 좋아하는 장식 전문가였다.) 큰 것에 관해서도 걱정했다. 당시 할머니도 몸이 편찮으셔서 그분도 시간이 얼마 남지 않았음을 알았다.

어느 날 밤, 엄마가 동생, 제부, 조카 헨리와 같이 지내던 집의 주방에서 다 같이 앉아서 피자를 먹고 있었다. 그때는 엄마 인생의 마지막 2주간이었다. 물론 당시는 몰랐지만 말이다. 나는 피자를 씹다가 흐느끼기 시작했다. "엄마, 엄마 없으면 나 어떻게 살아? 엄마도 가고 할머니도 가면 어떡해? 그럼 내가 우리 집안의 가장이 되는 거잖아. 캐슬린과 에이런(Aaron), 헨리(당시 겨우 한 살)를 엄마처럼 잘 돌보고 싶어. 헨리한테 어떻게 해주면 좋을까? 헨리한테 뭘 해주는 게 가장 중요해?" (여담으로, 엄마와 나는 이런 식의 대화를 그리 자주 나누지 않았다. 아니, 이전에는 이런 대화를 나눈 적이 없었던 것 같다. 엄마는 감정을 잘 표현하지 않는 사람이었다. 딱 하나, 우리를 정말 사랑한다는 말은 자주 하셨다.) 엄마는 몇 분간 생각하더니 코에 산소 튜브를 꽂은 몸으로 남은 힘을 끌어모아 최대한 진지한 표정으로 나를 응시했다. "캔디 상자를 마련해. 헨리는 언제라도 원하면 캔디를 꺼내먹을 수 있게 너희 집에 캔디 상자를 두기를 원할 거야." 엄마는 진담이었다. 이것이 엄마 없이 어떻게 가족을 돌봐야 할지 몰라 격렬하게 두려워하는 내게 엄마가 준 해법이었다. 당연히 현재 우리 집에는 캔디를 넉넉하게 넣을 수 있는 캔디 상자가 있다.

이 이야기는 내가 그 당시 더없이 강하게 느꼈던 두 번째 주제를 더 생각나게 한다. 그 주제는 바로 경이다. 그 길면서도 너무 짧았던 몇 달 동안 내가 매일 걱정했던 모든 것을 지금 와서 돌아보면 말할 수 없는 경이감에 젖어 든다. 그 7개월만큼 하나님의 역사를 분명하고도 깊게 경험한 적은 없었다.

내가 대학을 졸업한 해의 가을, 우리 부모님은 이혼하셨다. 삶과 재산을 분할하는 과정에서 엄마는 내가 어릴 적에 우리

가족의 보금자리로 삼았던 호숫가 집을 포기해야 했다. 엄마는 그 집을 더없이 좋아했다. 그런데 엄마가 몹시 아프기 시작했던 봄, 호프타운 바로 옆 호숫가의 한 집이 매물로 나왔다. 기묘한 사건들이 연속으로 벌어져, 나와 동생과 제부는 힘을 합쳐 그 집을 살 수 있게 되었다. 우리는 7월이 돼서야 그 집에 들어갈 수 있었지만 세 사람 모두 여름 내내 호프타운에서 일했다. (제부는 호프타운에서 남자아이들을 맡은 팀장이다. 동생은 내슈빌에서 옷집을 운영하고 있지만, 여름 대부분을 호프타운에서 우리와 함께 보낸다.) 6월 내내 나는 엄마에 관한 걱정으로 밤잠을 설쳤다. 엄마가 있는 곳으로 가기 위해 호프타운 팀장으로서의 책임을 모두 내려놓고 그곳을 떠나야 할지 심각하게 고민하고 있었다. 하지만 7월에 엄마가 우리와 함께하기 위해 호숫가 집으로 짐을 옮겼다. 엄마는 유일한 손자와 방을 같이 쓰고, 사랑하는 두 딸과 한집에서 살면서 인생의 마지막 여름을 보냈다. 그 방에서 엄마와 헨리는 매일 아침 같은 시간에 눈을 떴다. 헨리가 조잘거리면 엄마가 반응하는 소리를 내 방에서 들을 수 있었다. 엄마는 산소통을 근처에 두고 침대 가장자리에 앉아서 손을 헨리의 등에 대고 책을 읽어주거나 이야기를 했다. 내슈빌의 집으로 돌아가기 전 호프타운에서의 마지막 날 밤, 엄마는 동생을 보며 말했다. "우리 가족이 호숫가 집에서 다시 살게 될 줄은 꿈에도 몰랐구나." 경이가 아닐 수 없었다. 하나님은 단 7개월 만에 엄마를 걱정에서 경이로 이끄셨다. 그리고 하나님은 그 7개월 동안 매일 엄마와 나란히 우리를 이끄셨다. 그러는 내내 우리는 하나님이 우리 삶의 가장 어두운 터널 끝까지 무사히 인도해주실 줄 믿었다. 돌이켜보면, 나는 절박한 기도를 많이 드렸다. 하지만 믿기로 의식적인 선택을 했던 기억은 없다. 당시 믿음은 나의 유일한 선택 사항이었으니 선택하고 말 것도 없었다.

여담으로, 우리가 그해 여름 호프타운에서 집으로 돌아온 뒤 처음 맞는 아침에 동생과 나는 엄마에게서 둘 중 아무나 와서 병원에 데려가 달라는 문자 메시지를 받았다. 그때부터 12월 8일 우리 곁을 떠날 때까지 엄마의 상태는 급속도로 악화했다. 엄마에게는 그 여름이 처음부터 끝까지 경이를 맛보는 시간이었던 것 같다. 그 여름은 언젠가 우리가 다시 함께 살게 될 날을 미리 맛보는 달콤한 시간이었다. 하지만 그날에는 곧 태어난 둘째 손자 위트(Witt)도 함께할 것이다. 그리고 아마도 우리의 집들은 모두 호수 주변에 옹기종기 모여 있지 않을까 싶다.

언젠가 누군가에게서 경이는 감사와 기쁨이 만나는 곳이라는 말을 들었다. 그 시절을 생각하면 감사하기 그지없다. 그리고 조용한 기쁨도 밀려온다. 심지어 이 글을 쓰는 지금도 기쁨의 눈물이 내 뺨을 타고 흐르고 있다. 결국 우리의 쓰디쓴 눈물은 조용한 기쁨으로 바뀔 것이다. 그리고 우리의 불안도 경이감으로 바뀔 것이다.

믿음 안에서 우리는 감사로 과거를 돌아볼 수 있다. 불안과 슬픔을 느끼는 와중에도 현재 속에서 경이감을 느낄 수 있다. 그리고 더는 눈물도 걱정도 압박도 없는 미래의 약속을 고대할 수 있다.

5. 압박에서 약속으로

하나님이 당신의 믿음을 통해 당신을 이미 변화시키기 시작하셨기를 바란다. 그래서 지금쯤 당신이 어떤 부모가 되겠다는, 부모로서 무엇을 해야 하는지에 관한 길고 긴 목록을 들고서 이 책을 읽고 있지 않기를 바란다. 이 책을 그런 식으로 읽지 않기를 바란다. 그렇지 않아도 충분히 압박감을 느끼고 있을 당신에게 이 책이 부담을 더 얹기를 바라지 않는다.

이 책을 통해 당신이 조금 더 편해지고, 깊게 숨 쉬게 되었기를 바란다. 당신의 과거를 더 분명히 이해하고, 지금까지 당신이 최선을 다해왔다는 사실을 알고서 자기 자신에게 좀 더 은혜를 베풀게 되었기를 바란다. 하나님이 당신 안에서 그리고 당신을 통해서 이미 이루신 일 속에서 그분의 신실하심을 발견하고 감사할 수 있게 되었기를 바란다. 이 책을 통해 당신이 실천적인 도움과 지식을 얻어 현재 속에서 살게 되었기를 바란다. 부모로서 자신의 현재 모습을 뿌듯하게 여기고 아이와 함께하는 현재 순간 속에서 걱정이 아닌 경이감을 느끼게 되었기를 바란다. 그리고 미래를 바라볼 때 압박감을 덜 느끼고, 미래에 관한 약속에 더 집중하게 되었기를 바란다. 하나님이 당신의 자녀를 돌봐주실 것이다. 하나님이 우리가 가장 두려워하는 부분에까지 진리와 은혜와 소망을 불어넣으실 것이다. 그리고 그분의 약속은 언제나 이루어진다.

하지만 하나님을 사랑하는 것은 우리의 노력으로 추구해야 하는 목표가 아니다. 그것은 하나님이 우리를 버리셨다고 확신하는 순간에도 그분이 직접 우리를 복음 쪽으로 이끄신다는 것이 복음의 핵심이기 때문이다.

내가 생각할 때 마지막 비밀은 이것이다. 그것은 "네 하나님 여호와를 사랑하라"가 결국 명령보다는 약속에 가까워진다는 것이다.

―프레드릭 비크너(Frederick Buechner)[7]

처음 읽은 뒤로, 이 글은 내가 가장 좋아하는 저자의 가장 좋아하는 인용문이 되었다. 이 글 덕분에 내 평생 짐처럼 느껴졌던 명령이 약속이 되었다. 이제 나는 의무감에서 하나님을 사랑하지 않는다. 이제 나는 그분을 나의 전부로 여기기에 그분을 사랑한다. 그분은 나를 압박에서 약속으로 이끌고 계신다. 내 사무실의 글귀가 말해주듯, 그분은 내게 더 열심히 노력하라고 요구하지 않으신다. 단지 나를 새롭게 만들고 계실 뿐이다. 그분은 당신도 새롭게 만들고 계신다. 부모로서, 인간으로서 새롭게 빚어주신다. 그분은 이 순간 당신을 이끌고 계신다. 그리고 당신 안에서 완성하겠다고 약속하신 모든 것을 이루고 계신다.

또 다른 실험을 해보자. 노트를 다시 꺼내라. 세로로 두 칸을 만들고, 한 칸에는 '~로부터'라고 쓰고 다른 칸에는 '~쪽으로'라고 쓰라. 그리고 나서 당신 안에서 이미 이루어진 변화를 적어보라. 변화가 일어나고 있을 것으로 확신한다. 그리고 앞으로 더 많은 선과 영광이 나타나리라고 믿는다.

6. 고난에서 믿음으로

내가 지금까지 불안에 관해 쓴 책에서 기초로 사용한 구절은 요한복음 16장 33절이다. 아마 많이 들어본 구절일 것이다. "세상에서는 너희가 환난을 당하나 담대하라 내가 세상을 이기었노라."

내가 요한복음 16장 33절을 사용한 이유는 아이들이 고난을 예상하는 법을 배워야 한다고 생각하기 때문이다. 그 생각은 지금도 마찬가지다. 하지만 지난 몇 년 사이에 내 시각이 좀 바뀌었다. 팬데믹 이전에는 아이들이 고난을 예상하지 않았다고 생각한다. 아이들은 자신들의 삶이 SNS에서 보이는 것처럼 재미있고, 친구들로 가득하며, 흠 없이 완벽해야 한다고 생각했다. 그래서 고난이 닥치면 그것을 이겨낼 회복력이 없었다. 그들은 바깥세상이나 자기 안에 뭔가 문제가 있다고 생각했다. 또한 그들은 고난의 한복판에서 믿는 법을 배우지 못했다.

이제 우리는 모두 고난을 겪었고, 회복력과 유연성을 길러야 했다. 우리는 서로, 그리고 진정으로 중요한 것을 믿는 법을 배워야 했다. 믿는 것 외에 다른 선택 사항은 없었다. 그 결과, 아이들이 이전 세대의 아이들보다 정서적, 영적으로 더 강해지리라고 생각한다. 우리는 모두 담대함을 품고 믿는 것이 무슨 의미인지에 관해서 더 많은 것을 배웠다. 우리가 믿을 수 있는 것은 우리 자신의 힘이나 통제력 때문이 아니라 하나님 덕분이다.

예수님을 통해 우리는 절대적인 믿음을 발견한다. 하나님께 맡기는 것이 안전하다는 사실을 발견한다. 하나님은 우리 삶이라는 귀한 보물에 무관심하지 않으신다. 하나님은 우리가 드린 것을 돌봐주신다…

"하나님 아버지, 저 자신과 저와 함께 사는 이들을 당신의 안전한 보호하심에 맡깁니다. 저희의 신앙을 망치는 어떤 악도, 저희의 순종을 망가뜨리는 그 어떤 시험도, 저희의 사랑을 줄어들게 하는 그 어떤 불신도, 저희의 소망을 약화하는 그 어떤 불안도 허락하지 마소서. 당신은 큰 값을 치르고 저희를 사셨습니다. 이제 저희를 영원토록 지켜주소서. 아멘."

—유진 피터슨(Eugene Peterson)[8]

불안은 우리의 소망을 약하게 한다. 불안은 우리에게 거짓말하고 우리를 제한하며 우리가 하나님을 믿지 못하게 하려고 한다. 불안은 그분뿐 아니라 우리 자신을 의심하게 만든다. 하지만 우리가 믿을 때 하나님은 우리를 콘텍스트에서 콘텍스트로 이끄신다. 우리를 욕심에서 감사로 이끄신다. 우리를 두려움에서 벗어나 그분의 신실하심을 기억하도록 이끄신다. 우리를 걱정에서 경이로 이끄시고, 압박에서 약속으로 이끄신다. 우리를 고난에서 믿음으로 이끄신다. 감사, 신실하심, 경이, 약속, 믿음이야말로 소망의 재료가 아닐까 싶다.

당신이 정말 잘하고 있다는 말을 다시 한번 해주고 싶다. 이 책을 덮은 뒤에도 이 진실을 자주 기억하기를 바란다. 로저스(Rogers)의 말처럼 "세상에 걱정 없는 부모는 없다."[9] 당신이 좋은 부모이기에 걱정하는 것일 뿐이라는 사실을 알면, 그 걱정의 틀을 바꿀 수 있다. 왜냐하면 부모인 당신은 크고 작은 아이들에게 깊은 관심이 있기 때문이다. 그 아이들은 과거에 경험했던 하나님의 신실하심, 오늘 나타나는 그분의 임재와 공급하심의 경이, 미래를 위한 그분의 약속을 떠올리게 해 준다. 우리 아이들은 이 모든 시간 속에서 우리와 함께하기를 원한다. 우리가 자신들과 있는 그대로 즐기며 웃고 놀기를 바란다. 좋다, 한 가지 활동만 더해보자. 이 책을 통해 발견하게 되었거나 떠올리게 된 당신 자신의 좋은 점을 열 가지만 찾아서 적어보라. 하나님이 우리를 그분 안에서 그리고 그분으로 인해 걱정 없는 삶으로 계속해서 성장하게 해주시는 동안, 우리가 기억하며 즐겨야 할 좋은 것이 정말 많다.

> 여호와는 네게 복을 주시고 너를 지키시기를 원하며 여호와는 그의 얼굴을 네게 비추사 은혜 베푸시기를 원하며 여호와는 그 얼굴을 네게로 향하여 드사 평강 주시기를 원하노라(민 6:24-26).

당신의 얼굴이 하나님의 얼굴을 비추는 거울이라는 점을 기억하기를 바란다. 당신의 친절도, 당신의 힘도, 당신의 용기도, 자녀를 향한 당신의 사랑과 마음도, 당신과 자녀 모두를 향한 그분의 크나큰 사랑을 작게나마 보여주는 거울이다. 그분의 사랑은 우리의 과거 속에 있고 미래 속에도 있다. 그리고 그분의 사랑만 있으면 걱정 없이 경이감 속에서 현재를 살아가기에 충분하다. 당신은 이 사랑을 받고 있다. 왜냐하면 당신은 그분의 것이기에.

> **KEY POINT!** 불안을 이기는 부모를 위한 조언

1. 우리는 모두 하나님이 원하시는 사람으로 변해가는 느린 과정에 있다.
2. 용기는 불안의 해독제가 아니다. 믿음이 해독제다.
3. 하나님은 우리를 콘텍스트에서 콘텍스트로 이끄신다. 불안은 항상 맥락을 찾는다. 성경을 통해 하나님은 우리를 두려움의 콘텍스트에서 진리의 콘텍스트로 이끌어주신다. 은혜로우신 그분은 걱정하지 말라고 명령하실 때마다 변함없이 그 이유를 알려주신다.
4. 하나님은 우리를 욕심에서 감사로 이끌어주신다. 욕심은 우리를 망가뜨린다. 감사는 할수록 는다. 즉, 감사할수록 덜 움켜쥐고 더 감사하는 사람으로 계속 변해간다. 감사는 더 많은 감사를 끌어낸다.
5. 하나님은 우리를 두려움에서 그분의 신실하심을 기억하는 곳으로 이끌어주신다. 과거에 확실히 나타났던 하나님의 신실하심을 돌아보면 미래를 두려워하지 않을 수 있다.
6. 하나님은 우리를 걱정에서 경이로 이끌어주신다. 믿음 안에서 우리는 감사로 과거를 돌아볼 수 있다. 불안과 슬픔을 느끼는 와중에도 지금 경이감을 느낄 수 있다.
7. 하나님은 우리를 압박에서 약속으로 이끌어주신다. 그분은 당신에게 더 열심히 노력하라고 요구하지 않으신다. 단지 당신을 새롭게 하실 뿐이다. 부모로서, 인간으로서 새롭게 빚어주신다. 그분은

이 순간, 당신을 이끌고 계신다. 그리고 당신 안에서 완성하겠다고 약속하신 모든 것을 완성하고 계신다.

8 하나님은 우리를 고난에서 믿음으로 이끌어주신다. 우리는 고난의 한복판에서도 그분으로 인해, 그리고 그분을 통해 믿을 수 있다.

9 당신은 정말 잘하고 있다.

감사의 말

지난 몇 년간 에니어그램을 통해 내 성격에 관해서 발견한 사실 중 하나는 1번 유형으로서 내가 "의존적인 자세"[1]를 지니고 있다는 것이다. 처음 그 진술을 읽고서 별로 기분이 좋지 않았다. 내가 여러 면에서 매우 독립적인 인간이라고 생각했기 때문이다. 그런데 누군가의 설명을 듣고 그 진술을 납득할 수 있었다. 우리처럼 의존적인 자세를 지닌 사람들은 자기 밖에서 기준을 찾는 편이다. 우리는 언제라도 "내 말이 맞는 것 같아요?"나 "내가 바뀌어야 할 부분이 있나요?"와 같은 질문을 들고 찾아갈 수 있는 믿을 만한 사람들을 주변에 두고 있다. 내게는 사람들을 다루고 글을 쓰는 이 일과 관련해서 언제라도 질문을 들고 찾아갈 사람들이 있다. 그들은 내가 전적으로 믿는 사람들이다. 바로 우리 팀원들인데, 늘 나 자신에 관한 진실을 말해줄 뿐 아니라 계속해서 나의 장점을 보고 지적해준다. 이런 멋진 친구들이라면 얼마든지 의존할 수 있다.

제프 브라운(Jeff Braun), 재나 먼신저(Jana Muntsinger), 리사 잭슨(Lisa Jackson)은 내가 가장 좋아하는 팀원이다. 이들은 내가 더 좋은 작가가 되도록 밀고 끌어줄 뿐 아니라 그 과정에서 나 자신의 직관과 하나님을 더 믿게 해준다. 정말 많은 단어를 지혜롭고도 꼼꼼한 눈으로 살펴주고, 특히 내가 교정하는 동안 격려해준 샤론 하지(Sharon Hodge)와 해나 알필드(Hannah Ahlfield)에게도 감사한다. 늘 사람들을 멋지게 응원해주는 디어드러(Deirdre), 베카(Becca), 미카(Mycah), 스테파니(Stephanie)를 비롯한 베다니 하우스(Bethany House) 팀 전체에 감사한다. 내가 그들 중 한 사람이라는 사실이 실로 영광이다.

아만다 영(Amanda Young)과 에이미 케이토(Amy Cato), 이 두 사람이 매일 우리의 사역에 쏟아주는 시간과 노력과 마음이 아니라면 우리의 저술 활동, 팟캐스팅, 강연은 불가능할 것이다. 아니, 우리의 〈남자아이와 여자아이 기르기〉(Raising Boys and Girls) 사역 자체가 불가능할 것이다. 나는 이 두 사람에게 깊이 의지하고, 큰 빚을 지고 있다.

애니(Annie), 팰런(Fallon), 켈리(Kelli)를 비롯한 TSF 팀과 함께하는 시간은 늘 즐겁다. 이들이 〈남자아이와 여자아이 기르기〉 사역을 믿어줘서 감사하다. 이 팟캐스트에 금요일과 타코와 뛰어난 재능을 헌납해주는 제스(Jess)와 마커스(Marcus)에게 항상 감사한다.

내가 아끼는 데이스타의 친구들(우리 스태프 전체)인 메리

(Mary), 페이지(Paige), 수잔(Susan), 케리(Kerry), 에어런(Aaron), 케이티(Katie), 케네스(Kenneth), 멜리사(Melissa), 엠마(Emma), 앨리(Allye), 에이미(Amy), 레이철(Rachel), 제니(Jenny), 섀넌(Shannon), 데이비드(David), 또 다른 데이비드(David), 셔먼(Sherman), 토미(Tommy), 돈(Don)에게 감사한다. 가족을 돌보는 이 중요한 일에서 이들과 나란히 사역한다는 것이 참으로 큰 영광이다. 이들은 나의 영웅이다. 이들을 친구로 부를 수 있는 특권이 있음에 날마다 감사하고 있다.

내 수요일 아침 성경 공부 모임 친구들인 멜리사, 페이스(Pace), 헤더(Heather), 재키(Jackie), 로렌(Lauren), 크리스티(Kristi), 에밀리(Emily), 수잔에게 감사한다. 이들은 매주 어김없이 내게 진리와 소망과 은혜를 전해준다. 내 삶에서 이들이 보여주는 모습 덕분에 예수님을 더 잘 알아가고 있다.

도움과 소망을 제시하는 이 여행을 멜리사, 데이비드와 나란히 할 수 있어서 너무 감사하다. 이보다 더 좋은 동료 혹은 친구는 없으리라.

아칸소에 있는 친척들인 롱(Long) 가족과 앨런(Allen) 가족, 나의 대부모들인 투티(Tootie)와 부다(Buddha), 로빈(Robin), 애슐리(Ashley)에게 감사한다. 이들을 볼 때마다 서로 깊이 알고 사랑하는 것이 얼마나 중요한지를 새삼 기억하게 된다. 이들이 곁에 있어서 내 삶이 훨씬 더 풍성하다.

오랫동안 나를 사랑하고 지원하고 응원해준 아빠와 제인(Jane)에게 감사한다. 이들과 함께 모험하면서 배우고 경험한 것들에 감사한다. 앞으로 더 많은 모험을 하기를 고대하고 있다.

항상 나와 동행해주는 캐슬린과 에어런에게 감사한다. 두 사람이 너무 자랑스럽다. 내가 캐슬린의 언니라는 사실이 너무도 감사하다. 매일 나를 경이감으로 채워주는 조카 헨리와 위트에게도 감사한다. 두 아이가 얼마나 재미있고 용감하며 친절하고 똑똑하며 놀라운지를 볼 때마다 경이감에 젖어 든다. 내가 이들의 이모인 것은 크나큰 선물이다. 하나님이 이 네 사람을 내 가족으로 선택하신 데는 분명한 뜻이 있으리라.

주

서문

1) Reid Wilson과 Lynn Lyons, *Anxious Kids, Anxious Parents: 7 Ways to Stop the Worry Cycle and Raise Courageous and Independent Children* (Deerfield Beach, FL: Health Communications, Inc., 2013), 35.

1장. 걱정과 불안 이해하기

1) Sun Tzu, *The Art of War* (Minneapolis: Filiquarian Publishing edition, 2006), 15. 『손자병법』(다수 출판사)
2) Edmund J. Bourne, *The Anxiety & Phobia Workbook*, rev. and updated ed. (Oakland, CA: New Harbinger Publications, Inc., 2020), 8. 『불안 공황장애와 공포증 상담 워크북』(학지사)
3) U.S. Department of Health and Human Services, "What Are the Five Major Types of Anxiety Disorders?," https://www.hhs.gov/answers/mental-health-and-substance-abuse/what-are-the-five-major-types-of-anxiety-disorders/index.html.
4) "2018 Children's Mental Health Report" (At a Glance section), Child Mind Institute, https://childmind.org/awareness-campaigns/childrens-mental-health-report/2018-childrens-mental-health-report/.
5) Claire McCarthy, "Anxiety in Teens Is Rising: What's Going On?" American Academy of Pediatrics, 2019년 11월 20일,

https://www.healthychildren.org/English/health-issues/conditions/emotional-problems/Pages/Anxiety-Disorders.aspx.

6) Ron J. Steingard, "Mood Disorders and Teenage Girls," Child Mind Institute, https://childmind.org/article/mood-disorders-and-teenage-girls/.

7) Tamar E. Chansky, *Freeing Your Child from Anxiety: Practical Strategies to Overcome Fears, Worries, and Phobias and Be Prepared for Life-from Toddlers to Teens*, rev. and updated ed. (New York: Harmony Books, 2014), 28-29. 『내 아이가 불안해할 때』(마인드북스)

8) Reid Wilson과 Lynn Lyons, *Anxious Kids, Anxious Parents: 7 Ways to Stop the Worry Cycle and Raise Courageous and Independent Children* (Deerfield Beach, FL: Health Communications, Inc., 2013), 26.

9) "Any Anxiety Disorder," National Institute of Mental Health, https://www.nimh.nih.gov/health/statistics/any-anxiety-disorder.

10) "Anxiety Disorders," Office on Women's Health, https://www.womenshealth.gov/mental-health/mental-health-conditions/anxiety-disorders.

11) "The Most Common Mental Illness: Myths and Facts About Anxiety," *UPMC Health Beat*, Western Behavioral Health, 2020년 5월 28일, https://share.upmc.com/2020/05/myths-and-facts-about-anxiety/.

12) "The Most Common Mental Illness."

13) "Anxiety Disorders: Identification and Intervention," Molina Healthcare, the Anxiety and Depression Association of America를 인용, https://www.molinahealthcare.com/providers/nv/medicaid/resource/bh_toolkit/anxiety.aspx.

14) Judson Brewer, *Unwinding Anxiety: New Science Shows How to Break the Cycles of Worry and Fear to Heal Your Mind* (New York: Avery, 2021), 17. 『불안이라는 중독』(김영사)

15) Brewer, *Unwinding Anxiety*, 17.

16) Kendra Cherry, "What Is Neuroplasticity?," *Verywell Mind*, 2022년 9월 19일, https://www.verywellmind.com/what-is-brain-plasticity-2794886.

17) Daniel J. Siegel과 Tina Payne Bryson, *The Yes Brain: How to Cultivate Courage, Curiosity, and Resilience in Your Child* (New York: Bantam Books, 2018), 17.『예스 브레인 아이들의 비밀』(김영사)

18) Seth Gillihan, *Cognitive Behavioral Therapy Made Simple: 10 Strategies for Managing Anxiety, Depression, Anger, Panic and Worry* (Emeryville, CA: Althea Press, 2018), 132.『내 마음 내가 치유한다』(CIR)

19) Sissy Goff, *Brave: A Teen Girl's Guide to Beating Worry and Anxiety* (Minneapolis, MN: Bethany House, 2021), 24.

20) Kendra Cherry, "What Is the Confirmation Bias?," *Verywell Mind*, 2022년 10월 11일, https://www.verywellmind.com/what-is-a-confirmation-bias-2795024.

21) Bridgett Flynn Walker, *Anxiety Relief for Kids: On-the-Spot Strategies to Help Your Child Overcome Worry, Panic & Avoidance* (Oakland, CA: New Harbinger Publications, 2017), 20.『두근두근 불안불안』(학지사)

22) *Pooh's Grand Adventure: The Search of Christopher Robin*, 1997, Carter Crocker와 Karl Geurs 저자, Walt Disney Home Video, United States 배포.

23) Dan Allender, To Be Told Conference, West End Community Church, Nashville, TN, 2019년 3월 31일 토요일.

2장. 당신 자신을 이해하기

1) Richard Rohr, *Things Hidden: Scripture as Spirituality* (London: Society for Promoting Christian Knowledge, 2016), 25.『성경의 숨겨진 지혜들』(한국기독교연구소)

2) Sissy Goff, *Raising Worry-Free Girls: Helping Your Daughter Feel Braver, Stronger, and Smarter in an Anxious World* (Minneapolis, MN: Bethany House, 2019), 52.
3) Reid Wilson과 Lynn Lyons, *Anxious Kids, Anxious Parents: 7 Ways to Stop the Worry Cycle and Raise Courageous and Independent Children* (Deerfield Beach, FL: Health Communications, Inc., 2013), 26.
4) Wilson과 Lyons, *Anxious Kids, Anxious Parents*, 26.
5) Tamar E. Chansky, *Freeing Your Child from Anxiety: Practical Strategies to Overcome Fears, Worries, and Phobias and Be Prepared for Life-from Toddlers to Teens*, rev. and updated ed. (New York: Harmony Books, 2014), 32-33. 『내 아이가 불안해할 때』(마인드북스)
6) Chansky, *Freeing Your Child from Anxiety*, 32-33.
7) Edmund J. Bourne, *The Anxiety & Phobia Workbook*, rev. and updated ed. (Oakland, CA: New Harbinger Publications, Inc., 2020), 41, 42. 『불안 공황장애와 공포증 상담 워크북』(학지사)
8) Catherine M. Pittman과 Elizabeth M. Karle, *Rewire Your Anxious Brain: How to Use the Neuroscience of Fear to End Anxiety, Panic & Worry* (Oakland, CA: New Harbinger Publications, Inc., 2015), 6.
9) 2008 Presidential Task Force on Posttraumatic Stress, "Children and Trauma, Update for Mental Health Professionals: Disorder and Trauma in Children and Adolescents," American Psychological Association, https://www.apa.org/pi/families/resources/children-trauma-update.
10) Chansky, *Freeing Your Child from Anxiety*, 34.
11) Bourne, *The Anxiety & Phobia Workbook*, 39, 40.
12) Bourne, *The Anxiety & Phobia Workbook*, 39, 40.
13) David A. Clark와 Aaron T. Beck, *The Anxiety and Worry Workbook: The Cognitive Behavioral Solution* (New York: The Guilford Press, 2012), 41, 51.

14) "Obsessive-Compulsive Disorder, Overview," National Institute of Mental Health, https://www.nimh.nih.gov/health/topics/obsessive-compulsive-disorder-ocd.
15) Cathy Creswell, Monika Parkinson, Kerstin Thirlwall, Lucy Willetts, *Parent-Led CBT for Child Anxiety: Helping Parents Help Their Kids* (New York: The Guilford Press, 2017), 42.
16) Elizabeth Wagele과 Renee Baron, *The Enneagram Made Easy: Discover the 9 Types of People* (New York: HarperSanFrancisco, 1994), 12. 『에니어그램 Made Easy』(연경문화사)
17) Sarah Bessey, *A Rhythm of Prayer: A Collection of Meditations for Renewal* (New York: Convergent, 2021), 133.
18) Anne Lamott, *Operating Instructions: A Journal of My Son's First Year* (New York: Anchor Books, 2005), 22.
19) Bourne, *The Anxiety & Phobia Workbook*, 1.
20) C. S. Lewis, *The Horse and His Boy* (New York: Macmillan, 1954), 187. *The Horse and His Boy*, CS Lewis, © copyright 1955, CS Lewis Pte Ltd. 허락하에 발췌. 『말과 소년』(햇살과나무꾼)
21) Dan Allender, To Be Told Conference, West End Community Church, Nashville, TN, 2019년 3월 30일 토요일.
22) Brad Montague, *Becoming Better Grownups: Rediscovering What Matters and Remembering How to Fly* (New York: Avery, 2020), 154.

3장. 불안은 부모에게 어떤 영향을 미치는가

1) Sarah B. Johnson, Robert W. Blum, Jay N. Giedd, "Adolescent Maturity and the Brain: The Promise and Pitfalls of Neuroscience Research in Adolescent Health Policy," *The Journal of Adolescent Health: Official Publication of the Society for Adolescent Medicine* 45, no. 3 (2009년 9월): 216-221, https://doi.org/10.1016/j.jadohealth.2009.05.016.

2) Melissa Trevathan과 Sissy Goff, *Raising Girls* (Grand Rapids, MI: Zondervan, 2007), 19.
3) Chansky, *Freeing Your Child from Anxiety*, 203.
4) Bob Goff(@bobgoff), Twitter, 2021년 10월 31일, https://twitter.com/bobgoff/status/1454813613575737348.

4장. 불안은 자녀에게 어떤 영향을 미치는가

1) Reid Wilson and Lynn Lyons, *Anxious Kids, Anxious Parents: 7 Ways to Stop the Worry Cycle and Raise Courageous and Independent Children* (Deerfield Beach, FL: Health Communications, Inc., 2013), 26.
2) Shawn Achor and Michelle Gielan, "Make Yourself Immune to Secondhand Stress," *Harvard Business Review*, 2015년 9월 2일, https://hbr.org/2015/09/make-yourself-immune-to-secondhand-stress.
3) Achor and Gielan, "Secondhand Stress."
4) Judson Brewer, *Unwinding Anxiety: New Science Shows How to Break the Cycles of Worry and Fear to Heal Your Mind* (New York: Avery, 2021), 22-23. 『불안이라는 중독』(김영사)
5) Achor and Gielan, "Secondhand Stress."
6) "Projection," *Psychology Today*, https://www.psychologytoday.com/us/basics/projection.
7) "Backhoe," Wikipedia, https://en.wikipedia.org/wiki/Backhoe.
8) Madeline Levine, *Ready or Not: Preparing Our Kids to Thrive in an Uncertain and Rapidly Changing World* (New York: Harper, 2020), 109. 『내 아이의 스무살, 학교는 준비해주지 않는다』(소소)
9) Sissy Goff, *Raising Worry-Free Girls: Helping Your Daughter Feel Braver, Stronger, and Smarter in an Anxious World* (Minneapolis, MN: Bethany House, 2019), 74-75.
10) Kate Bayless, "What Is Helicopter Parenting?" *Parents*, 2022년

9월 16일, Parents.com, https://www.parents.com/parenting/better-parenting/what-is-helicopter-parenting/.

11) Ann Dunnewold, *Even June Cleaver Would Forget the Juice Box* (Deerfield Beach, FL: Health Communications, Inc., 2007), 58.
12) "7 Signs You Might Be a Helicopter Parent," *WebMD*, https://www.webmd.com/parenting/ss/slideshow-helicopter-parent.
13) Anna Sillman, "Stressed-Out Parents at Ritzy Summer Camps Are Driving Staff Nuts Over Kids' Photos," *Business Insider*, 2021년 7월 21일, https://www.businessinsider.com/sleepaway-camp-photo-drama-tyler-hill-2021-7.
14) Nicole B. Perry, "Helicopter Parenting May Negatively Affect Children's Emotional Well-Being, Behavior"에 인용, American Psychological Association, APA.org, 2018년 6월 18일, https://www.apa.org/news/press/releases/2018/06/helicopter-parenting.
15) Bayless, "What Is Helicopter Parenting?"
16) Katherine과 Jay Wolf, *Suffer Strong: How to Survive Anything by Redefining Everything* (Grand Rapids, MI: Zondervan, 2020), 215.

5장. 몸을 위한 도움

1) Catherine M. Pittman과 Elizabeth M. Karle, *Rewire Your Anxious Brain: How to Use the Neuroscience of Fear to End Anxiety, Panic & Worry* (Oakland, CA: New Harbinger Publications, Inc., 2015), 118. 『불안할 땐 뇌과학』(현대지성)
2) "Understanding the Stress Response: Chronic Activation of this Survival Mechanism Impairs Health," 2020년 7월 6일, Harvard Health Medical Publishing, Harvard Medical School, https://www.health.harvard.edu/staying-healthy/understanding-the-stress-response.
3) Mayo Clinic Staff, "Chronic Stress Puts Your Health at

Risk," 2021년 7월 8일, Mayo Clinic, https://www.mayoclinic. org/healthy-lifestyle/stress-management/in-depth/stress/art-20046037.

4) Pittman과 Karle, *Rewire Your Anxious Brain*, 5.
5) Pittman과 Karle, *Rewire Your Anxious Brain*, 17, 19.
6) Pittman과 Karle, *Rewire Your Anxious Brain*, 14.
7) Pittman과 Karle, *Rewire Your Anxious Brain*, 34-35.
8) Pittman과 Karle, *Rewire Your Anxious Brain*, 25.
9) Pittman과 Karle, *Rewire Your Anxious Brain*, 42.
10) Pittman과 Karle, *Rewire Your Anxious Brain*, 32.
11) Pittman과 Karle, *Rewire Your Anxious Brain*, 45.
12) Pittman과 Karle, *Rewire Your Anxious Brain*, 85.
13) Edmund J. Bourne, *The Anxiety & Phobia Workbook*, rev. and updated ed. (Oakland, CA: New Harbinger Publications, Inc., 2020), 2. 『불안 공황장애와 공포증 상담 워크북』(학지사)
14) Robert M. Sapolsky, "How to Relieve Stress," *Greater Good Magazine*, University of California, Berkeley, 2012년 3월 22일, https://greatergood.berkeley.edu/article/item/how_to_relieve_stress.
15) Daniel J. Siegel과 Tina Payne Bryson, *The Yes Brain: How to Cultivate Courage, Curiosity, and Resilience in Your Child* (New York: Bantam Books, 2018), 17. 『예스 브레인 아이들의 비밀』(김영사)
16) Pittman과 Karle, *Rewire Your Anxious Brain*, 6.
17) Joseph LeDoux, *Synaptic Self: How Our Brains Become Who We Are* (New York: Penguin Books, 2002), 3. 『시냅스와 자아』(동녘사이언스)
18) Pittman과 Karle, *Rewire Your Anxious Brain*, 31.
19) Pittman과 Karle, *Rewire Your Anxious Brain*, 50.
20) Raising Boys & Girls Podcast, "Intentional Conversations: Dr. Tina Payne Bryson," 2021년 2월 2일.
21) Pittman과 Karle, *Rewire Your Anxious Brain*, 126.

22) Bessel A. van der Kolk, *The Body Keeps the Score: Brain, Mind, and Body in the Healing of Trauma* (New York: Penguin Books, 2014), 206. 『몸은 기억한다』(을유문화사)
23) Jessica Migala, "Meet Your Chill Center," *Women's Health*, 2021년 12월, https://apple.news/ApvbWimqeSq-CqIARYyp5Rg.
24) Migala, "Meet Your Chill Center."
25) Catherine M. Pittman, "Rewire the Anxious Brain: Using Neuroscience to End Anxiety, Panic and Worry," 2017년 3월 13일, digital seminar, https://catalog.pesi.com/item/19659/?_ga=2.223424467.918260906.1591987936-1079570723.1539110393.
26) Lori Keong, "This Breathing Exercise Will Help You Keep Calm and Carry On," *Marie Claire*, 2016년 12월 22일, https://www.marieclaire.com/health-fitness/a24265/breath-exercises-for-keeping-calm/.
27) Seth J. Gillihan, *Cognitive Behavioral Therapy Made Simple: 10 Strategies for Managing Anxiety, Depression, Anger, Panic, and Worry* (Emeryville, CA: Althea Press, 2018), 5. 『내 마음 내가 치유한다』(CIR)
28) Judson Brewer, *Unwinding Anxiety: New Science Shows How to Break the Cycles of Worry and Fear to Heal Your Mind* (New York: Avery, 2021), 46. 『불안이라는 중독』(김영사)
29) Gillihan, *Cognitive Behavioral Therapy Made Simple*, 92.
30) Gillihan, *Cognitive Behavioral Therapy Made Simple*, 92.
31) Gillihan, *Cognitive Behavioral Therapy Made Simple*, 92
32) Gillihan, *Cognitive Behavioral Therapy Made Simple*, 92.
33) Pittman과 Karle, *Rewire Your Anxious Brain*, 96.
34) Pittman과 Karle, *Rewire Your Anxious Brain*, 99.
35) Pittman과 Karle, *Rewire Your Anxious Brain*, 107.
36) Brewer, *Unwinding Anxiety*, 86.
37) Brewer, *Unwinding Anxiety*, 86.
38) Mayo Clinic Staff, "Mindfulness Exercises," Mayo Clinic,

https://www.mayoclinic.org/healthy-lifestyle/consumer-health/in-depth/mindfulness-exercises/art-20046356.

39) Liz Mineo, "With Mindfulness, Life's in the Moment," *Harvard Gazette*, 2018년 4월 17일, https://news.harvard.edu/gazette/story/2018/04/less-stress-clearer-thoughts-with-mindfulness-meditation.

40) Pittman과 Karle, *Rewire Your Anxious Brain*, 143.

41) Pittman과 Karle, *Rewire Your Anxious Brain*, 145.

42) Pittman과 Karle, *Rewire Your Anxious Brain*, 6.

43) Fiona MacDonald, "Here's What Happens to Your Body When You Check Your Smartphone Before Bed," ScienceAlert.com, 2015년 7월 26일, https://www.sciencealert.com/watch-here-s-what-happens-to-your-body-when-you-check-your-smartphone-before-bed.

44) "How Smartphones Affect Your Sleep," Dr. Dan Seigel과 함께, Science Insider, YouTube, https://www.youtube.com/watch?v=_1V0rDSTC9I.

45) Pittman과 Karle, *Rewire Your Anxious Brain*, 151.

46) Uma Naidoo, "Nutritional Strategies to Ease Anxiety," Harvard Health Publishing, Harvard Medical School, 2019년 8월 28일, https://www.health.harvard.edu/blog/nutritional-strategies-to-ease-anxiety-201604139441.

47) Tanya Zuckerbrot, "Eat to Beat Stress: 10 Foods That Reduce Anxiety," *Men's Journal*, https://www.mensjournal.com/food-drink/eat-to-beat-stress-10-foods-that-reduce-anxiety.

48) Sharon Lee Song, "Take Time for Breath Prayer," *Christianity Today*, 2018년 2월 6일, https://www.christianitytoday.com/women-leaders/2018/february/take-time-for-breath-prayer.html?paging=off.

49) Sarah Bessey, *A Rhythm of Prayer: A Collection of Meditations for Renewal* (New York: Convergent, 2020), 57-58.

50) Gillihan, *Cognitive Behavioral Therapy Made Simple*, 5.

6장. 정신을 위한 도움

1) Jena E. Pincott, "Wicked Thoughts," *Psychology Today*, 2015년 9월 1일, https://www.psychologytoday.com/us/articles/201509/wicked-thoughts.
2) Kelly Billodeau, "Managing Intrusive Thoughts," Harvard Health Publishing, 2021년 10월 1일, https://www.health.harvard.edu/mind-and-mood/managing-intrusive-thoughts.
3) Billodeau, "Managing Intrusive Thoughts."
4) Billodeau, "Managing Intrusive Thoughts."
5) Kirsten Nunez, "What Is the ABC Model in Cognitive Behavioral Therapy?," *Healthline*, 2020년 4월 17일, https://www.healthline.com/health/abc-model#how-it-works.
6) Catherine M. Pittman과 Elizabeth M. Karle, *Rewire Your Anxious Brain: How to Use the Neuroscience of Fear to End Anxiety, Panic & Worry* (Oakland, CA: New Harbinger Publications, Inc., 2015), 53. 『불안할 땐 뇌과학』(현대지성)
7) Judith S. Beck, *Cognitive Behavior Therapy: Basics and Beyond*, 2판 (New York: Guilford Press, 2011), 34.
8) David D. Burns, *Feeling Great: The Revolutionary New Treatment for Depression and Anxiety* (Eau Claire, WI: PESI Publishing and Media, 2020), 65. 『필링 그레이트』(문예출판사)
9) Burns, *Feeling Great*, 65.
10) Seth J. Gillihan, *Cognitive Behavioral Therapy Made Simple: 10 Strategies for Managing Anxiety, Depression, Anger, Panic, and Worry* (Emeryville, CA: Althea Press, 2018), 56-57. 『내 마음 내가 치유한다』(CIR)
11) Judson Brewer, *Unwinding Anxiety: New Science Shows How to Break the Cycles of Worry and Fear to Heal Your Mind* (New York: Avery, 2021), 88. 『불안이라는 중독』(김영사)
12) Brewer, *Unwinding Anxiety*, 89.
13) Brewer, *Unwinding Anxiety*, 90.

14) Louisa C. Michl 등, "Rumination as a Mechanism Linking Stressful Life Events to Symptoms of Depression and Anxiety: Longitudinal Evidence in Early Adolescents and Adults," *Journal of Abnormal Psychology*, vol. 122, no. 2 (2013년 5월): 339-352, https://www.ncbi.nlm.nih.gov/pmc/articles/PMC4116082/.

15) Brewer, *Unwinding Anxiety*, 236.

16) Pittman과 Karle, *Rewire Your Anxious Brain*, 54.

17) Pittman과 Karle, *Rewire Your Anxious Brain*, 190.

18) Pittman과 Karle, *Rewire Your Anxious Brain*, 170.

19) "What Is Cognitive Behavioral Therapy?," Clinical Practice Guideline for the Treatment of Posttraumatic Stress Disorder, American Psychological Association, 2017년 7월, https://www.apa.org/ptsd-guideline/patients-and-families/cognitive-behavioral.

20) Pittman과 Karle, *Rewire Your Anxious Brain*, 161.

21) Gillihan, *Cognitive Behavioral Therapy Made Simple*, 62.

22) Pittman과 Karle, *Rewire Your Anxious Brain*, 60.

23) Edmund J. Bourne, *The Anxiety & Phobia Workbook*, rev. and updated ed. (Oakland, CA: New Harbinger Publications, Inc., 2020), 189-190. 『불안 공황장애와 공포증 상담 워크북』(학지사)

24) Bourne, *The Anxiety & Phobia Workbook*, 197.

25) Pittman과 Karle, *Rewire Your Anxious Brain*, 186.

26) "Turning Toward the Good," Center for Action and Contemplation, 2016년 2월 18일, https://cac.org/turning-toward-the-good-2016-02-18/.

27) Ben Tinker, "The Modern Problem with Pursuing Perfection," *CNN*, 2018년 1월 9일, https://www.cnn.com/2018/01/09/health/perfection-mental-health-study-intl/index.html.

28) Tinker, "Pursuing Perfection."

29) Brennan Manning, *The Ragamuffin Gospel* (Colorado Springs, CO: Multnomah, 2005 edition), 173-174. 『한없이 부어주시고 끝없이 품어주시는 하나님의 은혜』(규장)

30) Gail Pitt, *Consolation and Desolation: Discernment of Spirits*

(Nashville, TN: selfpublished, 2020).
31) Charlie Mackesy, *The Boy, the Mole, the Fox and the Horse* (New York: Harper-One, 2019), 44. 『소년과 두더지와 여우와 말』(상상의힘)

7장. 마음을 위한 도움

1) Anne Lamott, *Help, Thanks, Wow: The Three Essential Prayers* (New York: Riverhead Books, 2012), 뒤표지. 『가벼운 삶의 기쁨』(나무의철학)
2) Anne Lamott, *Almost Everything: Notes on Hope* (New York: Riverhead Books, 2018), 62.
3) "Serenity Prayer," Wikipedia, https://en.wikipedia.org/wiki/Serenity_Prayer.
4) David A. Clark와 Aaron T. Beck, *The Anxiety and Worry Workbook: The Cognitive Behavioral Solution* (New York: The Guilford Press, 2012), 41, 51.
5) Dr. Dan B. Allender와 Dr. Tremper Longman III, *The Cry of the Soul: How Our Emotions Reveal Our Deepest Questions about God* (Colorado Springs, CO: NavPress, 1994), 15. 『감정, 영혼의 외침』(IVP)
6) Brené Brown, *Rising Strong: How the Ability to Reset Transforms the Way We Live, Love, Parent, and Lead* (New York: Random House, 2015, 2017), 50. 『라이징 스트롱』(이마)
7) Edmund J. Bourne, *The Anxiety & Phobia Workbook*, rev. and updated ed. (Oakland, CA: New Harbinger Publications, Inc., 2020), 285. 『불안 공황장애와 공포증 상담 워크북』(학지사)
8) Richard Rohr, "The Enneagram (Part 1)," *Richard Rohr's Daily Meditation*, 2014년 5월 28일, https://myemail.constantcontact.com/Richard-Rohr-s-Meditation—Type-One--The-Need-to-Be-Perfect.html?soid=1103098668616&aid=Airf17xQKeA.

9) Bridget Flynn Walker, *Anxiety Relief for Kids: On-the-Spot Strategies to Help Your Child Overcome Worry, Panic & Avoidance* (Oakland, CA: New Harbinger, 2017), 20. 『두근두근 불안불안』 (학지사)

10) "What Is Exposure Therapy?," American Psychological Association, APA.org., https://www.apa.org/ptsd-guideline/patients-and-families/exposure-therapy.

11) Catherine M. Pittman, "Rewire the Anxious Brain: Using Neuroscience to End Anxiety, Panic and Worry," 2017년 3월 13일, digital seminar, https://catalog.pesi.com/item/19659/?_ga=2.223424467.918260906.1591987936-1079570723.1539110393.

12) Sissy Goff, *Raising Worry-Free Girls: Helping Your Daughter Feel Braver, Stronger, and Smarter in an Anxious World* (Minneapolis, MN: Bethany House, 2019), 31.

13) Carol Dweck, "What Having a 'Growth Mindset' Actually Means," Harvard Business Review, 2016년 1월 13일, https://hbr.org/2016/01/what-having-a-growth-mindset-actually-means.

14) "Is Growth Mindset the Answer to Students' Mental Health Problems?," *InnerDrive*, https://blog.innerdrive.co.uk/is-growth-mindset-the-answer-to-students-mental-health-problems.

15) Steven Handel, "How a Kindness Mindset Helps You Overcome Social Anxiety," *The Emotion Machine*, https://www.theemotionmachine.com/how-a-kindness-mindset-helps-you-overcome-social-anxiety/.

16) Bourne, *The Anxiety & Phobia Workbook*, 105.

8장. 자녀를 위한 도움

1) Anne Lamott, *Stitches: A Handbook on Meaning, Hope and Repair* (New York: Riverhead Books, 2013), 26-28. 『나쁜 날들에

『필요한 말들』(웅진지식하우스)

2) Susan David (@SusanDavid_PhD), "Emotions are data, not directives," Twitter, 2021년 2월 2일, 1:02 p.m., https://mobile.twitter.com/susandavid_phd/status/1356679327744724992.
3) Ron J. Steingard, "Mood Disorders and Teenage Girls," Child Mind Institute, https://childmind.org/article/mood-disorders-and-teenage-girls/.
4) Cathy Creswell, Monika Parkinson, Kerstin Thirlwall, Lucy Willetts, *Parent-Led CBT for Child Anxiety: Helping Parents Help Their Kids* (New York: The Guilford Press, 2017), 3.
5) Tamar E. Chansky, *Freeing Your Child from Anxiety: Practical Strategies to Overcome Fears, Worries, and Phobias and Be Prepared for Life-from Toddlers to Teens*, rev. and updated ed. (New York: Harmony Books, 2014), 203. 『내 아이가 불안해할 때』(마인드북스)
6) Jason Goldman, "Ed Tronick and the 'Still Face Experiment,'" Science Blogs, 2010년 10월 18일, https://scienceblogs.com/thoughtfulanimal/2010/10/18/ed-tronick-and-the-still-face#google_vignette.
7) Gottman Institute Editorial Team, "The Research: The Still Face Experiment," The Gottman Institute, 2022년, https://www.gottman.com/blog/research-still-face-experiment.
8) Gottman Institute, "Still Face Experiment."
9) Kelly Corrigan, *Glitter and Glue: A Memoir* (New York: Ballantine Books), 213.

9장. 실패를 인정하라, 은혜를 알라

1) Lehigh University, "'Good Enough' Parenting Is Good Enough, Study Finds," *Science Daily*, 2019년 5월 8일, https://www.sci-

encedaily.com/releases/2019/05/190508134511.htm.

2) "Brain Development," *First Things First*, https://www.firstthingsfirst.org/early-childhood-matters/brain-development/.

3) Lehigh University, "Good Enough."

4) Margaret Renkl, "The Imperfect-Family Beatitudes, Birmingham, 1972," *Late Migrations: A Natural History of Love and Loss* 중에서. Copyright ⓒ 2019 by Margaret Renkl. Milkweed Editions을 위해 The Permissions Company, LLC의 허락하에 재인쇄, www.milkweed.org.

5) Sissy Goff, *Braver, Stronger, Smarter: A Girl's Guide to Overcoming Worry and Anxiety* (Minneapolis, MN: Bethany House, 2019).

6) Richard Rohr, *Falling Upward: A Spirituality for the Two Halves of Life* (San Francisco, CA: Jossey-Bass, 2011), xxii.

7) Suzanne Stabile, *The Journey Toward Wholeness: Enneagram Wisdom for Stress, Balance, and Transformation* (Downers Grove, IL: InterVarsity Press, 2021), 125.

8) Stabile, *Journey Toward Wholeness*, 125.

9) Anne Lamott, *Help, Thanks, Wow: The Three Essential Prayers* (New York: Riverhead Books, 2012), 27. 『가벼운 삶의 기쁨』(나무의철학)

10) *Book of Common Prayer* (New York: The Seabury Press, 1979), 116-117.

11) *Book of Common Prayer*, 117.

12) Suzanne Stabile, *The Path Between Us: An Enneagram Journey to Healthy Relationships* (Downers Grove, IL: IVP Books, 2018), 4. 『관계를 배우다』(두란노)

13) Inside Out, Pete Docter 감독, Pixar, Walt Disney Pictures, 2015 6월 19일, 〈인사이드 아웃〉(Inside Out)

14) Dan Allender, To Be Told Conference, West End Community Church, Nashville, TN, 2019년 3월 31일 토요일.

10장. 조금 적당히 노력하라

1) 이 문구는 그 뒤로 유명해졌고, 심지어 2020년 Aundi Kolber가 쓴 불안에 관한 책 제목이기도 하다.
2) Shauna Niequist, *I Guess I Haven't Learned That Yet: Discovering New Ways of Living When the Old Ways Stop Working* (Grand Rapids, MI: Zondervan Books, 2022), 198.
3) Mother Teresa, Donald Altman, *Clearing Emotional Clutter: Mindfulness Practices for Letting Go of What's Blocking Your Fulfillment and Transformation* (Novato, CA: New World Library, 2016), 133-134에서 인용. 『마음 그릇』(파주북스)

11장. 당신의 직관을 믿으라

1) Henri J. M. Nouwen, *Here and Now: Living in the Spirit* (New York: The Crossroad Publishing Company, 1994), 18. 『여기 지금 우리와 함께 하시는 하나님』(은성)
2) Henri Nouwen, Richard Foster와 Henri Nouwen의 "How Can a Spiritual Leader Keep His or Her Faith Vital?" 중, Christian Bible Studies, *Christianity Today*, 2012년 3월 20일, https://www.christianitytoday.com/biblestudies/bible-answers/spirituallife/spiritualleader.html?start=1.
3) Joan Powers, A. A. Milne, Pooh의 *Little Instruction Book* (New York: Dutton, 1995), 뒤붙이(back matter)에서 영감을 받아.
4) C. S. Lewis, *George MacDonald: An Anthology* (New York: HarperCollins, 1946, 1973), 157. 『조지 맥도널드 선집』(홍성사)

12장. 하나님을 믿으라

1) Anne Lamott, *Plan B: Further Thoughts on Faith* (New York:

Riverhead Books, 2005), 94. 『플랜 B』(청림출판)

2) Sissy Goff, *Raising Worry-Free Girls* (Minneapolis, MN: Bethany House, 2019), 191.

3) Thomas Merton, *Thoughts in Solitude* (New York: Farrar, Straus & Giroux, 1956, 1999), 33. 『고독 속의 명상』(성바오로출판사)

4) Jenn Johnson, Jason Ingram, Ben Fielding, Ed Cash, and Brian Johnson, ⓒ 2018 Fellow Ships Music, So Essential Tunes (Admin by Essential Music Publishing), SHOUT! Music Publishing (Admin by Capitol CMG Publishing), Alletrop Music (Admin. by Music Services, Inc.), Bethel Music Publishing.

5) Merton, *Thoughts in Solitude*, 33.

6) Fyodor Dostoevsky, *The Brothers Karamazov* (New York, Toronto: Alfred A. Knopf, 1927, 1992), 292. 『카라마조프가의 형제들』(다수 출판사)

7) Frederick Buechner, *A Room Called Remember: Uncollected Pieces* (San Francisco: HarperSanFrancisco, 1984), 45.

8) Eugene Peterson, *A Year with Jesus: Daily Readings and Meditations* (San Francisco: HarperSanFrancisco, 2006), 301, 굵은 글씨 강조.

9) Fred Rogers, *A Beautiful Day in the Neighborhood (Movie Tie-In): Neighborly Words of Wisdom from Mister Rogers* (Penguin Books, 1994), 124.

감사의 말

1) Suzanne Stabile, *The Journey Toward Wholeness: Enneagram Wisdom for Stress, Balance, and Transformation* (Downers Grove, IL: InterVarsity Press, 2021), 200.